DE LA SYSTÉMATISATION

ET DE

L'UNIFICATION DE L'ŒUVRE UNIVERSELLE.

DE LA

SYSTÉMATISATION

ET DE

L'UNIFICATION

DE

L'ŒUVRE UNIVERSELLE.

L'ENTITÉ ÉLECTRIQUE, ORGANE DE L'ATTRACTION, EST AUSSI L'AGENT VIRTUEL DES ORGANISATIONS DES RÈGNES ANIMAL ET VÉGÉTAL, ET DES PHÉNOMÈNES DE L'ORDRE PHYSIQUE ET DE L'ORDRE PSYCHIQUE QU'ELLES MANIFESTENT.

SOUMISE A LA LOI DE L'ATTRAIT PAR VOIE DE SIMILITUDE ET A LA LOI DE L'ÉQUILIBRE, ELLE EST ENCORE LE PRINCIPE DE TOUTES LES HARMONIES DE LA NATURE.

Trahit sua quemque voluptas.
SAINT AUGUSTIN.

L'Ignorance, l'Egoïsme & le Sensualisme sont les trois grands fléaux de l'humanité.

PAR

F. DESCHAMPS,

Docteur en Médecine; Chevalier de l'ordre des Saints Maurice et Lazare, d'Italie; Membre de la Société Médicale Homœopathique de France; de la Société d'Archéologie Française, etc.

SAINT-LO,
IMPRIMERIE DE C. JEAN DELAMARE.
—1864—

A

MON EXCELLENT AMI

L. HAVIN

TÉMOIGNAGE

DE MA PLUS HAUTE ESTIME
POUR LA NOBLESSE DE SES SENTIMENTS ÉCLAIRÉS
ET LA PERSÉVÉRANCE DE SES EFFORTS
DANS L'ÉTUDE
ET POUR L'ÉTABLISSEMENT DU VÉRITABLE
PROGRÈS SOCIAL.

DESCHAMPS

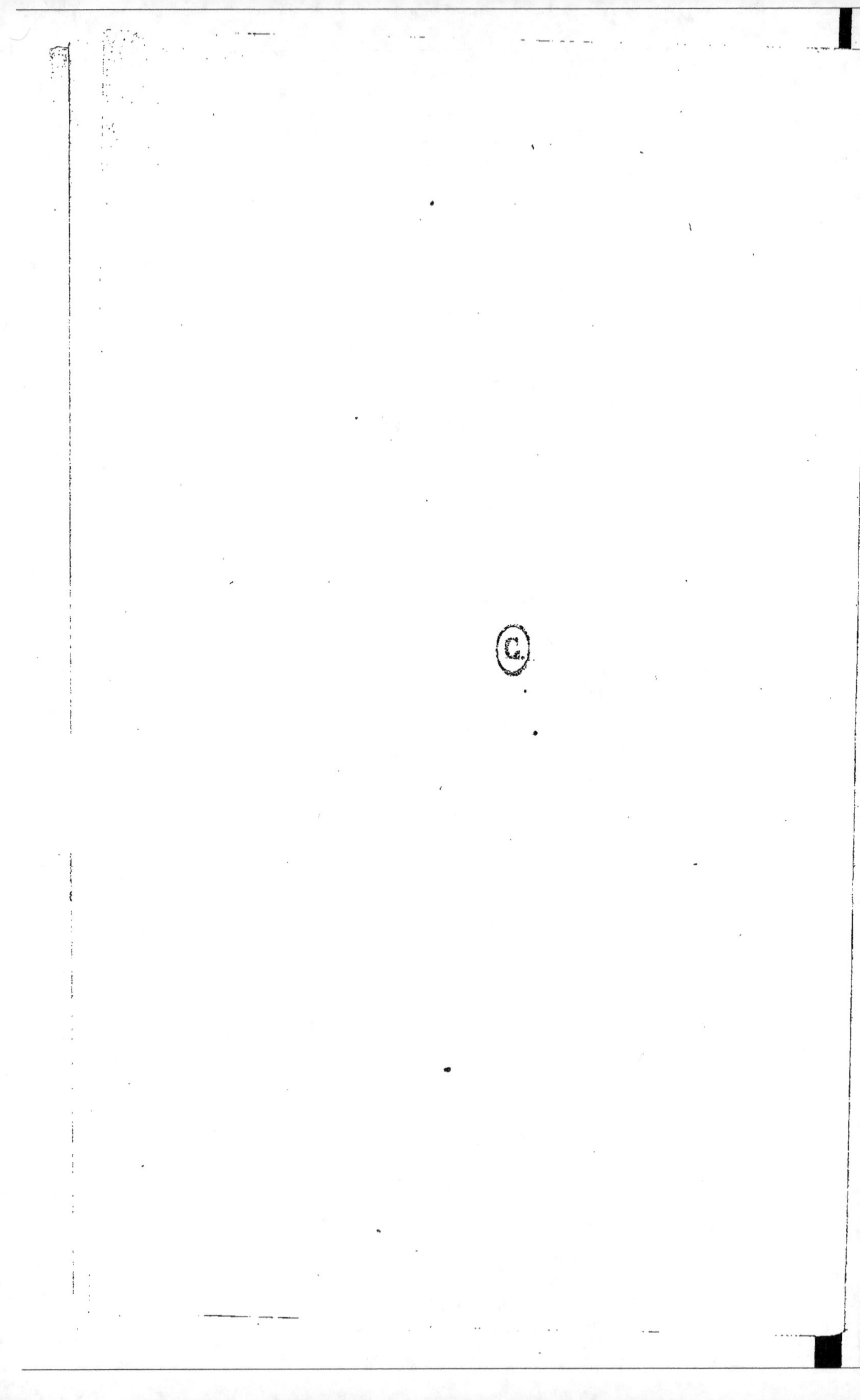

DE LA SYSTÉMATISATION

ET DE

L'UNIFICATION DE L'ŒUVRE UNIVERSELLE.

Quand par une belle nuit d'été nos regards se portent vers les plaines infinies de l'espace, nous sommes frappés d'admiration à l'aspect de ces myriades de myriades d'étoiles, soleils et planètes qui les éclairent et qui tourbillonnent sans repos les uns autour des autres. Mais si, alors, notre pensée se repliant sur elle-même, la réflexion, appuyée sur les enseignements de la science, vient nous dire que chacun de ces astres est un monde créé et organisé à l'instar de celui que nous habitons ; que chacun d'eux possède aussi ses montagnes, ses collines, ses vallées, ses plaines, ses mers, ses lacs, ses fleuves, ses ruisseaux, ses forêts et sa flore aux parterres émaillés de fleurs qui charment la vue et l'odorat des créatures intelligentes auxquelles ces richesses ont été destinées *a priori*, nous nous prosternons humblement et pleins de respect devant la toute puissance du Dieu qui a produit une œuvre aussi merveilleuse que celle du grand Univers et des Univers qui le composent. De si énormes distances séparent ces planètes de la nôtre, même celles qui font partie de notre système solaire, que l'opinion qu'elles sont aussi habitées par des êtres raisonnables paraît de prime-abord ne reposer que sur des conjectures idéales établies sur de simples apparences ; mais, si dans l'examen de la question on s'appuie sur les faits d'observation et sur l'induction basée sur l'analogie, la conjecture se change en présomption légitime, en commencement de preuve. « En contemplant tous ces sphéroïdes rangés en cercles, suivant une symétrie si régulière, autour du foyer central de mouvement et de lumière, ne sent-on point, par une sorte d'élan instinctif de la raison, qu'ils ne peuvent manquer d'être unis tous ensemble, non-seulement par les analogies générales de leur situation et de leur structure, mais par celles de leur emploi, et que, si la vie siège sur l'un d'eux, elle siège nécessairement aussi sur les autres ? Et plus encore, le grand principe du peuplement général des astres ne s'impose-t-il pas à notre esprit comme la suite immédiate de cette vérité toute lumineuse, que Dieu tire toujours le plus grand parti de ses œuvres, et que, par conséquent, il n'a point créé des mondes habitables pour s'abstenir ensuite de les peupler ? » (1) L'éminent écrivain que je viens de citer établissant un parallèle entre la planète Vénus et notre terre, fait ressortir très bien les ressemblances qui existent entre elles. Même histoire, dit-il, même figure, même conditions d'existence, tous les traits essentiels paraissent les mêmes et il semble qu'elles soient dans le ciel

(1) Jean Reynaud : Ciel et Terre, p. 20.

comme deux sœurs; et il arrive à cette conclusion incontestable basée sur l'analogie: c'est que, semblables par leur conformation, ces deux mondes le sont nécessairement aussi par leur rôle dans l'univers. Si Vénus est sans population, la terre doit être sans population également; et, réciproquement, si la terre est peuplée, Vénus doit l'être aussi.

Mais pendant que nous sommes restés plongés dans cette contemplation des astres et dans les pensées philosophiques que suggère le problème ardu de leur existence et du rôle qu'ils remplissent dans *l'omnivers*, le temps a marché et notre globe a accompli sa révolution diurne. Le soleil est alors venu poindre à l'horizon et les flots de chaleureuse lumière qu'il projette de tous côtés empourprent l'atmosphère. A ce doux et vivifiant contact, la nature entière s'est réveillée de sa torpeur nocturne; les fleurs ouvrent leurs corolles diaprées de couleurs aux tons brillants et tendres et d'où s'exhalent des parfums délicieux; l'insecte ailé s'élève en bourdonnant dans les airs que parcourt d'un vol rapide l'hirondelle vagabonde, et, sous le feuillage des bois, mille autres oiseaux célèbrent leurs amours par de suaves concerts; les troupeaux bondissent sur l'herbe fleurie des prairies, et, par leurs mugissements, expriment le bien être que leur fait éprouver le retour de l'astre bienfaisant qui chez tous les êtres animés produit l'expansion de la vie. Nous subissons aussi cette heureuse influence, car nous sentons alors en nous l'élément vital circuler plus actif et plus expansif; doucement impressionnés par la beauté du spectacle grandiose auquel nous assistons, nos sentiments de sympathie se sont exaltés, et c'est de grand cœur que nous remercions Dieu de nous avoir fait naître pour jouir des biens qu'il a semé avec profusion sur la terre.

Mais ce beau jour a passé et celui qui lui succède est bien loin de lui ressembler. De nombreux et hideux nuages, au sein desquels éclate le tonnerre, ont voilé les rayons du soleil; la pluie et la grêle qui s'en échappent par torrents ravagent les moissons, changent les ruisseaux en fleuves destructeurs des travaux de l'industrie humaine, travaux pour l'accomplissement desquels il fallut braver mille dangers et verser tant de sueurs douloureuses; là, où se trouvait hier l'abondance et le confort de la vie, règne aujourd'hui la famine. Roule donc de nouveau ton rocher de Sysiphe, infortuné paria de la création; rebâtis ta maison, car il te faut un abri contre les intempéries de l'air que tu respires; enlève de ton champ les vases méphitiques et les sables qui l'ont rendu infécond; refais-en les clôtures afin que ton voisin ne l'usurpe pas, puis laboure-le, ensemence-le, s'il te reste des graines, et alors tu pourras nourrir ta famille jusqu'au cataclysme prochain qui te forcera de recommencer ces rudes et mêmes labeurs; le travail ingrat et sans fin, n'est-il pas en effet ton lot providentiel?

Il n'est que trop vrai, en effet, que l'économie de la terre ne fut pas établie par Dieu de manière à ce que tout ce que circonscrit le cercle des besoins naturels et légitimes de l'homme se trouvât toujours et partout placé à sa convenance; et la plus simple observation fait reconnaître que les choses sont tellement ménagées ici-bas, qu'il est sans cesse exposé à recevoir du mal de leurs effets. Ici c'est la gravitation qui rend sa marche lourde et fatigante, et qui l'entraîne au fond d'un précipice s'il fait un faux pas; qui le noie si, par des efforts de natation, il ne peut pas se maintenir à la surface des eaux ; ici, ce sont les miasmes pestilentiels, les plantes et les reptiles vénimeux qui l'empoisonnent, et les animaux sauvages qui le dévorent ; la foudre qui le tue, à défaut d'un arbre, d'un rocher qui l'écrasent dans leurs chutes imprévues ; s'il souffre et s'il est rendu malade par l'intensité de la chaleur, celle du froid ne lui est pas moins contraire ; en un mot, de quelque côté qu'il se tourne, il rencontre un danger sur cette terre ennemie qui ne le nourrirait même pas, s'il ne l'y contraignait par un travail ardu et sans repos.

De nombreux traits et des plus palpitants de triste intérêt manquent à cette esquisse des misères de l'humanité, surtout pendant les premiers siècles qui suivirent sa création ; mais elle suffit pour donner une idée du sort malheureux de l'homme et pour expliquer comment, se croyant la victime d'un être puissant et malfaisant qui le torturait à plaisir, il lui dressa, dans l'espoir de le fléchir, des autels sous les noms divers d'*Arimane*, *Typhon*, *Satan*, etc., culte monstrueux que l'intérêt privé se plut à développer en faveur de son despotisme sur les masses ignorantes.

Mais insensiblement la lumière se fit dans les esprits, et l'homme enfin ne put méconnaître que sur ce globe le bien existe à côté du mal, et alors il proclama l'existence d'un bon principe, *Oromane*, *Osiris*, *Dieu*, principe bienfaisant en luttes incessantes avec le génie mauvais — Telles furent les deux bases sur lesquelles les théogonies diverses furent établies et sur lesquelles elles reposent encore aujourd'hui. Mais la science éclairée par l'observation et par l'expérience des faits ne peut les accepter, parce qu'elles blessent outrageusement la toute puissance, la suprème sagesse et l'infinie bonté de Dieu, et qu'en maintenant l'humanité courbée sous le joug de l'erreur, elles mettent des entraves à son progrès moral et intellectuel, c'est-à-dire à son bonheur et à sa perfectibilité.

Ce tohu-bohu d'actions malfaisantes et bienfaisantes que nous ressentons tour-à-tour ou simultanément n'est qu'apparent, et, si l'on y fait bien attention, on reconnaît que la main du Créateur a classé dans un tel ordre singulier et régulier les choses de ce monde, que nous pouvons résister aux effets de celles qui nous sont contraires, et approprier à la satisfaction de nos besoins, de nos plaisirs celles qui nous sont favorables.

Mais pour obtenir ce résultat, il nous faut engager nos forces dans une lutte incessante, la lutte du travail qui doit faire couler la sueur de nos fronts.

Mais, objectera-t-on, puisque Dieu est tout puissant et qu'il est infiniment bon, pourquoi nous a-t-il soumis à une aussi dure loi ? pourquoi n'a-t-il pas fait de la terre entière un Eden semblable à celui dans lequel Moïse a placé le berceau de nos premiers parents ?

Les peuples se sont fait cette question, et leurs philosophes se sont ingéniés à la résoudre chacun à sa manière.

Tous s'accordent à supposer que l'harmonie, l'abondance et la longévité régnaient dans le premier âge du monde. Dès que furent nés les dieux, dit le vieil Hériode, ainsi que les mortels, les dieux, habitants de la demeure céleste, créèrent la race d'or chez les hommes aux langages divers. Ces hommes étaient soumis à Saturne qui régnait alors dans le ciel. Doués d'une âme tranquille et affranchis du travail et de la peine, ils vivaient semblables aux dieux ; la triste vieillesse n'existait pas ; les pieds et les mains également fermes, comblés des fruits de la terre, amis des dieux, ils passaient leur vie dans d'heureux festins sans connaître le mal ; ils s'endormaient pour mourir..... Les habitants de la demeure céleste firent ensuite la race d'argent, inférieure de beaucoup à la première, différente à la fois par les habitudes du corps et par l'esprit. L'enfant demeurait cent ans auprès de sa mère prévoyante, faible et nourri dans le sein du foyer domestique. Une fois arrivés à la jeunesse et sortis de la puberté, les hommes, accablés de maux à cause de leur folie se trouvaient déjà voisins de la mort. Ils ne savaient pas s'abstenir de l'injustice les uns à l'égard des autres et ne voulaient ni adorer les dieux, ni sacrifier sur les autels des bienheureux, suivant la loi des coutumes antiques. Jupiter les fit disparaître... Jupiter créa alors une troisième race parmi les hommes au langage divers, la race d'airain, entièrement différente de la race d'argent, véhémente, robuste. Leur passion fut pour les jeux de la guerre et les violences ; ils ne mangeaient d'aucune nourriture ; mais durs et grossiers, ils avaient une âme de diamant. Egorgés les uns par les autres ils descendirent sans honneur dans le sombre manoir de Pluton, etc.

Le poëte d'Ascra parle d'une quatrième race qui fut celle des héros qui périrent les uns devant Thèbes et les autres devant Troie, pour la cause d'Hélène à la belle chevelure, et s'écrie en parlant de son époque: «Oh ! pourquoi ai-je été mêlé à la cinquième race ! que ne suis-je mort avant elle, ou que ne suis-je né plus tard ! maintenant, en effet, c'est l'âge de fer; durant le jour le labeur et la misère ; durant la nuit, la corruption. Cette race donnera aux dieux de grandes peines.»

Chez les romains, Virgile et Ovide établissaient aussi

un âge d'or, qu'ils rapportaient au règne de Saturne, règne depuis lequel les hommes avaient marché sans dévier dans une voie de dépravation, et Horace faisait même une loi fataliste de leur dégénérescence continue : « l'âge de nos pères, disait-il, plus mauvais que celui de nos aïeux, nous a enfantés, nous plus méchants encore, et qui donnerons naissance à une race pire que la nôtre. » Le concert de malédictions était général contre l'âge présent qui donnait une vie si courte, si rapide dans sa course et si remplie de travaux :

Nostra brevis velox que œtas et plena laborum.

Non-seulement cette doctrine désolante fut en règne pendant le cours du paganisme grec et romain, mais encore dans le culte du mazdéisme établi par Zoroastre, et on la retrouve dans la religion du peuple Juif. L'âge d'or y apparaît d'abord sous la figure de l'Eden ; la terre possède une grande fertilité ; elle produit spontanément et sans culture tous les fruits nécessaires à l'homme qui vit dans la paix et l'innocence, sous les regards bienveillants de Dieu. Mais, abusant du libre arbitre que le Créateur lui a donné, il se corrompt lui-même et le malheur sous toutes les formes ne tarde pas à l'accabler. Il est donc le vrai coupable ; c'est donc lui seul qu'il faut accuser et non pas Dieu qui, étant la bonté, la sagesse et la toute puissance infinies, n'a pu rien faire qui fût fatalement et essentiellement vicieux et mauvais. Il inflige le châtiment du déluge, mais il conserve la descendance de Seth, chez laquelle le culte de la justice ne s'était pas altéré, voulant faire rentrer par elle l'humanité dans la voie de perfectibilité qu'il lui avait tracée *a priori*.

La version de Moïse vaut certes beaucoup mieux que celles que l'antiquité païenne nous a léguées sur la cosmogonie et l'origine du mal. A ce dernier point de vue, elle absout la divinité et donne l'espérance d'une réhabilitation future et d'une destinée plus heureuse. Mais elle n'en est pas moins l'œuvre spéculative d'une philosophie erronée. L'idée qu'elle donne de la majesté de Dieu, causant familièrement avec Adam et se fâchant tout rouge pour le vol d'une pomme, est infiniment au-dessous de celle que fait naître la contemplation de l'Univers créé par lui et gouverné par la loi immuable qu'il lui a imposée. Le législateur des Hébreux a gardé le silence sur les peines ou les récompenses d'une autre vie et, par conséquent, sur l'immortalité de l'âme : il a donné à la création du monde et du premier homme une antiquité qui est non-seulement en opposition avec la chronologie des peuples anciens, mais encore avec le texte des Septantes et le texte Samaritain. Voici, en effet, qu'elles sont les contradictions flagrantes qu'on observe entre ces livres et la Genèse de Moïse, tous également réputés sacrés et divinement inspirés. En effet, ils établissent ainsi qu'il suit le temps qui s'est écoulé depuis la naissance d'Adam jusqu'au déluge :

1° Les Septantes 2242 ans.	2° Les Samaritains 1307 ans.	La Genèse 1656 ans

Du déluge à Abraham :

1° Les Septantes 842 ans.	2° Les Samaritains 942 ans.	La Genèse 292 ans

D'Abraham à Jés.-Chr.:

1° Les Septantes 2044 ans.	2° Les Samaritains 2044 ans.	Les Hébreux 2044 ans

De Jés.-Chr. à nous :

1863 ans.	1863 ans.	1863 ans
6994 ans.	6156 ans.	5855 ans

La création du monde daterait donc de 6994, de

6156, de 5855 ans, selon l'un ou l'autre de ces livres. Or, comment concilier des différences aussi notables ; lequel des trois textes est l'expression de la vérité et mérite qu'on lui accorde une juste préférence? Aucun d'eux ne paraît être dans le vrai, car les annales de certains peuples donnent les témoignages les plus positifs de leur établissement en société à une époque beaucoup plus reculée que celle où les écritures saintes placent le berceau du genre humain. Nous ne citerons qu'un exemple à l'appui de ce fait chronologique: Manéthon, prêtre égyptien d'une grande érudition, composa vers le milieu du iii° siècle avant l'ère chrétienne et sur l'ordre du roi Ptolémée Philadelphe, fondateur de la fameuse bibliothèque d'Alexandrie, une histoire d'Egypte tirée des documents déposés dans les archives publiques, *des monuments élevés dans les principales villes et des annales rédigées depuis la plus haute antiquité* par la caste sacerdotale chargée à la fois de l'administration de la religion, de la justice et de la direction des sciences et des lettres. Cet ouvrage fut divisé en trois volumes, le premier contenait l'histoire de onze dynasties à partir du roi Ménès et embrassant une durée de 2350 ans, ci.......... 2350 ans.

Les huit dynasties suivantes, qui donnèrent quatre-vingt-seize rois dont les règnes durèrent 2124 ans, étaient décrites dans le second volume, ci............. 2124 et le troisième volume relatait l'histoire des onze dynasties suivantes, depuis la vingtième jusqu'à la trente et unième qui fut détruite par Alexandre, elles avaient

A. Reporter.... 4474 ans.

Report...	4471 ans.
régné pendant 1050 ans, ci................	1050
Total de ces règnes jusqu'à la conquête d'Alexandre.................	5521 ans.
Temps écoulé depuis Alexandre jusqu'à Jésus-Christ..................	332
Idem de Jésus-Christ jusqu'à nos jours	1863
	7716 ans.

Or, la Genèse ne donnant au monde que cinq mille huit cent cinquante-quatre ans d'âge, ci .... 5854 ans. les Egyptiens auraient été en possession d'un état social régulier 1862 ans avant l'époque fixée par Moïse pour celle de la création.

« Dans ces calculs chronologiques, dit M. G. Rodier, nous n'avons tenu compte que des faits avérés par l'histoire ; mais si nous avions appesanti nos regards sur ces époques de l'existence de ce peuple dont les dates indécises flottent dans un obscur lointain, nous aurions fait remonter son antiquité jusqu'à la période de Phré, 21,778 ans avant Jésus-Christ ; date qu'il est permis de regarder comme réellement approximative. »

Voilà donc le texte des Septantes, des Samaritains et de la Genèse, convaincus d'avoir propagé l'erreur.

Non-seulement la chronologie égyptienne en fait foi, mais encore ceux des Irassiens, des Chaldéens, des Indous, etc., donnent le démenti le mieux avéré à ces livres concernant la cosmogonie, la cosmographie et la chronologie ; de même aussi les faits nombreux et bien observés fournis par la géologie et la science en général, et cependant la religion nous ordonne de les respecter et de croire à leurs enseignements. Mais

Dieu n'a pas voulu que l'esprit humain s'arrête dans la voie de l'obscurité et du mensonge ; il lui a donné au contraire la sublime curiosité de la lumière ; il lui a ouvert son propre et vaste domaine, celui de l'intelligence et de la vérité, en l'invitant à le fouiller dans tous les sens comme le seul moyen de s'élever jusqu'à lui en perfectionnant notre âme par la culture de ses facultés. Pourquoi donc alors nous laisser courber sous le joug de l'erreur ? est-ce un crime de s'efforcer de dissiper les ténèbres qui nous cachent encore le berceau du monde et de pénétrer des mystères qui nous concernent et qu'il est de notre plus grand intérêt de connaître? non : car si Dieu a imposé des bornes à l'Océan, il n'a pas tracé de limites à nos désirs et à nos besoins d'instruction.

Laissons donc la théologie se complaire dans les récits de la version de Moïse et en faire un article de foi ; mais cherchons ailleurs la véritable histoire des temps passés concernant l'origine de notre globe et celle de l'humanité. Pendant des siècles qui sont déjà loin de nous, des études sur notre monde social et sur les changements cataclyptiques qu'a subi notre monde matériel ont été faites, et les savants qui s'en sont occupés, ont laissé à leurs successeurs les documents les plus précieux qui auraient permis d'imprimer une marche rapide et perfectionnée à l'histoire de notre terre et de ses habitants, si l'esprit de système n'était venu se jeter à la traverse et arrêter l'élan donné. « Le Christianisme, continuation et développement de la religion Juive, rangea, dès les premiers moments de son existence, les livres sacrés des Hébreux dans le canon des écritures régulatrices des dogmes nouveaux.

» Ainsi tenus de respecter comme une inspiration de Dieu, les principes de foi et de morale énoncés comme tels dans la Bible, les Chrétiens s'accoutumèrent insensiblement à entourer du même respect les parties de ce livre qui sont étrangères aux questions réligieuses; bientôt les écritures, dont le témoignage n'était d'abord invoqué que dans les controverses théologiques, furent malheureusement prises pour guides de sciences purement humaines. Aussi, devinrent-elles promptement le phare des premiers historiens de l'école chrétienne, de saint Clément d'Alexandrie, de Jules Africain, d'Eusèbe et autres.

» Cette auréole d'infaillibilité dont on entoura les données chronologiques des livres hébreux a continué de siècle en siècle à briller d'un éclat trompeur, et c'est elle qui, aujourd'hui encore, égare tant de recherches sur l'antiquité.

» En vain des observations critiques, acceptées par tous les savants, ont-elles signalé des contradictions essentielles entre les divers textes historiques de la Bible, une habitude contractée par dix-huit siècles de durée continue à faire prévaloir obstinément l'opinion que la chronologie Juive est le meilleur critérium de l'histoire.

» Remarquons encore que non seulement la Bible a engagé dans une fausse voie l'érudition, mais qu'elle a, de plus, fermé l'accès des voies anciennes en créant des tendances à l'anéantissement des livres que nous regrettons. » (1)

Les observations dont il vient d'être parlé, formu-

____

(1) G. Rodier : Antiquité des races humaines, p. 3.

lées à juste titre par la science, l'ont fait accuser d'athéisme, et cette accusation a été une injure gratuite et sans cause, car elle puise trop d'éléments de conviction dans les connaissances qu'elle possède pour qu'elle puisse méconnaître l'existence d'un Dieu créateur de l'univers et arbitre souverain de ses destinées; mais ce qu'elle rejette de ses croyances, ce sont ces contes bleus, ces légendes d'évènements extra-naturels contraires aux enseignements de la raison et aux faits d'observation le mieux constatés. Pourquoi d'ailleurs un respect irréfléchi pour les livres Juifs nous arrêterait-il dans nos recherches sur l'histoire des temps passés? Jésus-Christ ne disait-il pas à ses disciples et aux Pharisiens que leur loi, basée sur le texte de ces livres, était mauvaise, et que sa mission était de la changer? et n'est-ce pas là ce qui lui valut la haine fanatique des prêtres mosaïques?

Nous appuyant sur ces considérations parfaitement vraies et légitimes, et croyant, ainsi que Zoroastre l'a dit plus de 6000 ans avant notre ère, que Dieu ne saurait être l'auteur du mal et n'a rien de commun avec lui; qu'il a doté l'homme d'une âme intelligente dont l'excellence le rapproche des *Anges*, et qu'en lui accordant le libre arbitre, il lui a donné le pouvoir de marcher vers le Ciel ou de s'en éloigner par ses actes bons ou mauvais; nous userons, selon la faible mesure de nos forces, de cette intelligence et de cette liberté pour soumettre, dans le passé et dans le présent, le globe que nous habitons et nous même à l'étude et à l'analyse, sans tenir le moindre compte des systèmes qui nous sont venus de quelque côté que ce soit; et peut-être serons nous assez heureux pour faire constater que le grand univers, *l'omnivers*, est une œuvre d'unification complexe systématiquement conçue et exécutée par Dieu *à priori* ; que dans cette œuvre éternelle et infinie dans sa généralité tout a été admirablement organisé pour l'accord et l'harmonie au moyen d'un agent victuel unique soumis à la loi de l'attrait ; que de même que dans notre microcosme les corps organisés sont classés méthodiquement, hiérarchiquement et gravitent les uns vers les autres, de même aussi chaque soleil, chaque planète est un anneau plus ou moins considérable et qualifié de la chaîne universelle des corps célestes ; anneaux qui sont en corrélation et unis entre eux par un *consensus* fonctionnel.

Notre globe terrestre représente l'un des petits anneaux de la chaîne universelle des mondes, et, par conséquent, le rang que nous occupons dans la hiérarchie des êtres intelligents lui est corrélatif et contingent. Si pendant des siècles nous avons cru que notre planète était le diamant le plus beau sorti de l'écrin de Dieu et que le soleil et les étoiles n'avaient été créés que pour embellir nos jours et nos nuits, descendons humblement de ce piédestal dressé par notre vanité, car nous comptons parmi les créatures les moins bien dotées par la main divine ; mais consolons-nous par la pensée que notre nature est éminemment perfectible et qu'il dépend de nous d'atteindre les limites de la perfectibilité et du bonheur, en cultivant les nobles facultés de morale intelligence qui font partie de nos attributs naturels. En d'autres termes, que le pouvoir nous a été donné de nous élever graduellement jusqu'au rang des êtres les plus privilégiés et les plus heureux de la nature universelle ; et alors nous rendrons grâce à la divine Providence de nous avoir imposé la loi du travail, car c'est par lui que, dans notre pèlerinage terrestre, nous semons de fleurs la route que nous parcourons, et c'est encore lui qui, en dégageant notre âme et notre esprit des liens et des entraves de la matière corporelle, nous spiritualise et nous ouvre largement la voie des splendides destinées de l'avenir. Ne craignons donc pas de nous demander ce que notre globe a été dans l'origine et qu'elles ont été les phases diverses d'évolution qu'il a parcourues. Tous ces mondes suspendus et tourbillonnant dans les plaines infinies de l'espace sans jamais quitter l'orbite que la main de l'Eternel lui a tracée, que sont ils? Des êtres humains les peuplent-ils? et ces êtres sont-ils unis avec ceux d'ici-bas par les invisibles liens d'un *consensus* de hiérarchie et d'harmonie générales, de même que la chaîne graduellement ascendante des corps organisés de notre planète nous en présente un exemple, et de même aussi que ces mondes sont liés entre eux par la loi de la gravitation et participent tous aux mêmes effets de lumière et de chaleur électriques?

Le macrocosme et le microcosme sont-ils une œuvre systématiquement conçue et exécutée *à priori* par la volonté de Dieu? L'électricité, organe matériel de l'attraction, est-elle l'unique levier qu'il ait mis en usage pour construire, étayer et donner le mouvement à la machine universelle, et cet agent dynamique préside-t-il à l'organisation des corps des deux règnes de la nature animée et aux fonctions de la vie matérielle et de la vie intellectuelle dont le jeu s'observe plus particulièrement et par excellence dans l'espèce humaine? enfin la loi de l'équilibre et de l'attrait du semblable pour le semblable qui gouverne le mouvement électrique est-elle la grande loi de l'accord et de l'harmonie entre toutes les choses de l'univers?

Nous traiterons ces questions selon la faible mesure de nos forces et nous leur donnerons une solution, sinon appuyée sur les preuves absolues de la vérité, au moins sur l'induction tirée de faits parfaitement constatés par la science d'observation.

Transitoriis quare futura.

DE LA TERRE ET DE SON FEU CENTRAL.

I

Les sciences naturelles ont fait de tels progrès depuis un siècle, que le voile qui couvre les mystères de la formation et de l'organisation de l'univers a été assez amplement soulevé pour laisser nos regards en pénétrer une partie, et permettre à l'induction d'en deviner d'autres plus profondément cachés. La voie du progrès scientifique est aujourd'hui si largement ouverte, qu'à moins d'un cataclysme, sans aucune probabilité, qui vienne anéantir la société éclairée, on peut espérer, qu'au moyen d'études persévérantes et d'instruments perfectionnés, la nature n'aura plus un jour de secrets que celui qui tient à l'origine de toutes choses et à l'essentialité de la force cosmogonique.

A la géologie et à l'astronomie appartient l'honneur principal de ces découvertes utiles.

La première, en étudiant la forme extérieure de la terre et en fouillant son sol à de grandes profondeurs, nous a fait connaître la nature des matériaux qui le composent, leurs amalgames divers et les causes qui les ont placés dans leurs positions respectives.

Elle nous a encore appris que cette croûte terrestre a environ six myriamètres d'épaisseur ; qu'elle renferme et circonscrit un vaste foyer de matière ignée dont les volcans, infiniment moins nombreux et puissants qu'aux époques premières de sa formation, sont les bouches d'évaporation et comme des soupapes de sûreté qui, en s'ouvrant par intervalles, permettent au calorique en excès de se dégager. La chaleur de ce foyer terrestre est si intense et augmente si rapidement avec la profondeur, qu'à huit ou neuf lieues de distance le granit est en fusion (1).

En effet, l'accroissement de chaleur observé étant de 1 degré centigrade par chaque 33 mètres, il en résulte que le globe possède à une profondeur de 3 kilomètres une température égale à celle de l'eau bouillante, et à 20 kilomètres une chaleur assez élevée pour maintenir en fusion les roches cristallines.

Cette augmentation graduelle de la chaleur terrestre de la superficie au centre, nous apprend pourquoi l'eau des puits artésiens est d'autant plus chaude qu'ils sont plus profonds; mais elle nous explique tout à la fois les tremblements de terre, les soulèvements successifs des continents et des chaînes des montagnes, les éruptions volcaniques et la formation des roches et des minéraux. « Saint Patrice s'était formé, vers la fin du III° siècle, une idée fort juste de ces phénomènes par l'examen des sources d'eau chaude de Carthage. Non-seulement les nuages, disait-il, mais encore les profondeurs de la terre contiennent du feu, ainsi que nous le démontrent l'Etna et une autre montagne des environs de Naples. Les eaux souterraines montent par des espèces de siphons; les eaux qui coulent loin du feu intérieur apparaissent froides; celles dont la source est voisine

(1) Al. de Humboldt, *Cosmos*, t. 1er, p. 30.

de ce feu sont échauffées, et arrivent à la surface de la terre que nous habitons avec une chaleur insupportable (1). »

On doit renoncer aujourd'hui à ces vaines hypothèses qu'on imaginait autrefois pour expliquer les révolutions subies par l'ancien monde terrestre. Un seul fait rend compte exactement de ces révolutions et des changements survenus à la surface du globe, et ce fait est celui de son feu central constaté par de nombreuses observations dont l'exactitude ne laisse rien à désirer. « Comme on connaît parfaitement le diamètre de la terre, et par conséquent le rayon de sa sphère, on a conclu de la progression de cette température, en la supposant régulièrement uniforme, que le centre du globe doit être porté encore aujourd'hui à une température de 195,000°. Aucune matière ne pouvant conserver son état solide à une température si excessive, il en résulte que le centre du globe et les parties voisines de ce centre doivent être dans un état permanent de fluidité. » (2)

Si des coquilles marines sont répandues en masses quelquefois sur beaucoup des parties les plus élevées des continents actuels, c'est que les mers ont été déplacées par le soulèvement de leurs lits en montagnes, et ce soulèvement des montagnes prouve péremptoirement l'existence du feu central réagissant contre la croûte terrestre qui l'enveloppe. « Si l'on pouvait avoir, dit M. de Humboldt, des nouvelles de l'état journalier de la surface terrestre tout entière, on serait bientôt convaincu que cette surface est toujours agitée par des

(1) *Cosmos*, t. 1ᵉʳ, p. 251.

(2) Louis Figuier : La Terre avant le déluge.

secousses en quelques-uns de ses points, et qu'elle est incessamment soumise à la réaction de la masse intérieure (1). »

Mais, avant d'aborder l'examen des phénomènes que présente notre globe dans son état de constitution actuelle, faisons une excursion dans le domaine de l'astronomie, et voyons ce qu'elle nous apprendra sur son mode de formation primordiale et sur celui des corps célestes qui composent notre système solaire.

De l'électricité et de la matière cosmique.

Deux termes expriment la généralité des phénomènes que présente l'observation de l'univers : l'inertie et le mouvement.

L'inertie est représentée par la matière dont elle est un des attributs, de même que l'étendue, la forme, la pesanteur, la divisibilité.

Le mouvement appartient à un fluide impondérable qu'on nomme électricité. Possédant l'unité qui est le caractère essentiel de l'entité, cet agent est d'une telle ténuité qu'il pénètre les corps les plus denses entre les molécules desquels il s'interpose pour établir leur cohésion.

L'électricité a pour propriétés spéciales l'attraction et la répulsion. Elle reçoit le mouvement par le frotte-

(1) *Cosmos*, t. 1er, p. 237.

ment et le choc et le communique aux corps, témoins les phénomènes de transport chimique, les puissants effets mécaniques produits par la foudre; faits, qui suffisent pour affirmer sa matérialité. Mais sa densité est à peine exprimable par des chiffres, la centrilionième partie peut être de celle de l'air, ce qui explique l'énormité de sa vitesse.

La lumière, la chaleur et le son font encore partie de ses attributs lorsqu'elle est en état de tension et animée de grande vitesse, ainsi qu'il arrive par l'effet de son accumulation dans les nuages au moment des orages.

Les espaces interplanétaires sont remplies par des masses de fluide électrique, et il est peu douteux que la lumière du jour soit due au mouvement vibratoire que cette électricité communique à notre électricité atmosphérique.

Quoique, pour expliquer les phénomènes d'attraction et de répulsion qui appartiennent à l'électricité, la théorie ait fait deux parts de ce fluide s'attirant l'une l'autre réciproquement, mais chacune d'elles se repoussant elle-même, son unité n'en est pas moins réelle, et ce caractère ne s'oppose nullement à l'explication des deux phénomènes précités. Qu'on ne perde pas de vue, en effet, qu'en vertu de l'équilibre qui tend toujours à s'établir entre des corps à des états électriques différents, celui des deux dont le fluide est à une tension plus élevée envoie à l'autre une partie de son électricité en trouant l'enveloppe atmosphérique qui les sépare. Après le contact et l'uniformité de tension rétablie, les deux corps entourés chacun d'une atmosphère d'électricité à la même tension se repoussent jusqu'à ce qu'ils arrivent à une distance l'un de

l'autre égale à l'épaisseur réunie des deux atmosphères. » (1)

Mais, d'autre part, les opinions des physiciens les
plus distingués sont unanimes sur ce point que les régions infinies des cieux sont remplies par les particules
élémentaires de la matière réduites à un état de division telle que la pensée ne peut parvenir à s'en former
une image. Cette matière a reçu le nom d'*éther*, ou
matière *cosmique*, et c'est au milieu d'elle que se meuvent les corps planétaires qui, eux-mêmes, ont été
formés par l'agrégation et la condensation par conti-
guité des molécules de cette substance éthérée.

L'existence de l'éther, loin d'être une gratuite et
vaine supposition, a été parfaitement constatée par le
calcul et l'observation. « La marche de la comète à
courte période, comète d'Encke, a dit l'illustre Arago,
vient démontrer qu'un nouvel élément devra désormais être pris en considération ; je veux parler de la
résistance qu'une substance gazeuse très-rare qui remplit les espaces célestes, et qu'on est convenu d'appeler
éther, oppose au déplacement de tous les corps qui la
traversent. Cette résistance ne produit pas d'effet appréciable sur les planètes, parce qu'elles ont une assez
forte densité, mais les comètes n'étant, pour la plupart, que de simples amas de vapeurs légères, peuvent
être, au contraire, notablement retardées dans leur
marche. »

M. Alexandre de Humboldt s'exprime ainsi à
l'égard de cette substance cosmique (2). « La lumière

(1) G. H. Love : *De l'identité des agents qui produisent le son, la
chaleur, la lumière, etc.* Paris, 1861, p. 141.

(2) *Cosmos*, t. 1er, p. 94.

zodiacale qui monte au-dessus de l'horizon comme une pyramide de lumière, et dont le doux éclat fait l'éternel ornement des nuits intertropicales, est probablement une grande nébuleuse annulaire, tournant entre l'orbite de Mars et celle de la terre ; car on ne saurait admettre que ce soit la couche extérieure de l'atmosphère même du soleil. Outre ces nébulosités, ces nuages lumineux à forme déterminée, des observations exactes s'accordent à établir l'existence d'une matière infiniment ténue, qui ne possède probablement pas de lumière propre, mais dont l'existence se révèle par la résistance qu'elle oppose au mouvement de la comète d'Encke, et peut-être aussi de celles de Biela et de Faye, par la diminution qu'elle fait subir à l'excentricité et à la durée de sa révolution. On peut se représenter cette matière éthérée ou cosmique, flottante dans l'espace, comme animée de mouvement ; malgré sa ténuité originaire, on peut la supposer soumise aux lois de la gravitation, et plus condensée, par conséquent, aux environs de l'énorme masse du soleil. On pourrait admettre, enfin, qu'elle se renouvelle et qu'elle augmente, depuis des milliards de siècles, par les matières gazéiformes que les queues des comètes abandonnent dans l'espace. »

Mais, dans le but de la création, peut-on savoir quel emploi la substance cosmique fut destinée à remplir ? M. Le Couturier (1) va nous l'apprendre, et, généralement parlant, son opinion est celle des autres savants : « S'il m'était permis de hasarder une définition, je dirais que l'éther est le simple dont les atmosphères des planètes sont le composé ; ou, autrement, que la ma-

---

(1) Le Couturier *Panorama des mondes*, p. 48.

tière atmosphérique résulte de la condensation d'une certaine somme de matière éthérée. Je dirais enfin que l'éther est la matière élémentaire dont toutes choses sont formées. »

Mais la seule présence de l'éther dans les régions de l'infini ne suffirait pas pour expliquer les phénomènes que nous allons décrire succinctement, et il faut admettre qu'il existe aussi, comme en effet on le reconnaît généralement, une force vive sans cesse en action sur les molécules de la substance cosmique qu'elle attire les unes vers les autres et réunit par agrégation contiguë pour en former des corps visibles, tangibles et pondérables. Cette force est ce qu'on nomme *l'électricité*, organe de l'attraction, dont nous venons de parler.

L'action du fluide électrique sur les atomes divers de la matière n'est pas absolument la même pour les uns et pour les autres ; elle est, au contraire, élective et se porte par choix et préférence sur tel ou tel d'entre eux ; et cette propriété, qu'on nomme *affinité*, s'accroît en raison directe de la densité spécifique de la molécule et en raison inverse du carré des distances. D'où il résulte que l'électricité quitte un corps pour se porter sur un autre, et abandonne celui-ci pour un troisième, selon son degré d'affinité plus développée pour l'un ou l'autre de ces corps. Les actions et réactions chimiques, une foule de phénomènes atmosphériques, ceux dont les corps inorganiques et les corps organisés sont le siége, fournissent à ce fait les preuves les plus nombreuses et les plus irrécusables.

Mais, avons nous dit, pour expliquer ce mouvement incessant de l'électricité, ce transport d'un corps sur un autre, il n'est pas nécessaire de recourir à la théorie des deux fluides, *positif et négatif*, inventée par Dufay en 1733, selon M. Pouillet; il suffit de reconnaître avec M. Love sa propriété de se mettre et de se maintenir toujours en équilibre, et alors il est facile de comprendre comment et pourquoi une molécule quelconque à l'état de grande tension électrique attire à elle et s'agrège d'autres molécules moins électrisées et partage avec elles son excédent d'électricité.

Or, de même qu'une pile de Volta acquiert d'autant plus de tension électrique qu'elle est composée d'un plus grand nombre de disques, le conglomérat moléculaire, possédant une somme de fluide supérieure à la simple molécule, l'attire à lui et se l'incorpore. C'est ainsi, on peut le croire, que les corps se sont formés par l'action attractive de l'électricité sur les atomes de la matière éthérée.

L'électricité a donc pour attribut l'attraction, et l'attraction étant le premier moteur de toutes choses, il en résulte que l'électricité est le principe actif de tous les phénomènes de l'univers. Si nous admettons comme fait positif l'existence de l'éther dans les régions infinies de l'espace, c'est que cette existence ne peut être contestée aujourd'hui, et il en est de même du fluide électrique. Le système des tourbillons de Descartes et du vide de Newton est tout-à-fait tombé dans l'oubli; et, quant à celui de l'attraction, il n'avait pour base qu'un mot qui n'attendait qu'une grande découverte pour s'incorporer en elle, celle de l'électricité. « Depuis l'époque de Descartes et de Newton, la science a accompli d'énormes progrès; le fait cherche partout à se substituer à l'hypothèse et la chose au mot. Croirait-on, par exemple, que l'électricité, qui joue un si grand rôle sur la terre et dans notre atmosphère, serait sans action dans les espaces interplanétaires? N'a-t-on pas, au contraire, tout lieu de penser que les sphères se maintiennent dans leurs orbites au moyen de cet agent si puissant (1) ? »

« Les globes, on est en droit de l'affirmer, exercent les uns sur les autres une influence électrique ou magnétique. Au mois d'octobre 1854, le père Secchi, astronome de Rome, écrivait à l'Académie des sciences de Paris, qu'il en était venu à reconnaître que le soleil agit à la manière d'un véritable aimant, et qu'il exerce sur tous les points de la terre une action magnétique dans un sens opposé, selon qu'il se trouve au sud ou au nord de l'équateur. Ces simples observations nous paraissent renfermer la véritable cause de la gravitation des sphères autour du soleil ; il n'est pas impossible d'y trouver non plus la cause du balancement annuel de la terre autour de la courbe qu'on a nommée *écliptique*. Le mot attraction de Newton nous semble bien près d'être remplacé par quelque chose de plus substantiel et de plus positif, par l'électricité ou le magnétisme. »

Le rôle qu'on attribue ici au fluide électrique est parfaitement dans notre opinion, car, déjà en 1854, nous avions écrit : « Le soleil, si chaud, si lumineux, nous paraît être un immense foyer et un réservoir d'électricité pour notre système planétaire. En la projetant sur notre terre, il l'attire à lui, et après lui avoir cédé toute la quantité qu'elle peut admettre, il l'éloigne de lui en vertu de la propriété répulsive que cet état de saturation fait naître (2). »

(1) Le Couturier, *Panorama des Mondes*, p. 44.

(2) *De la force et de la loi d'attraction universelle*, p. 28, 2ᵉ partie.

Il ne se produit pas un seul phénomène dans la nature, à quelque ordre de faits qu'il appartienne, sans qu'il soit accompagné d'un mouvement quelconque de la matière, et ce mouvement reconnaît pour cause première l'attraction. Or, l'attraction étant une propriété essentielle du fluide électrique, cette propriété ne sera jamais, dans notre pensée, séparée de son principe générateur, lorsque désormais nous parlerons de l'électricité.

Quoique l'électricité soit une entité, une force identique, cependant les variations de sa phénoménalité ont porté à la diviser en trois types : 1° *L'électricité* qui, répandue dans tous les points de l'espace, établit des rapports continus entre les molécules de la matière éthérée et les corps célestes. Ses vagues, plus rapides que la pensée, transmettent et opèrent les mouvements qui s'échangent continuellement entre toutes les parties de l'étendue infinie. Elle est le fluide universel. 2° *L'électricité inorganique*, celle qui, par l'agrégation des particules de la matière, forme les corps pondérables, auxquels le frottement peut l'enlever et la transmettre à d'autres objets. 3° *L'électricité vitale*, agent de l'organisation plastique de tous les êtres du règne animal et du règne végétal. Nous l'appellerons aussi électricité nerveuse, parce que c'est au moyen du système nerveux qu'elle fonctionne chez l'homme et chez les animaux.

De l'électricité inorganique.

De récentes découvertes ont porté à 64 le nombre des substances simples, c'est-à-dire de celles qui composent les éléments divers de la matière, et la science prouvera sans doute un jour qu'elles ne sont pas limitées par ce chiffre. L'électricité agit sur chacune d'elles d'une manière spéciale et lui communique des qualités spécifiques. Leur union, leur combinaison variée, donne naissance à une infinité de corps caractérisés et diversifiés par la forme, la densité, la couleur et la virtualité. On nomme *affinité* cette disposition qu'ont à s'agréger les molécules matérielles, et l'électricité, avons-nous dit, en est sans nul doute le principe et l'agent. Elle est élective et spécifiquement plus développée à l'égard de telle molécule qu'envers toute autre. D'où il résulte que des molécules d'espèces différentes, après s'être agrégées et avoir formé entre elles une combinaison quelconque, se séparent et se combinent différemment avec d'autres molécules pour lesquelles leur affinité est plus parfaite. C'est ainsi que l'oxigène, qui est une substance aériforme, et le calcium, qui est un métal, forment par leur union une terre qui est la chaux ; et que l'acide sulfurique, en se combinant avec le cuivre, le métamorphose en sulfate de cuivre, substance d'aspect et de propriétés autres que ceux de ce métal, mais qui se décomposera pour former une nouvelle combinaison si on le mélange avec du fer : il se formera alors du sulfate de fer, et le cuivre reparaîtra à l'état métallique qui lui est naturel. La cause de cette opération, dont la chimie nous offre chaque jour de nombreux exemples à l'égard d'autres substances, vient de l'affinité plus grande de l'acide sulfurique pour le fer que pour le cuivre.

Nous n'insisterons pas sur le développement de ces faits qui font partie depuis longtemps du domaine de la science positive, et nous examinerons si par eux on peut expliquer le mode de formation des globes planétaires en général, et du nôtre en particulier ; c'est-à-dire au moyen de la force électrique agissant sur les atomes de la matière éthérée par voie d'affinités et d'agrégations électives et diverses. Mais nous rappellerons que la loi qui gouverne l'électricité agit en raison directe de la densité et du volume des corps et inverse du carré des distances.

L'éther ou substance cosmique est donc, avons-nous dit, un composé de molécules matérielles réduites à un état de division près de laquelle le gaz hydrogène, 14 fois plus léger que l'air atmosphérique, est d'une densité considérable ; car ce gaz, quelque léger qu'il soit, n'en atteint pas moins le poids de 31 grammes dès qu'il remplit cinq pieds cubes. Or, si nous disons qu'à l'époque primordiale, avant que la terre fût formée, les parties de matière qui la composent étaient répandues dans l'espace à l'état de gaz éthéré, on objectera peut-être que cet espace, compris entre elles et les autres corps planétaires de notre système solaire, n'avait pas assez d'étendue pour les contenir ; mais nous répondrons qu'il résulte de calculs aussi exactement faits que possible, que chaque demi-once, ou environ 15 grammes de cette masse de matière, avait pour se développer et se mouvoir 1,884,165 lieues cubes (1).

Tous les corps, on le sait, sont formés par le rapprochement de leurs molécules constituantes ; elles ne se pénètrent pas les unes les autres, et quelle que soit la densité de ces corps, leur cohésion n'a lieu que par contiguïté moléculaire, le fluide électrique, lien de leur agrégation, restant toujours interposé entre elles. De là vient que si ce fluide les abandonne pour se porter sur d'autres particules matérielles pour lesquelles il a plus d'affinité, et qui se trouvent placées dans le rayon de son activité, leur désagrégation s'opère, c'est-à-dire que le corps dont leur assemblage contigu était le produit est décomposé.

Jamais l'électricité ne s'accumule sur les molécules de la matière sans produire un développement de chaleur, et cette chaleur, si le courant électrique est puissant, peut être assez intense pour fondre et volatiliser le corps le plus dur : de l'or, par exemple. Par cette volatilisation, la substance minérale s'évapore sous forme de gaz colorant la flamme qui l'enveloppe ; mais alors ses parties constituantes n'ont pas pour cela cessé d'être, un excès de fluide, dépassant beaucoup leur capacité pour lui, a seulement brisé leur cohésion et causé leur écartement extrême : mais elles peuvent se condenser de nouveau. Si vous suspendez, en effet, une plaque d'argent au-dessus de cette flamme, elle se couvrira d'une couche d'or, mais si légère et impondérable que la masse du métal n'aura perdu rien qui soit appréciable ; preuve de l'extrême divisibilité de la

(1) Docteur Zimmermann, *Le monde avant la création de l'homme*, 15.

matière, divisibilité qui dépasse les limites de notre imagination.

Les molécules de la matière possédant chacune spécialement et à un dégré plus ou moins élevé de la capacité pour le fluide électrique, il en résulte une différence relative très-notable dans leurs propriétés attractives et d'agrégation. Celles dont l'électrisme est très-développé s'attirent avec une grande puissance ; leur cohésion est très-forte, et les corps formés par leur réunion contiguë sont d'une pesanteur et d'une densité portée à l'extrême ; aussi le choc en fait-il jaillir l'étincelle électrique.

A l'époque primordiale, existait donc dans les régions incommensurables de l'espace le fluide électrique, principe ou organe de l'attraction, et les éléments divers de la matière désignée sous le nom d'éther, ou de substance cosmique. Or, du moment où des atomes matériels se trouvent en présence, l'attraction les rassemble et les unit pour former un noyau compact. Or, encore, ce sont les molécules dont la tension électrique, dont l'affinité est la plus grande, qui se mettent d'abord en état d'agrégation et de cohésion le plus parfait, et qui, par conséquent, forment le point central de ce noyau, autour duquel d'autres atomes se groupent de proche en proche, et auquel ils s'incorporent graduellement par voie d'affinité plus ou moins puissante. De cette différence dans la somme relative des affinités moléculaires naît la diversité qu'on observe dans la densité et la pesanteur des corps qui entrent dans la composition de l'univers.

Mais ces phénomènes ne sont pas les seuls que manifeste l'agrégation des molécules de la matière ; par l'effet du tassement successif qu'elles éprouvent, et de la compression qui en résulte, il se développe en elles une chaleur d'autant plus considérable que leur contiguïté est plus parfaite, et cette chaleur peut être portée jusqu'à l'incandescence. Une médaille qui reçoit plusieurs coups de balancier devient brûlante, et l'air atmosphérique comprimé au 10° de son volume atteint la température du charbon ardent.

La science sait aussi parfaitement que toute transformation des corps est une opération chimique, et qu'aucune opération chimique ne peut s'accomplir sans donner lieu à un dégagement d'électricité et à un développement de chaleur, et quelquefois même à une émission de lumière : « Un corps, du charbon, par exemple, peut rester incandescent et être lumineux, distributeur du calorique, dit Arago, quand placé dans le vide il est traversé par un courant électrique. » Personne n'ignore enfin que l'électricité possède, en vertu de la force centripète et centrifuge qui est en elle, une source de mouvement incessant.

Matière cosmique ou éther, et fluide électrique, voilà donc les deux conditions qui suffisent à l'explication des phénomènes relatifs à la formation de l'univers. Entrons, pour appuyer cette proposition, dans l'exposé et l'examen d'un autre ordre de faits.

Quand l'œil armé d'un télescope porte ses regards investigateurs dans les profondeurs de la voûte céleste, il y découvre la matière cosmique tantôt condensée en globes de grandeurs et de densités très-diverses, globes animés d'un mouvement de rotation et de translation, tantôt disséminée sous forme de nébulosités, espèces de nuages blanchâtres, phosphorescents, analogues à la voie lactée. C'est là ce qu'on appelle *nébuleuses*, formées sans doute de l'éther répandu sous tous les états d'agrégation possible dans l'immensité infinie des cieux. « Lorsqu'elles ont de faibles dimensions apparentes, elles présentent l'aspect de petits disques elliptiques ou ronds, soit isolés, soit disposés par couples et réunis alors quelquefois par un mince filet lumineux; sous de plus grands diamètres, la matière nébuleuse prend les formes plus variées : elle envoie au loin dans l'espace de nombreuses ramifications ; elle s'étend en éventail, ou bien elle affecte la forme annulaire aux contours nettement accusés, avec un espace central obscur. On croit que ces nébuleuses subissent graduellement des changements de forme, suivant que la matière obéissant aux lois de la gravitation se condense autour d'un ou de plusieurs centres. Environ 2,500 de ces nébuleuses, que les plus puissants télescopes n'ont pu résoudre en étoiles, sont maintenant classées et déterminées, quant au lieu qu'elles occupent dans le ciel (1). »

Les différents aspects que présentent les nébuleuses les ont fait classer : 1° en nébuleuses non résolues, c'est-à-dire celles qui n'ont ni l'apparence d'une planète ni d'une étoile ; 2° les nébuleuses, celles qui présentent l'aspect stellaire, pâle et couvert de taches; 3° les nébuleuses planétaires offrant l'image d'une planète.

Dans l'observation de ces nébuleuses, les astronomes ont vu, non sans beaucoup de raison, des mondes innombrables en voie de formation, et la nature a été prise par eux en flagrant délit de création.

Cette Genèse, ces formations et ce développement perpétuellement progressif des corps célestes dont l'espace infini est le théâtre, ne présentent-ils pas une ana-

____

(1) *Cosmos*, t. 1er, p. 88

logie frappante avec les phénomènes de la vie organique telle que nous l'observons ici-bas : générations et accroissements successifs et accomplis des formes individuelles des êtres ; ou, en d'autres termes, de même que nos forêts nous présentent les différentes phases de la pousse des arbres de même espèce, depuis la germination jusqu'à l'évolution complète, on observe aussi dans l'immensité des champs célestes les divers degrés de la formation graduelle des étoiles.

C'est que tous les corps de l'univers sont le produit de l'élaboration d'une force unique, l'électricité, sur les éléments de la matière réduite à l'état de divisibilité la plus extrême, ainsi qu'on l'observe dans la substance cosmique ou éthérée. Douée d'une action spécifique et particulière à l'égard de ces éléments, elle imprime à chacun un mouvement propre qui les réunit, les classe sous des myriades de formes et d'aspects divers pour en former les corps inorganiques, et même les corps organisés ; car nous verrons le fluide électrique jouer un rôle capital quand nous parlerons de ces organisations.

William Herschel et d'autres astronomes croyaient avoir remarqué que les changements d'état s'étaient opérés dans les nébulosités pendant le cours d'un petit nombre d'années. Ils y ont d'abord observé (1) la matière nébuleuse répandue en amas dans les différentes parties du ciel dont elle occupe une grande étendue. Ils ont vu dans quelques-uns de ces amas cette matière faiblement condensée autour d'un ou de plusieurs noyaux peu brillants. Dans d'autres nébuleuses, ces noyaux brillent davantage, relativement à la nébulosité qui les environne. Les atmosphères de chaque

____

(1) Laplace, *Essai philosophique sur les probabilités*, p. 122.

noyau, venant à se séparer par une condensation ultérieure, il en résulte des nébuleuses multiples formées de noyaux très-voisins, et environnés chacun d'une atmosphère ; quelquefois la matière nébuleuse, en se condensant d'une manière uniforme, a produit les nébuleuses qu'on nomme planétaires. Enfin, un plus grand degré de condensation transforme toutes ces nébuleuses en étoiles. Les nébuleuses classées d'après cette vue philosophique indiquent, avec une extrême vraisemblance, leur transformation future en étoiles et l'état de nébulosité antérieur des étoiles existantes.

Après avoir posé en principe qu'il n'existe qu'un seul mode de formation des mondes, ce qui nous semble être d'une évidence parfaite d'après les faits que nous avons déjà constatés, Laplace ajoute (1) :

« Dans l'état primitif où nous supposons le soleil, il ressemblait aux nébuleuses que le télescope nous montre composées d'un noyau plus ou moins brillant, entouré d'une nébulosité qui, en se condensant à la surface du noyau, doit se transformer un jour en étoile. Si l'on conçoit par analogie, toutes les étoiles formées de cette manière, on peut imaginer leur état antérieur de nébulosité précédé lui-même par d'autres états, dans lesquels la matière nébuleuse était plus ou moins diffuse. Le noyau étant de moins en moins lumineux et dense on arrive ainsi, en remontant aussi loin qu'il est possible, à une nébulosité tellement diffuse, que l'on pourrait à peine en soupçonner l'existence. »

D'après le système de Laplace, à peu près généralement adopté de nos jours, il se forma donc, à une époque qu'on ne peut fixer, même en l'évaluant à des cen-

(1) Op. cit. 121.

taines de millions d'années, près de la région qu'occupe la brillante étoile *Sirius*, une légère condensation de matière cosmique; elle pouvait avoir l'aspect d'une nébulosité composée de matière blanchâtre. Cet amas vaporeux formait une sorte de sphère très-aplatie, tournait d'occident en orient et occupait, dans le principe, une étendue qui était peut-être double de celle que notre système solaire occupe aujourd'hui ; c'est-à-dire que, si le diamètre de l'orbite de *Neptune*, planète placée comme on sait à la limite de ce système, est d'environ deux milliards trois cents millions de lieues, le diamètre de notre sphère nébuleuse dépassait peut-être cinq ou six milliards de lieues.

Après une période de siècles dont il serait impossible de préciser le nombre, la nébuleuse diminuant d'étendue à mesure qu'elle devenait plus dense, tourna de plus en plus vite, et cessa d'être uniforme dans toutes ses parties. Très-raréfiée vers l'extrémité de son disque, elle augmenta d'intensité de la circonférence au centre, où se formait déjà le noyau d'une étoile très-distincte à la vue.

Avec le temps, cette étoile devint plus grosse et plus éclatante, et la nébuleuse se divisa de plus en plus en un certain nombre de zones circulaires, dont les plus denses étaient toujours les plus près du centre. Selon l'illustre astronome, les molécules gazeuses, dont se formait la nébulosité à l'état d'incandescence, se trouvèrent rapprochées par l'action de la pesanteur, et elles furent mises en mouvement autour du noyau solaire par l'effet de la force centrifuge qui tendait sans cesse à les écarter et à les disperser dans l'espace (1).

(1) *Panorama des Mondes*, p. 60. Paris, 1856.

La formation des planètes ne date, suivant Laplace, que de l'époque du refroidissement de notre nébuleuse solaire et elles se seraient formées aux limites successives qu'aurait eue l'atmosphère solaire lors de la condensation des diverses zones de la matière gazeuse. Par l'effet du refroidissement, le mouvement général de rotation de la masse nébuleuse devint assez rapide pour lancer par la force centrifuge une nappe de vapeur, qui se détacha tout autour de l'équateur de l'atmosphère solaire et forma un grand anneau plat que sa rotation soutint hors du soleil contre la pesanteur solaire. Les matériaux de l'anneau venant à se disjoindre et à se rouler sur un point de sa circonférence, il se fit là un nouveau foyer de concentration qui devint le centre d'une planète.

Le refroidissement continuant, le soleil abandonna successivement autant de bandes annulaires qu'il y a de planètes principales. Ces divers globes, ainsi séparés du soleil, éprouvèrent eux-mêmes un refroidissement semblable, et le plus grand nombre d'entre eux, en se concentrant, abandonnèrent des portions de leur atmosphère qui devinrent des anneaux, puis des satellites. C'est ainsi que Saturne aurait abandonné successivement au moins douze anneaux, parmi lesquels huit se seraient brisés et enroulés en forme de globes et trois subsisteraient encore de nos jours avec leur forme annulaire et primitive. (1)

Telle est la théorie formulée par Laplace et à laquelle la plupart des astronomes accordent leur assentiment.

« Tout ce qui est mu suppose un moteur, » a dit

(1) Op. cit. p. 62.

Aristote, *de Cœlo, l.* 3, *c,* 2, 204. Or, quel autre moteur que l'électricité, principe de l'attraction, aurait pu jouer le rôle capital dans la production de ces phénomènes de formation planétaire ? Evidemment ce fluide associé aux molécules de l'éther les unit et les condense, mais très lentement d'abord, la loi qui le gouverne ne lui permettant d'agir qu'en raison directe des masses et inverse du carré des distances, et les atomes divers qui constituent la substance cosmique étant d'une ténuité inexprimable et très-écartés les uns des autres. Comme dans toute opération chimique, toute action électrique sur des particules matérielles, cette condensation atosmique développa de la chaleur et de la lumière, chaleur que la pression augmenta au fur et à mesure que le tassement moléculaire devint plus intense, et qui devint assez forte pour mettre en fusion le noyau planétaire composé des éléments matériels dont l'affinité était plus grande, en raison de leur densité spécifique plus considérable. Or, tout corps liquéfié prend toujours, comme on sait, la forme arrondie, perlée, et il arriva que notre terre, que nous donnons ici pour exemple, roula dans l'espace sous la forme d'un globe enflammé, entouré d'une atmosphère lumineuse.

Ceci, nous le croyons et le confessons, est une hypothèse impossible à prouver par une démonstration positive et rigoureuse, mais elle est conforme aux lois générales qui gouvernent la nature depuis l'origine des temps. Or, « en consultant ces lois (1), nous trouvons qu'une très-grande quantité de substances terrestres

(1) Zimmermann, *Le monde avant la création de l'homme,* page 32.

démontrent d'une manière irréfutable l'existence d'une grande chaleur capable d'opérer la fusion, et nous révèlent des couches de minéraux transformés par le feu, sur lesquels s'étalent d'autres substances jadis en fusion. Nous sommes donc en droit d'avancer l'hypothèse que la terre fut autrefois à l'état de fluidité ignée.

La conjecture de Laplace que les matériaux dont se compose le globe ont pu être d'abord sous forme élastique, et avoir pris successivement en se refroidissant la consistance liquide, et enfin s'être solidifiés, est bien renforcée par les expériences récentes de M. Mitcherlich, qui a composé de toutes pièces et fait cristalliser par le feu des hauts-fourneaux plusieurs des espèces minérales qui entrent dans la composition des montagnes primitives. (1)

On peut encore invoquer en faveur de l'état de fluidité ignée de notre planète son renflement à l'équateur et son aplatissement vers les pôles. En effet, « une sphère solide et non élastique, une bille d'ivoire, par exemple, aurait beau tourner sur son axe pendant des siècles, sa forme n'en serait nullement changée ; mais une bille liquide, ou de consistance pâteuse, se renflerait alors dans son milieu et s'aplatirait aux extrémités de son axe. C'est en admettant la fluidité primitive du globe terrestre que Newton avait annoncé *à priori* le renflement de la terre à l'équateur, son aplatissement aux pôles, et qu'il avait même fixé par avance le dégré de cet aplatissement. En 1736, Maupertuis et La Condamine furent envoyés par l'Académie des sciences de Paris, l'un aux régions polaires, l'autre aux régions

____

(1) Cuvier, *Révolutions de la surface du globe*, 27.

équatoriales. Les mesures prises sur les lieux par ces deux observateurs établirent l'existence du renflement équatorial et de la dépression polaire. Il résulta même de ces mesures que l'aplatissement de la terre aux pôles était sensiblement plus fort que Newton ne l'avait estimé d'après ses calculs. » (1)

Lorsque l'induction s'appuie sur de pareilles bases, il ne peut être permis de lui refuser un caractère de vérité.

Du refroidissement de la terre.

Il est impossible de déterminer le temps qu'a duré la température extraordinaire de la terre. Mais elle a dû diminuer, par ce fait qu'elle se meut, comme tous les corps célestes, dans un espace ou règne une température moins élevée au minimum de 60 degrés au-dessous de zéro, et dans lequel sa chaleur se perd avec une rapidité d'autant plus vive que cette chaleur est plus intense. Nous pouvons observer tous les jours ce phénomène : une bouilloire contenant de l'eau bouillante, n'étant plus chauffée par une lampe, perd ses dix premiers degrés de chaleur, de 100 à 90, dans le quart de temps qu'elle met à perdre le neuvième dixième, de 20 à 10.

« On ne peut douter, a dit Buffon, qu'en général la durée de l'incandescence ne soit, à très-peu près pro-

(1) L. Figuier : *La Terre avant le déluge*, p. 31 et 32.

portionnelle à l'épaisseur de la masse. On voit, dans un boulet rougi au feu, l'incandescence se conserver dans les parties voisines du centre longtemps après que la surface a perdu cet état d'incandescence et de rougeur. »

Le refroidissement de la terre dut s'opérer avec une lenteur extrême, et l'on peut fournir à l'appui de cette lenteur l'exemple suivant :

En 1750 surgit tout-à-coup, dans l'Amérique du Sud, le petit volcan appelé Jorullo, qui vomit des torrents de lave ardente. M. de Humboldt, visitant ce volcan *quarante-quatre ans* après sa formation, vit cette lave, entre les fissures, toujours ardente, si bien qu'on y pouvait allumer un cigare en ayant la précaution de le présenter au bout d'une branche fendue à l'extrémité, pour ne pas se brûler les doigts ; et M. E. Schluder vit, en 1846, *quatre-vingt-sept ans après l'éruption*, la vapeur s'élever de la lave par deux ouvertures faites à sa croûte.

Il résulte de cet exemple, dit le docteur Zimmermann, qu'un corps ardent, des trillions de fois grand comme cette masse de lave, a dû se refroidir pendant des milliards d'années, avant de permettre l'existence du règne végétal ou du règne animal.

Le professeur Bischof, de Bonn, a fait, sur des boules de basaltes de deux pieds de diamètre, mises en fusion, le calcul du temps qu'il a fallu à la terre pour se refroidir et arriver à la température actuelle, et a trouvé pour résultat trois cent cinquante-trois millions d'années. Il a calculé, en outre, que le temps où la terre, sur toute sa surface, grâce à sa chaleur propre inhérente à elle-même, possédait, même à ses pôles, un climat tropical ; que le temps où vivaient, sans l'action du soleil, des mastodontes, des mammouths, des éléphants, des rhinocéros ; où des palmiers et des fougères arborescentes pouvaient croître dans les zones aujourd'hui glaciales ; en un mot, que l'époque de la formation du charbon de terre est antérieure à notre siècle de un million trois cent mille ans.

Nous n'examinerons pas si ces calculs ne sont point entachés d'exagération, mais nous dirons qu'il a fallu un immense laps de temps à notre globe pour arriver à son degré de température actuelle, puisqu'il résulte, de connaissances basées sur des expériences positives, que la chaleur moyenne de la terre n'a pas varié de un cent soixante dixième de degré depuis deux mille ans (1) ; mais toujours est-il que notre planète, à l'état gazeux à l'origine de sa formation, passa à l'état fluide par la perte d'une partie de son immense chaleur latente. Cet état fluide est prouvé par l'aplatissement de ses pôles, résultat de son mouvement de rotation ; puis, sa masse fluide se solidifia en se refroidissant davantage , et , sans doute, comme le prétend Fourier, les couches superficielles d'abord, en rayonnant vers les espaces célestes, tandis que les parties les plus voisines du centre doivent avoir gardé leur fluidité et leur incandescence primitives.

Cette opinion, appuyée sur l'induction tirée de faits nombreux parfaitement connus, est admise par la plupart des savants de premier ordre. « Longtemps, dit M. de Humboldt, cette chaleur interne a traversé l'écorce terrestre ainsi formée, pour se perdre ensuite dans l'espace ; puis, à cette période a succédé un état d'équilibre stable dans la température du globe , en

______

(1) *Cosmos*, t. 1er, p. 199.

sorte qu'à partir de sa surface la chaleur doit aller en croissant graduellement vers le centre. En fait, cet accroissement se trouve établi d'une manière irrécusable, au moins jusqu'à une grande profondeur, par la température des eaux qui jaillissent des puits artésiens, par celle des roches qu'on exploite dans les mines profondes, et, surtout, par l'activité volcanique de la terre, c'est-à-dire par l'éruption des masses liquéfiées par le feu qu'elle rejette de son sein. (1) »

Quoique nous ignorions d'une manière complète la nature des matériaux dont l'intérieur de la terre est formé, cependant, puisqu'il est de principe que les substances les plus pesantes se réunissent autour du centre de la force d'attraction, l'induction porte à croire que le noyau de la terre est composé par les métaux les plus denses, tels que l'or et le platine, par exemple, au-dessus desquels sont venus se placer ensuite les autres métaux pesants, que les mouvements du flux et reflux auront étalés en couches diverses. Sur ce noyau liquide en ébullition, se seront déposés, en forme également liquide, les minéraux plus légers parmi lesquels figurent la silice, la chaux, l'alumine, la potasse, la soude. La silice, formant 70 centièmes de la masse du globe ; l'alumine, 16 centièmes ; la potasse, de 5 à 6 centièmes ; et la soude 3 centièmes. Le talc, le calcaire, le manganèse formant le reste. (2)

Du moment, en effet, que la pesanteur spécifique des corps inorganiques détermine leurs gisements, il est naturel que les plus lourds se soient placés aux couches inférieures ; les oxides métalliques les plus

(1) *Cosmos*, t. 1ᵉʳ, p. 194.

(2) Zimmermann, *Le monde avant la création de l'homme*, p. 38.

pesants, après les métaux eux-mêmes, tandis que les mélanges plus légers, les silicates plus ou moins unis à des oxides colorants, restèrent au-dessus et se combinèrent entre eux, leur pesanteur spécifique n'étant pas assez distincte pour leur permettre de s'enfoncer perpendiculairement et plus profondément dans la masse visqueuse de la terre en fusion.

« La fluidité ignée du noyau terrestre est si bien dans l'opinion des savants, qu'on croit aujourd'hui que la pression exercée sur la terre par la lune, pression qui cause les marées et s'étend aussi à la croûte terrestre et à son foyer central, force les feux surabondants à sortir par la bouche des volcans. (1) »

Les phénomènes géognostiques que nous avons relatés le plus succinctement possible s'enchaînent, comme on voit, naturellement, et sont la conséquence les uns des autres. Si nous poursuivons l'examen des phases diverses de leur marche et de leur développement successif, nous observerons le même enchaînement des faits, les mêmes rapports de cause à effet, et, en définitive, nous constaterons que tout ce vaste appareil phénoménal émane d'un seul même principe : la réaction du feu intérieur du globe contre les couches solidifiées dont sa croûte est formée.

Cette réaction nous rend compte en effet des tremblements de terre, du soulèvement des continents et des chaînes de montagnes, des éruptions volcaniques et de la formation des roches et des minéraux. « Mais, dit M. de Humboldt (2), elle n'a pas borné son influence à la seule nature inorganique ; tout porte à

(1) Le Couturier, *Panorama des mondes*, p. 270 et 271.
(2) *Cosmos*, t. 1er, p. 227.

croire que, dans l'ancien monde, de puissantes émissions de gaz acide carbonique se mêlèrent à l'atmosphère, favorisèrent l'acte par lequel les végétaux s'assimilent le carbone , et formèrent ainsi les forêts primitives, origine de l'inépuisable amas de matières combustibles, lignites et charbon de terre, que les révolutions du globe ont enfouis dans les couches superficielles. »

Si cette atmosphère à la fois chaude , humide et surchargée d'acide carbonique plaça le règne végétal dans les conditions les plus favorables à son développement, l'air se trouva purifié de son excessive abondance par l'évolution des êtres de ce règne, et alors la vie animale put s'organiser à son tour.

Mais il fallut auparavant que les eaux se fussent formées. Tant que le globe terrestre fut en état de fusion incandescente, elles ne purent devenir liquides, et l'extrême chaleur les maintint suspendues en vapeurs. Un certain abaissement de température s'étant enfin opéré, elles se condensèrent et purent toucher la terre dont le contact les vaporisa de nouveau ; de même que la goutte qui, tombant sur une pierre brûlante, s'en échappe à l'état gazeux, puis se refroidit dans les régions glacées de l'espace, et retombe à l'état liquide, s'évapore, retombe et s'évapore encore, mais chaque fois enlève à la pierre ardente une partie de sa chaleur.

La chute des eaux eut donc pour effet de refroidir davantage la planète , et leur action dissolvante se manifesta sur une masse infinie de substances qu'elles tinrent en suspension dans leur sein. Mais, cette propriété dissolvante des eaux s'étant amoindrie par leur refroidissement , les particules matérielles qu'elles contenaient se précipitèrent et se déposèrent en assemblages contigus et compacts, et ce sont eux qu'on trouve répandus sur la surface du globe; ces corps constituent les premières formations neptuniennes, appelées roches sédimentaires (1), se reposant sur les roches plutoniennes, les granits, les gneiss, les micachistes dont se compose la croûte primitive de la terre.

Si, parvenu à ce point de nos études sur la géogonie et la géognésie sommairement exposées, nous jetons sur elles un regard d'analyse rétrospective, nous reconnaîtrons qu'à l'époque primordiale la force cosmique, ou, mieux, pour être explicite, le fluide électrique, organe de l'attraction, ayant rapproché et aggloméré les molécules de l'éther, en forma une immense nébuleuse, notre soleil aujourd'hui, de laquelle une masse se détacha, s'enroula, puis se condensa et devint notre globe terrestre. Il en fut de même pour les autres planètes de notre système solaire.

Les molécules qui entrent dans la composition de la terre, à l'état gazeux d'abord, se solidifièrent peu à peu sous l'influence de l'attraction centripète, et, par l'effet de la pression exercée sur elles par leur tassement progressif, devinrent incandescentes. La terre tourna dans l'espace pendant des myriades d'années à l'état de globe enflammé. Mais insensiblement elle perdit de sa chaleur, et ses couches extérieures se refroidirent assez pour se solidifier et former sa croûte actuelle, qui enveloppe son noyau à l'état encore de fusion et de foyer brûlants.

Le refroidissement du globe eut aussi pour résultat la liquéfaction et la chute des eaux. Jusque-là, vapori-

______

(1) Docteur Zimmermann, p. 42.

sées et tenues en suspension dans l'atmosphère, elles furent une nouvelle cause de perte de calorique pour la terre, et l'énorme pression que leur poids exerça sur sa croûte et médiatement sur son noyau enflammé, donna naissance, par réaction centrifuge, aux éruptions volcaniques, aux soulèvements de l'écorce terrestre, à la formation des montagnes et des bassins, et, par conséquent, à l'isolement circonscrit des eaux.

A partir de ce moment, la vie organique dans ses différentes modalités d'être, but final d'une création systématiquement conçue *à priori*, put donc apparaître et se développer, si toutefois elle ne s'était pas déjà manifestée dans le domaine des eaux.

Examinons et étudions maintenant cette seconde phase de l'évolution terrestre au point de vue de la géognésie et des corps organisés qui prirent naissance alors.

Du dynamisme vital et des organisations primitives.

Si quelqu'un aujourd'hui s'écriait comme Laplace autrefois : « Philosophe, montre-moi la main qui a jeté les planètes sur la tangente de leur orbite ! » on lui répondrait sans doute, que c'est l'attraction électrique, dont la force alternativement centripète et centrifuge les attire sur la limite de leur orbite, sans leur permettre de la franchir. Mais, dirons-nous, qui a créé l'électricité, cette puissance dynamique universelle qu'on croirait intelligente, à la voir agencer les molécules de la matière avec choix, ordre et symétrie, et leur faire subir tour-à-tour, en les combinant et les agrégeant ensemble de mille manières, les métamorphoses les plus variées et les plus merveilleuses ; qu'on voit faire naître les cataclysmes les plus épouvantables, et leur faire succéder le calme et l'harmonie ; qui fait mouvoir avec une vélocité sans égale et un accord parfait des myriades de mondes dans les espaces célestes..... qui a créé, dirons-nous, cet agent si puissant, et, mieux encore, ce principe de vie auquel nous le verrons associé dans les corps organisés ? La volonté, sans doute, d'une intelligence suprême et omnipotente.

Les questions que nous allons aborder sont d'une nature si transcendante, le voile qui les couvre est si épais, que notre faiblesse est justement alarmée par la difficulté de l'œuvre que nous avons entreprise ; aussi, l'abandonnerions-nous complètement, si le faible espoir de placer, non quelques jalons, mais un seul, sur cette voie ardue et ténébreuse, ne nous engageait à la poursuivre.

Quelle est cette force secrète qui organise et anime les particules de la matière chez les êtres du règne animal et du règne végétal ? Est-elle une propriété essentielle de la matière au moyen de laquelle celle-ci peut se transformer elle-même en ces organisations diverses qui peuplent et animent le globe, ou bien en est-elle parfaitement distincte ; c'est-à-dire un principe virtuel, dynamique, ayant pouvoir de s'unir à des atomes matériels, de les associer, de les élaborer pour en créer de toutes pièces des corps organisés qui servent à l'accomplissement de ses actes physiques et psychiques ? Enfin, cet agent vital, organisateur, est-il le même que celui dont nous avons parlé sous le nom d'électricité, et que nous avons vu réunir et condenser les particules de l'éther pour former le globe terrestre? Questions ardues qui ne peuvent être abordées, sinon résolues, qu'à l'aide de l'observation, de l'induction et de la déduction.

Les phénomènes par lesquels la vie se manifeste ont été analysés par un grand nombre de physiologistes et sont si bien connus que nous n'en parlerons pas ici. Nous passerons également sous silence les définitions plus ou moins erronées ou incomplètes qu'ils en ont données, et nous dirons : la vie est l'élément virtuel qui organise la matière et donne à cette organisation la sensibilité et le mouvement fonctionnels ; elle est un être abstrait, idéal ; comme du point mathématique, on en a le sentiment, mais on ne peut la voir, ni exprimer ce qu'elle est dans son essence. Primitivement, on peut le croire, les germes de la graine et de l'œuf animal en portaient en eux-mèmes le principe à l'état latent et de repos ; principe virtuel qui n'entra en action et ne se développa qu'à l'époque seulement favorable à l'existence des deux premiers individus de chaque espèce qui ensuite la transmirent identiquement à leur descendance, au moyen d'une copulation charnelle à laquelle chaque sexe prit une part égale et fournit son contingent de vie organisatrice ; car elle a besoin d'organes divers appropriés à sa nature typique, spéciale chez chaque espèce d'êtres, pour se manifester par des actes.

Les organiciens ne pensent pas ainsi. Dans leur opinion la vie n'est pas une cause ; elle est la propriété d'une contexture de tissus, en un mot, l'effet, le résultat d'une organisation. « Les facultés, dit Broussais, sont des actions d'organes matériels (1). »

(1) *Cours de phrénologie*, p. 77.

« Pour se faire une idée juste des opérations dont résulte la pensée, il faut considérer le cerveau comme un organe particulier destiné spécialement à la produire, de même que l'estomac à opérer la digestion, le foie à filtrer la bile, etc. (1) »

Mais organisation et vie sont des termes concrets exprimant deux choses intimement unies, se complétant mutuellement et ne pouvant se manifester l'une sans l'autre. Mais à laquelle appartient l'antériorité d'existence ? Evidemment au principe vital. Puisque c'est lui qui, émanant de la vie paternelle et de la vie maternelle fusionnées, a créé de toutes pièces l'organisation *à priori*, ce ne peut pas être celle-ci qui engendre les facultés de la vie, comme le prétend Broussais, ou qui les sécrète et les filtre, selon Cabanis.

La vie est donc la cause principe des êtres organisés et non pas le produit de leurs organes. Ceux-ci ne sont réellement que les instruments qu'elle s'est façonnés pour servir à ses manifestations et établir ses rapports avec les objets de l'univers. *Nihil est in intellectu quod non fuerit prius in sensu*, disait Lock, l'un des chefs de la philosophie matérialiste ; *nisi intellectus ipse*, lui répondit victorieusement Leibnitz.

Il est en effet des corps dont la vie s'étant retirée ne fonctionnent plus, et qui cependant restent encore pendant longtemps à l'état d'organisation, et des germes qui récèlent un principe de vie, mais qui, faute d'un concours de causes favorables, ne développent pas d'organisation. Est-ce donc d'ailleurs l'édifice qui crée l'architecte et l'ouvrier, et ceux-ci ne le précèdent–ils pas toujours ?

---

(1) Cabanis, *Rapports du physique et du moral de l'homme*, 11ᵉ mémoire, § VII.

Un principe virtuel doué d'une activité incessante, qu'on appelle agent vital, d'abord, puis les atomes de la matière, telles sont les deux conditions absolues de toute organisation.

Des différences capitales que l'esprit saisit au moindre examen caractérisent et séparent en deux classes bien distinctes les corps organisés et les corps inorganiques. Toujours ceux-ci se terminent en ligne droite, et sont à l'état solide, ou liquide, tels que les métaux, l'eau, etc. ; quelquefois ils sont composés d'éléments divers, comme les sels, par exemple.

Chacun d'eux reste tel qu'il a été formé dès le principe, mais ne croît pas par lui-même et ne grossit qu'en s'agrégeant à d'autres.

Dans les organisations, au contraire, les lignes sont circulaires, partant d'un point et y revenant. La vie, en effet, ne peut être comprise que par un mouvement de rotation, de circulation incessante. Le courant électrique, qui passe alternativement du pôle nord au pôle sud de la pile de Volta armée de ses conducteurs, nous donne l'idée de la manière dont le principe vital parcourt les différentes lignes sphériques qui composent ces organisations.

Des matériaux solides et des matériaux liquides entrent dans la contexture des corps organisés, qui sont formés de parties tout-à-fait dissemblables les unes aux autres par la forme et la densité des tissus, les propriétés et les fonctions inhérentes à chacune d'elles.

Ces corps s'alimentent, s'accroissent par eux-mêmes, et sont aptes à produire des êtres qui leur ressemblent.

Enfin, suivant le rang qu'ils occupent dans l'ordre hiérarchique qui leur a été imposé primordialement, ils sont doués de sensibilité, de motilité, d'intelligence et de volonté.

A quelle époque les premières organisations ont-elles fait leur apparition sur le globe ? Aussitôt, sans nul doute, qu'il eut suffisamment perdu de sa chaleur pour que sa température fût compatible avec la vie ; la vie, principal but de la création, se développant systématiquement et progressivement depuis la molécule animée des infusoires les plus petits, *les monadines*, dont le diamètre ne dépasse pas la 15 centième partie d'un millimètre, et qui forment des couches vivantes de plusieurs mètres d'épaisseur dans les contrées humides (1), jusqu'à l'homme, placé par la supériorité de son organisation au sommet de l'échelle des êtres.

Nous savons que la vie est diffuse sur toute la surface de la terre; qu'elle existe dans les cavernes de sa croûte et dans les gouffres les plus profonds de ses mers. Elle se développe aussi non-seulement dans l'air, mais encore jusques dans les parties internes les plus variées des animaux. Le sang des grenouilles et celui des saumons contiennent en effet des animalcules, et Normann a trouvé fréquemment dans les humeurs de l'œil des poissons des espèces de vers armés de suçoirs.

Nous savons aussi que la cellule simple est sa première manifestation, et qu'elle se développe et s'organise par *endosmose*, mais c'est là le seul coin que nous ayons pu soulever du voile qui couvre le mystère par lequel la vie apparaît sur la terre. Nous croyons savoir qu'elle est de même nature que l'électricité, mais, ignorant qu'elle est l'essence de celle-ci, nous n'en restons pas moins plongés dans les ténèbres de l'inconnu, et nous en

(1) *Cosmos*, t. 1ᵉʳ, p. 414.

sommes même encore à nous demander avec Pytagore si la poule a existé avant l'œuf, ou l'œuf avant la poule.

Omne vivum ab ovo, dit l'axiome avec une parfaite raison, si l'on en juge par ce qui se passe journellement sous nos yeux. Donc, ni la plante ni l'animal ne seraient nés avec le complément de leur organisation ; mais, objectera-t-on, quelle poule a fait le premier œuf? Quel œuf a fait la première poule? Et d'ailleurs la poule, n'étant pas de nature identique avec la nature du coq, n'a pas pu pondre un œuf d'où nâquit un coq, et, demande-t-on encore, d'où est venu l'œuf qui a produit le coq ?

Ne pouvant sortir des limites de ce cercle sans issue, les naturalistes, dans le vain espoir de résoudre cette question insoluble, ont eu recours à la préexistence des germes. Mais que signifie cette expression, en quoi consiste l'opinion qu'elle exprime? Nous allons le dire.

Un germe primitif aurait existé dans l'ovaire de la première femelle de chaque espèce d'êtres organisés, germe spécial et adéquat à chacune de ces espèces ou variétés d'espèces, et la fécondation aurait eu pour mission de provoquer son développement en temps opportun. Or, si, d'après ce système, l'ovaire de la femelle contient le germe de tous les êtres qui doivent naître d'elle, ces germes renferment aussi le germe d'autres ovaires, qui, à leur tour, en renferment d'autres, et ainsi de suite jusqu'à l'infini ; d'où il résulterait que la première femelle de chaque espèce contenait les germes de tous les individus qui ont existé, et qui existeront jusqu'à l'extinction de son espèce.

S'il en était ainsi, une vie nouvelle se formerait et commencerait avec chaque nouvel être, et celui-ci ne participerait pas de la vie de ses générateurs immédiats. Mais « la vie ne se formè pas, ne recommence pas avec chaque nouvel individu. La vie ne commence qu'avec l'espèce. A compter du premier être créé de chaque espèce, la vie ne se forme pas, elle continue. » (1) Emanant de deux générateurs de même espèce, mais de sexe différent, elle est un être abstrait qui se réalise par la formation d'un organisme. Les miasmes pestilentiels, varioliques, etc. qui, par expansion et en se subdivisant à l'infini, se propagent d'individus à individus, peuvent donner une idée de la génération successive des êtres.

M. Flourens n'admet donc pas la préexistence des germes. « Si, dit-il, avec Hortsocker et Leibnitz vous supposez les prétendus germes dans le mâle, la part de la femelle ne préexistait pas dans le mâle ; si , avec Bonnet et Haller vous supposez les prétendus germes dans la femelle, la part du mâle ne préexistait pas dans la femelle. (2)

» Or, j'ai toujours vu dans mes expériences sur le croisement des espèces que le mâle avait une part égale à celle de la femelle dans la production du nouvel être.

» Le *métis* provenant de l'union de la *chienne* avec le *chacal* est un vrai *métis* : un animal fait de deux moitiés , d'une moitié de *chien* et d'une moitié de *chacal*.

» Comment concilier cela avec la préexistence du germe ? si le germe préexiste dans la *chienne*, il y est tout *chien* ; il n'y est donc pas d'avance moitié *chacal*

---

(1) Flourens : *De la longévité humaine*, p. 183.

(2) Flourens, op. cit. 184.

et moitié *chien*; certainement la moitié *chacal* ne préexistait pas dans la *chienne*.

» Je continue mon expérience. Je prends ce métis que je suppose une femelle, et je l'unis avec un *chacal*. J'obtiens un second métis qui n'a plus qu'un quart de *chien*. Je continue encore, et, en procédant toujours de même, à la troisième génération le métis n'a plus qu'un huitième de *chien* ; à la quatrième il n'a plus rien du *chien*.

» J'ai donc changé un germe de *chien* en un germe de *chacal* ; car le germe primitif, le germe qui était dans la *chienne* était un germe de *chien*.

» Il dépend donc de moi de changer un germe en un autre, un germe de chien en un germe de chacal, ou plutôt, et à parler plus sérieusement, je ne change rien, car rien n'était formé encore, rien n'était pré-formé, et il n'y a point de *germes préexistants.* » (1)

D'après ces expériences, l'hypothèse de la *préexis-tence des germes* ne peut être maintenue, et il faut la remplacer, selon **M.** Flourens, par celle de la force de *continuité de la vie*, la production du nouvel être étant le résultat des entités vitales combinées du mâle et de la femelle. Quand nous traiterons de l'électricité orga-nique, nous rapporterons une expérience d'un électro-phile favorable à cette opinion.

Il résulterait donc de ces faits qu'aux époques pre-mières, chacune d'elles coïncidant avec l'apparition sur terre de chaque espèce des corps organisés, deux individus, mâle et femelle, auraient été créés pour chaque espèce d'êtres, soit du règne végétal, soit du règne animal, lesquels individus auraient eu pour

(1) Flourens : *De la longévité humaine*, p. 173, 174.

mission de produire, par voie de génération, d'autres individus d'une nature typique identique à celle de chacun d'eux.

L'élément vital, en se transmettant directement ainsi de père en fils, a nécessairement établi la fixité des espèces. Elles sont tellement immuables, en effet, qu'on observe que le croisement ramène le type primitif dès la quatrième génération, et que les métis, qui pourraient le changer, en s'accouplant et fructifiant entre eux, sont promptement frappés de stérilité. Si l'union des métis avait été féconde, il y aurait eu fusion entre les espèces diverses, et la chaîne des êtres, au lieu d'être formée d'anneaux parfaitement distincts les uns des autres par des caractères tranchés et stables, l'eût été d'anneaux mixtes et composés d'amalgames.

Mais ici se présente une question digne aussi du plus haut intérêt. Dans le plan de la création, les êtres simultanés, c'est-à-dire qui ont été créés en même temps, ont-ils été rangés en séries ? Forment-ils une seule chaîne continue composée d'anneaux progressifs s'articulant les uns avec les autres ? Contrairement à l'opinion de Leibnitz et de Bonnet, Cuvier et M. Flourens ne le pensent pas.

« Il y a échelle, série, avec interruption, avec hiatus, avec intervalle ; au fond il y a progression, et c'est ce qu'il me faut, dit M. Flourens.

» Il y a progression du règne minéral ou règne végétal, du règne *mort* au règne *vivant* ; du règne végétal au règne animal, du règne *vivant* au règne *animé* ; des animaux à l'homme, des êtres qui ne *pensent pas*, à l'être qui *pense.*

» Après avoir créé tant d'êtres relatifs les uns aux

autres, DIEU a voulu en créer un qui fût relatif à lui, un être qui le connût. (1) »

Si cette progression entre les trois règnes de la nature frappe l'esprit et la raison par son évidence, celle qui existe entre les espèces des deux règnes organisés ne peut pas être méconnue; parcourez, en effet, l'échelle des êtres animés, et vous remarquerez que, depuis l'animalcule infusoire jusqu'à l'homme, les dégrés sont ascendants et occupés chacun par une espèce supérieure en organisation et en propriétés vitales à l'espèce placée immédiatement au-dessous d'elle. L'examen à ce point de vue des êtres du règne végétal donnera aussi la confirmation de l'ordre progressif existant entre les diverses espèces, et, là encore, vous les verrez qualifiées de plus en plus à mesure qu'elles s'élèveront vers le point culminant de leur échelle ; et, alors, l'une d'elles douée de sensibilité et de motilité contractile servira de trait d'union entre le règne végétal et le règne animal.

De quelque côté qu'on envisage et qu'on étudie les choses de la création, il est impossible de ne pas admirer l'ordre méthodique qui les unit, leurs corrélations réciproques et la voie de perfectibilité dans laquelle la loi du progrès providentiel les conduit.

Non seulement cette loi du progrès se manifeste par tous les phénomènes de l'ordre physique et de l'ordre psychique qui frappent nos sens et notre intelligence, mais encore elle se révèle, ainsi que nous allons le voir, par les faits accomplis dans le passé, et que la géologie a exhumés des profondeurs de la croûte terrestre pour

(1) Flourens : *Histoire des travaux de Cuvier*, 276.

les soumettre à notre appréciation; or, qui sait si l'induction tirée de ces faits ne nous initiera pas aux secrets
de l'avenir qui nous concerne ?

Des corps organisés appartenant à chacune des époques de formation de la croûte terrestre, et de leur progression.

Si, comme il n'est pas permis d'en douter, l'énigme
de la génération primitive doit rester à jamais sans
explication, nous savons toutefois que la vie dans les
temps primordiaux ne se présenta pas sous la forme des
organisations que nous observons aujourd'hui, les
découvertes de la paléontologie nous ayant parfaitement renseignés à ce sujet et donné la preuve que les
espèces végétales et animales, créées à des époques différentes, ont toujours suivi une marche progressive et
perfectionnée à mesure que l'écorce terrestre s'est développée et perfectionnée elle-même.

Pour établir l'évidence de cette progression, il est
nécessaire de dire quels sont les terrains qui se sont
successivement superposés les uns aux autres pour
constituer la croûte du globe dans son état actuel, et
faire connaître quels furent les corps organisés dont
l'évolution accompagna chacun de ces terrains.

Le premier et le plus profondément situé a reçu le
nom de Plutonique. Fondu d'abord par l'immense chaleur du feu central, puis transformé par le refroidissement en roches d'un aspect chrystallin, il forme la

première ossature de la terre, et ce sont ses détritus incandescents que vomissent les bouches des volcans. Les granits, les protogines du Mont-Blanc, ces granits sans mica, appartiennent à ce terrain primitif dont le soulèvement donna naissance aux Pyrénées et à d'autres montagnes abruptes et déchirées.

L'extrême élévation de température de ce terrain le rendit incompatible avec l'évolution et l'existence d'aucune organisation ; aussi n'en présente-t-il pas la moindre trace. Mais enfin la chaleur terrestre ayant subi peu à peu un énorme abaissement, et les vapeurs aqueuses tenues en suspension dans l'atmosphère s'étant condensées, une mer se forma qui couvrit la surface de la terre, et alors les éléments d'organisation purent se développer et la vie apparaître sur le terrain qu'on nomme *Silurien*, le premier en ordre de ceux qui font partie de l'époque primaire.

Le corps organisé le plus rudimentaire qu'on ait rencontré dans la partie inférieure de ce terrain est le *Palæospongia* ; mais les naturalistes sont incertains si la classe des *Spongiaires* à laquelle il appartient doit être rangée parmi celles des êtres du règne animal ou du règne végétal.

Ce terrain produisit aussi quelques espèces d'algues qu'on rapporte au genre fucoïdes.

Selon M. Louis Figuier, vingt-huit formes animales s'y montrent très-distinctement. Ce sont des zoophites, des animaux articulés de la classe des crustacés, des mollusques dont les espèces, tout-à-fait différentes de celles de l'époque actuelle, dominaient dans ces temps de l'animalisation rudimentaire.

Les vertébrés y sont représentés par de rares poissons.

Cette première création fut transitoire et disparut pour faire place à celle de la période silurienne supérieure dont les mers furent plus abondamment peuplées, puisque les naturalistes connaissent aujourd'hui plus de 1500 espèces qui lui appartenaient.

Ce terrain, composé de calcaires, de schistes argilleux et de grès, est le plus tourmenté et disloqué de tous, ce qui s'explique par l'insuffisante résistance que le peu d'épaisseur de la croûte terrestre opposait alors aux efforts d'expansion du feu central. Ses couches, originairement horizontales, ont été relevées, contournées et rendues verticales comme on le voit dans les belles et excellentes ardoisières de Caumont-l'Eventé, situées sur les limites du Calvados et de la Manche.

Dans la classification qu'ils ont établie des divers terrains, les géologues ont donné le nom de *Dévonien* au terrain superposé au précédent. Celui qui lui succède s'appelle *Carbonifère*, et celui qui vient ensuite, terrain *Permien*. De ces quatre étages successifs se compose l'époque primaire dont nous nous bornerons à dire, pour éviter d'entrer dans des détails géologiques sur chacun de ces terrains qui nous mèneraient trop loin, qu'elle donna naissance à des espèces animales et végétales d'une organisation de plus en plus complexe et perfectionnée. Les *Sauropteris*, sorte de grands reptiles et les *Gonoïdes*, poissons cuirassés et quelquefois ailés, comme le *Pterichthys cornutus*, apparaissent dans les mers dévoniennes.

Dans la période houillière, de nombreuses îles émergent, et une végétation luxuriante, favorisée par la chaleur, l'humidité et un grand dégagement d'acide carbonique, donne naissance à des touffes épaisses de plantes herbacées, d'arbustes et d'arbres gigantesques dont l'énorme poids, faisant en certains lieux fléchir le sol, les a fait descendre dans sa profondeur, où ils ont été carbonisés par l'effet des chaudes émanations du feu central et du concours de l'humidité.

Par dissemblance avec le règne végétal, le règne animal fut très-pauvre pendant la période houillière. *L'archegosaurus*, reptile amphibie, est le seul dont on ait retrouvé des parties principales du squelette et les *empreintes des pas*. Il est donc le premier des vertébrés auxquels la nature ait accordé des membres appropriés à la locomotion sur terre.

Pendant l'âge secondaire de notre globe, les plantes qui appartenaient à l'époque primaire ou de transition, les fougères, les lycopodes, les équisétacées disparaissent et sont remplacées par les conifères et les cycadées qui prennent un grand développement et une grande extension.

Dans le règne animal, les mollusques acéphales, *Brachiopodes, Céphalopodes* et *Gastéropodes*, les *Trilobites,* ces curieux crustacés, sont aussi disparus et ils ont fait place à des êtres d'une organisation plus curieuse et d'un ordre plus élevé. Nous n'entrerons pas dans la trop longue nomenclature de ces espèces nouvelles, et nous nous bornerons à dire qu'elles furent si nombreuses, que pour ce fait, la période qui les vit naître a reçu la dénomination de *Conchylienne*.

La formation de l'époque secondaire fut d'une très-longue durée, en raison du grand nombre et de l'épaisseur des couches de terrain qui la composent. Les géologues l'ont divisée en trois périodes successivement ascendantes : *Triasique*, *Jurassique* et *Crétacée*, et, celles-ci, en sous-périodes auxquelles différents noms ont été imposés. La liste que nous allons donner des animaux ayant appartenu à chacun de ces étages de l'écorce terrestre, mettra en évidence la loi providentielle de progression qui a réglé *à priori* les destinées des deux règnes de la nature organisée.

1° Les *Labyrinthodontes*. Les premiers, qui ont été trouvés dans les terrains carbonifères, avaient une tête qui variait de un demi-pouce à sept pouces de longueur.

Dans l'étage inférieur du terrain triasique, on trouve des crânes de ces espèces de sauriens qui ont de neuf à dix pouces. Dans les marnes irisées, elles ont une longueur de trente pouces. Enfin, dans les étages plus élevés de ce même terrain, on a découvert des têtes qui mesuraient 4 pieds. Leurs mâchoires étaient armées de fortes dents.

2° Les *Nothosaurus*, lézards contemporains des précédents et dont la longueur était d'environ 7 pieds.

3° L'*Ichthyosaurus*, appartenant à la période Jurassique et à la sous-période du Lias. Leurs espèces étaient nombreuses et quelques-unes atteignaient une longueur de 30 pieds. Ils étaient amphibies et l'on croit qu'ils furent les premiers vivipares.

4° Le *Plésiosaure*, autre reptile monstrueux contemporain du précédent et s'éloignant comme lui des formes actuelles de la création. Il était moins fort, mais plus agile ; son cou, d'une longueur démesurée et très-souple, lui permettait de saisir facilement sa proie, soit à la surface, soit au-dessous des eaux, à la manière des oiseaux aquatiques. Sa taille n'atteignait pas celle des plus grands *ichthyosaures*.

La force des dents et des mâchoires de ces gigantesques reptiles indique qu'ils broyaient avec facilité les poissons à coquilles et à carapace, si communs dans les mers de cette époque et dont on a retrouvés les débris dans leurs coprolythes.

5° Le dernier étage de l'époque secondaire est formé par le terrain crétacé qu'on a divisé en inférieur et en supérieur et dans lesquels on a retrouvé les ossements du *Mégalausaures*, de la famille des reptiles sauriens. Sa longueur dépassait trente pieds, et ses membres plus longs que ceux de l'*Archegosaurus* en font un animal terrestre.

6° L'*Iguanodon* appartient à la même époque géologique. Il était haut sur jambes et ses pieds énormes égalaient, dit-on, huit fois en volume ceux de l'éléphant. La forme de ses dents le classe parmi les herbivores. Un célèbre géologue, le docteur Mantell, estime que l'iguanodon du terrain Wealdien atteignait la taille de 60 pieds, avec une circonférence de 14 pieds et demi.

L'époque tertiaire est représentée par les trois étages principaux des terrains *Eocène*, *Miocène* et *Pliocène*.

Pendant le cours de cette époque, tout le terrain dont l'Europe est formée avait émergé, et ses mers étaient à peu près ce qu'elles sont aujourd'hui. Mais une faune nouvelle avait remplacé la faune de la période crétacée. « Des mammifères, des oiseaux, des poissons, forment la faune continentale de l'époque Eocène. Dans les eaux des lacs, profondément sillonnées par le passage de volumineux pélicans..... nagent des tortues, comme les tryonix et les émides. Des bécasses font leurs retraites parmi les joncs qui bordent le rivage. Des hirondelles de mer voltigent au-dessus des eaux, ou courent sur la grève ; des chouettes se cachent dans le tronc caverneux des vieux arbres ; de gigantesques busards planent dans les airs pour épier leur proie ; tandis que de lourds crocodiles se traînent lentement dans les hautes herbes des marais. Tous ces animaux, propres aux continents, ont été retrouvés sur le sol de la France à côté de troncs renversés de palmiers. La température de notre pays était donc beaucoup plus élevée qu'elle ne l'est aujourd'hui. Les mammifères qui vivaient alors sous la latitude de Paris, n'habitent maintenant que les contrées les plus chaudes du globe. » (1)

Lorsqu'un cataclysme vint anéantir la plupart des races animales de la période Eocène, ce fut dans les carrières à plâtre de Montmartre qu'un très-grand nombre d'entre elles vinrent chercher un dernier refuge, et c'est là qu'on a retrouvé par millions les ossements d'espèces qui ont disparu, et d'espèces qui ont encore aujourd'hui leurs représentants. Parmi les premiers, on compte le *Palœotherium magnum*, mammifère pachiderme dont le nez se terminait par une courte trompe. Il était de la taille du cheval et herbivore comme lui.

L'Anoplotherium commune. Sa taille était celle de l'âne, sa tête était fine et il était remarquable par la longueur de sa queue très-grosse à son origine; il appartenait à la classe des herbivores.

Le *Xiphodon gracile*. Aussi léger que la gazelle, il avait la taille du chamois et se nourrissait de plantes aromatiques et de jeunes pousses d'arbrisseaux.

Ces pachidermes et leurs congénères occupaient les vastes pâturages et les forêts de l'ancien monde. Ils y vivaient en nombres immenses, car la voracité des

(1) L. Figuier : *La Terre avant le Déluge*, p. 235.

carnassiers n'était pas encore venue réprimer leur pullulation excessive.

Le *Dinothérium* appartient à la période miocène. En
1836, on découvrit dans le gite à ossements d'Eppels-
hein, une tête presque entière de ce colosse. Elle
mesurait 1 mètre 30 centimètres de longueur sur 1
mètre de largeur, ce qui fait supposer que la longueur
totale de son corps dépassait 8 mètres.

Le *Mastodonte*, d'une taille et d'une forme aussi
colossales que le dinothérium, le rhinocéros à deux
cornes et un singe de grande taille, le *Dryopithenis*,
étaient les habitants les plus remarquables de la période
miocène.

Il est un fait digne d'observation, c'est qu'une partie
des créations d'une période continuaient de vivre
pendant les premiers temps de la période suivante, et
ne s'éteignaient que lorsque les nouveaux êtres du
règne végétal et du règne animal avaient acquis un
certain dégré d'évolution, le Créateur n'ayant pas
permis que le cours de la vie fût un seul moment interrompu, et que la succession du passé tombât en dés-
hérence pour l'avenir.

L'existence des animaux que nous venons de nommer se maintint donc pendant une partie de la durée
de la période Pliocène, et, par conséquent, ils furent
les contemporains du *Megathérium*, du *Mammouth*, de
l'*Hippopotame*, du *Chameau*, du *Cheval*, du *Bœuf*, du *Cerf*,
de l'*Ours*, du *Chien*, *etc.*, espèces dont la plupart s'est
propagée jusqu'à nos jours, car ils étaient nécessaires
aux différents besoins de l'humanité dont elles prépa-
rèrent l'avénement sur la terre; l'humanité, ce couron-
nement de l'édifice de la nature organisée.

Il est, en effet, permis d'affirmer aujourd'hui que l'homme nâquit pendant le cours de la période pliocène, la palæontologie ayant donné tout récemment des preuves palpables de ce fait. Mais, avant sa naissance, un événement prodigieux, dont la cause restera peut-être toujours inexpliquée, se produisit. La température de la terre devint glaciale, et, dit M. L. Figuier, les plaines de l'Europe, ornées naguères de cette végétation luxuriante que les ardeurs du climat avaient développées et entretenues, ces pâturages sans fin que remplissaient des troupeaux de grands éléphants, d'agiles chevaux, de robustes hippopotames et de grands carnassiers, se trouvèrent recouvertes d'un manteau de neige et de glace.

Au nombre des témoignages à l'appui de ce fait géologique extraordinaire est la découverte de cadavres entiers de rhinocéros et d'éléphants, encore couverts de leurs chairs et de leurs poils, ensevelis dans la glace. « Si, dit Cuvier, ces mammifères n'eussent été gelés aussitôt que tués, la putréfaction les aurait décomposés, et d'un autre côté, cette gelée éternelle n'occupait pas auparavant les lieux où ils ont été saisis, car ils n'auraient pas pu vivre sous une pareille température. C'est donc le même instant qui a fait périr ces animaux et qui a rendu glacial les contrées qu'ils habitaient. Cet évènement a été subit, instantané, sans aucune gradation. »

Le gigantesque mammouth, dont le squelette entier est déposé au musée de Saint-Pétersbourg et qui fut trouvé en 1799 sur les bords de la mer Glaciale, près de l'embouchure de la Léna, fut sans doute une des victimes du refroidissement de cette partie du globe, de même que d'autres animaux de son espèce et des éléphants, des rhinocéros, des hippopotames, etc., dont les restes fossiles se trouvent en abondance dans les terrains de ces climats aujourd'hui glacés, espèces animales qui ne pouvaient vivre que dans une atmosphère à température très-élevée. La taille du mammouth était d'environ 6 mètres. Celui dont nous venons de parler, enfermé pendant des milliers d'années dans un énorme glaçon, avait conservé sa peau, sa chair et ses poils.

Un fait géologique du plus grand intérêt, et qui n'a que quelques années de date, est venu confirmer le prodigieux abaissement de température qu'a subi notre globe depuis une époque qu'on ne peut déterminer avec précision. « Quand on a pu explorer la nature des terrains des régions qui avoisinent le pôle nord, on a trouvé qu'un grand nombre appartiennent aux terrains houilliers. Tel est le cas de l'île Melville, de l'île Saint-Patrick, etc. Sous la glace éternelle qui couvre le sol de ces îles, le terrain houillier existe avec tous les débris de végétaux fossiles qui le composent. Ainsi, aux époques géologiques, le pôle nord de la terre était couvert de la riche et abondante végétation dont les restes constituent aujourd'hui la houille; ce qui prouve que la température de ces régions était extrêmement élevée et supérieure à celle de nos pays équatoriaux. » (1)

On s'est quelque peu moqué d'un naturaliste, pour avoir dit que Dieu, pendant la période houillière, n'avait englouti tant d'arbres, tant d'herbes et de broussailles dans les profondeurs de la croûte terrestre que pour les convertir en mines de charbon que l'industrie humaine pût un jour appliquer à son usage.

(1) L. Figuier : *La Terre avant le Déluge*, p. 493.

Nous ignorons si, dans ce cas spécial, telle fut l'intention de Dieu ; mais ce que nous savons, c'est que, dans l'économie de son œuvre admirable, la fin et les moyens marchent toujours ensemble d'un commun et parfait accord. Si, par l'effet de la réaction du feu central, les continents, les collines et les montagnes n'avaient pas émergé, la superficie du globe n'aurait pas été aussi considérablement augmentée, un lit n'aurait pas été creusé aux eaux qui auraient continué d'en couvrir la surface entière, et, par conséquent, les êtres de la flore et de la faune terrestres n'auraient pu venir à l'existence. Si ce même feu central n'avait pas fait jaillir vers le sol ces filons de granit, de porphire, de basalte, de marbre, de minerais d'or, d'argent, de platine, de fer, de cuivre, de plomb, etc., quelle serait, au point de vue de l'art, de la science, du développement intellectuel et des jouissances de la vie, la situation de la société humaine ? Evidemment ces faits géologiques sont d'origine providentielle. Car, ce feu central, cause de ces éruptions, qui a créé la matière qui le compose, l'agent et la loi qui le mettent en action ? Sans doute la volonté d'une intelligence suprème et omnipotente. Source inépuisable de vie morale et de vie organique, c'est aussi de Dieu qu'émane la vie qui anime et organise les différents corps ; corps qu'il a classés comme, nous l'avons vu, par séries ascendantes, dans le règne animal, depuis les *Pétrospongides*, les *Clionides*, les *Foraminifères*, etc., jusqu'à l'homme, l'humble représentant ici bas de sa nature spirituelle ; séries qui se continuent depuis l'humanité, et qui aboutissent à lui en passant par des dégrès de création de plus en plus perfectionnée. Tel est le cicle vital universel dont le Tout-Puissant est *l'alpha et l'ôméga*.

De l'espèce humaine et de ses différentes races.

La science, ou l'histoire établie sur des faits et des documents authentiques, nous a-t-elle appris qu'elle a été l'origine du premier homme et de la première femme, et connaît-on le lieu où fut déposé leur berceau ? Toutes les variétés de races qu'on observe en elle ont-elles la même origine, ou appartiennent-elles chacune à une souche particulière ?

On ne peut répondre à la première de ces questions que par une négation ; car ni monument ni tradition certaine ne nous indiquent un moment où l'espèce humaine n'ait pas été séparée en groupes de peuples, et il est impossible de décider, en s'appuyant sur un fait irrécusable, si cet état de choses a existé dès le principe ou s'il s'est produit plus tard. « Des légendes isolées (1) se retrouvant sur des points très-divers du globe, sans communication apparente, sont en contradiction avec la première de ces hypothèses, et font descendre le genre humain tout entier d'un couple unique. Cette tradition est si répandue qu'on l'a quelquefois regardée comme un antique souvenir des hommes. Mais cette circonstance même prouverait plutôt qu'il n'y a là aucune transmission réelle d'un fait, aucun fondement vraiment historique, et que c'est tout simplement l'identité de la conception humaine qui partout a conduit les hommes à l'explication semblable d'un phénomène

(1) *Cosmos*, t. 1er, p. 426.

identique. Un grand nombre de mythes, sans liaison historique les uns aux autres, doivent ainsi leur ressemblance et leur origine à la parité des imaginations ou des réflexions de l'esprit humain. Ce qui montre encore dans la tradition dont il s'agit le caractère manifeste de la fiction, c'est qu'elle prétend expliquer un phénomène en dehors de toute expérience, celui de la première origine de l'espèce humaine, d'une manière conforme à l'expérience de nos jours ; la manière, par exemple, dont, à une époque où le genre humain tout entier comptait déjà des milliers d'années d'existence, une île déserte ou un vallon isolé dans les montagnes peut avoir été peuplé. En vain la pensée se plongerait dans la méditation du problème de cette origine première, l'homme est si étroitement lié à son espèce et au temps, que l'on ne saurait concevoir un être humain venant au monde sans une famille déjà existante et sans un passé. Cette question donc ne pouvant être résolue ni par la voie du raisonnement, ni par celle de l'expérience, faut-il penser que l'état primitif, tel que nous le décrit une prétendue tradition, est réellement historique ; ou bien que l'espèce humaine, dès son principe, couvrit la terre en forme de peuplades ? C'est ce que la science des langues ne saurait décider par elle-même, comme elle ne doit point non plus chercher une solution ailleurs pour en tirer des éclaircissements sur les problèmes qui l'occupent. »

Ce mystère est le secret de Dieu et jamais il ne sera permis à la science humaine de soulever le voile qui le cache. Bornons nous donc à dire que le premier homme et la première femme sont venus à l'existence comme la première plante : par un acte de la volonté du Créateur.

Si, comme nous aurions dû le faire d'abord, nous demandons qu'est-ce que l'homme? Nous pourrons répondre, sans hésitation, c'est de tous les êtres de ce monde le mieux et le plus richement organisé pour l'exercice des fonctions de la pensée, et le seul qui soit doué de la faculté d'abstraire et d'idéaliser.

Sait-on dans quels lieux fut placé son premier berceau? M. de Quatrefages indique l'Asie centrale. C'est de là, dit-il, que, rayonnant en tous sens, les tribus humaines sont parties pour aller peupler les solitudes les plus lointaines. Cette opinion présente beaucoup de faits en sa faveur. (1)

Autre question non moins intéressante à traiter; l'espèce humaine, malgré la différence des races qui la composent, procède-t-elle par filiation de deux seuls générateurs? et d'abord quelle est en zoologie la valeur de cette expression? « *L'espèce est l'ensemble des individus, plus ou moins semblables entre eux, qui sont descendus ou qui peuvent être regardés comme descendus d'une paire primitive unique par une succession ininterrompue de familles.* » (2) Cette définition, qui appartient à M. de Quatrefages, est conforme à l'opinion exprimée par Buffon qui a dit: « On doit regarder comme la même espèce celle qui, au moyen de la génération, se perpétue et conserve la similitude de cette espèce ; et comme des espèces différentes, celles qui, par les mêmes moyens, ne peuvent rien produire ensemble.» Selon Laurent de Jussieu : l'espèce est une succession d'individus entièrement semblables perpétués au moyen de la génération, *et de la filiation*, aurait-il dû ajouter.

(1) De Quatrefages, *Unité de l'espèce humaine*, p. 400 et suiv.

(2) De Quatrefages, p. 54.

Cuvier, de Candolle, Voyt, Lamark, Isidore Geoffroy, etc., sont du même avis, opinion qui repose sur l'observation de faits bien constatés, et d'après laquelle *l'invariabilité* et *la fixité* des espèces doit être proclamée.

M. Michalet a retrouvé aux environs de Dôle, dans les sables du *Diluvium*, des graines de la plante connue sous le nom de *Galium anglicum*; ces graines ont germé, et les individus qu'elles ont produits se sont montrés entièrement semblables à ceux qui naissent dans les conditions ordinaires.

L'examen des animaux des temps passés nous donne le même résultat que celui des végétaux. Ceux dont les naturalistes modernes, et notamment Geoffroy-Saint-Hylaire, ont recueilli les restes dans les hypogées et les nécropoles d'Egypte, sont parfaitement semblables à ceux de nos jours ; et l'on est en droit d'affirmer que les caractères principaux qui constituent le type humain n'ont pas changé. « Nous avons sous les yeux, dit M. Flourens, des momies humaines : le squelette de l'homme d'aujourd'hui est le même, absolument le même, que le squelette de l'homme de l'antique Egypte. » (1)

« L'histoire des animaux inférieurs, celles des mollusques et des zoophites, présente des faits tous pareils. A vouloir citer de nombreux exemples, nous n'aurions que l'embarras du choix. Bornons nous à indiquer les résultats recueillis par Agassiz lors de son exploration des côtes de la Floride. — On sait que certains zoophites des mers tropicales vivent en familles innombrables sur certains points circonscrits, et que leurs généra-

(1) *De la longévité humaine*, p. 134.

tions successives se superposant sans cesse les unes sur les autres, les polypiers calcaires habités par ces petits êtres, finissent par élever d'abord au niveau des vagues, puis jusqu'au dessus des flots, des écueils, des îles, des archipels entiers. Ce curieux phénomène , constaté d'abord dans l'Océan pacifique, où il se développe sur une échelle immense, se retrouve dans le golfe du Mexique, et a été pour Agassiz le sujet d'études approfondies. Ce naturaliste croit pouvoir préciser le temps qu'ont mis à se former quatre rescifs de corail remarquables par leur disposition concentrique et qu'il a trouvés à l'extrême pointe méridionale de la Floride. D'après ses calculs, il aurait fallu environ *huit mille années* pour les amener à leur état actuel. Bien plus, la Floride elle-même dans une étendue de deux dégrés de latitude, lui paraît n'être composée que de récifs de corail élevés de même par les polypes, et soudés les uns aux autres par l'action des siècles. Il estime à *deux cents mille années* environ le temps nécessaire à la formation de cette presqu'île. Or, les roches de cette terre, les masses de ces récifs, d'origine essentiellement animale, nous montrent des polypiers, des coquilles identiques à ceux qu'on pêche encore aujourd'hui, pleins de vie dans toutes les mers voisines. — Ainsi, d'après Agassiz, les mollusques, les zoophites du golfe du Mexique auraient conservé tous leurs caractères pendant deux mille siècles.

Considérée au point de vue de l'anatomie et de la physiologie, l'immutabilité et l'unité d'origine de chaque espèce est donc un fait certain. Celles qu'on observe aujourd'hui, étant douées d'une organisation compatibles avec la modalité d'être actuelle du globe, ont pu se maintenir à l'existence par voie de filiation directe ;

mais celles qui n'étaient pas dans ces conditions favorables se sont éteintes. N'avons-nous pas observé, en effet, que chaque phase de l'évolution terrestre a produit sa flore et sa faune spéciales, et que ces créations organisées ont été remplacées par d'autres créations dissemblables pendant la phase d'évolution suivante.

Pendant la période Pliocène, la terre fut peuplée par d'immenses troupeaux, avons-nous dit, de mastodontes, de mammouths, de rhinocéros, d'hippopotames, de cerfs, de bœufs, de chevaux, etc., et de nombreux carnassiers dont la taille et la force surpassaient de beaucoup celles des carnassiers de notre époque. L'un d'eux, dont les restes se retrouvent en abondance, le *Felis spœlea*, tenait à la fois du lion et du tigre. Il avait une longueur de 14 pieds et une taille supérieure à celle de nos plus grands taureaux. Ne fallait-il pas, en effet, aux gigantesques et robustes mammouths, etc., des ennemis en état de les vaincre, afin de réprimer l'excès de leur développement en nombre ? car chaque chose ici-bas a sa raison d'être, et la loi d'équilibre préside à tous les phénomènes de la nature, et règle les rapports de cause à effet.

L'immensité des troupeaux dont nous venons de parler est prouvée par le prodigieux amas de leurs ossements ensevelis dans les terrains de la Sibérie et d'autres pays dont le climat est devenu glacial. *L'ivoire vert*, que le commerce exporte en si grande quantité, provient des défenses fossiles de ces animaux, et *l'ivoire blanc* appartient aux éléphants de l'époque actuelle.

Mais, si l'on ne peut dévoiler la cause de ce subit et mortel refroidissement de vastes contrées du globe, est-il possible au moins d'en signaler le but ? Nous dirons toute notre pensée à ce sujet, en priant toutefois le lecteur de ne pas oublier : 1° que le plan de la création a été conçu systématiquement par Dieu *à priori* ; 2° qu'il a imprimé sur son œuvre un cachet de perfectibilité, perfectibilité se développant progressivement dans une série d'évolutions matérielles et organiques ; 3° que l'homme est la clef de voute de cet édifice divin, l'expression de l'état de perfection le plus avancé parmi les êtres du règne animal ; 4° que la souveraineté de la terre lui a été donnée à la condition de l'améliorer en la cultivant, et de se perfectionner lui-même par le travail, le seul moyen de parvenir à ce double résultat.

Or, que serait-il arrivé de l'homme s'il fût né au milieu de la foule si serrée des colosses, des féroces carnassiers de l'époque tertiaire ? aurait-il pu se faire parmi elle la place dont il avait besoin pour vivre, propager son espèce et développer peu à peu les facultés d'intelligence et d'industrie qu'il ne possédait encore qu'à l'état de puissance latente? Evidemment non.

Avec l'homme naissait le spiritualisme ; les rapports entre Dieu et la terre étaient désormais établis, et, par conséquent, le règne de l'animalité devait prendre fin. Mais dans quel but cette révolution se fit-elle au moyen d'un refroidissement glacial ?

Il est parfaitement constaté qu'avant ce refroidissement la terre jouissait, mêmes à ses pôles, d'une chaleur qui, aujourd'hui, ne se fait plus sentir qu'entre les deux tropiques, si toutefois elle a dans ces derniers lieux une intensité pareille à celle d'autrefois. Or, on sait quels sont les effets que produit sur l'homme une température très-élevée : elle l'énerve, lui donne le désir du repos, le plonge dans l'indolence et lui fait prendre le travail en horreur ; et cette uniformité générale de température aurait perpétué l'uniformité des climats, celle de l'espèce humaine et des autres espèces des deux règnes organisés.

Mais le refroidissement, en même temps qu'il fit périr des animaux inutiles ou dangereux, divisa la terre en zones froides, tempérées et chaudes, chacune desquelles eut sa modalité d'être, son climat spécial et ses produits particuliers. Or, qu'arriva-t-il de là ?

Quand la famille humaine fut devenue trop nombreuse pour pouvoir continuer d'habiter tout entière le lieu où fut placé son berceau, ceux de ses membres qui émigrèrent vers les contrées moins échauffées par le soleil eurent de plus nombreux besoins à satisfaire, plus de luttes à soutenir contre les refus d'un sol moins fécond, et les rigueurs d'une atmosphère plus froide. Mais aussi leur intelligence et leur industrie, plus souvent et plus vivement sollicitées par le travail, acquirent-elles un plus complet développement, et c'est là ce qui a donné à la race caucasienne, dont nous faisons partie, une supériorité si remarquable, au point de vue de l'art, de la science et de l'esprit civilisateur, sur les autres races de l'espèce humaine.

Ce qui constitue, avons-nous dit, la fixité et l'unité de *l'espèce*, c'est l'impossibilité de l'unir avec une *espèce* différente et d'obtenir de cette union un produit qui soit fécond lui-même, c'est-à-dire apte à engendrer un individu semblable à lui. Or, les différentes races qui composent la grande famille humaine sont-elles dans ce cas ? Non, car on s'est assuré que le blanc, le nègre, le lapon, etc., en s'unissant entre eux, ne sont pas frappés de stérilité, et l'on en a conclu avec raison qu'ils sont tous sortis de la même souche.

Mais en admettant que l'humanité toute entière soit

issue par filiation de deux générateurs primordiaux , comment expliquera-t-on les dissemblances si profondes qu'ont entr'elles les différentes races ?

Dans le but d'établir l'accord et l'harmonie entre les diverses parties de l'univers, Dieu les soumit à la loi de l'attrait et de l'assimilation, dont nous aurons l'occasion de parler plus amplement par la suite. C'est en vertu de cette loi que toutes les choses qui se trouvent en contact médiat ou immédiat, ou simplement même en rapport de voisinage, s'assimilent les unes aux autres, c'est-à-dire se modifient mutuellement en se cédant réciproquement quelques-unes des qualités qui leur sont propres, de manière à acquérir entre elles certains dégrès d'analogie, de ressemblance.

C'est surtout l'influence du climat, en d'autres termes du milieu dans lequel on vit, qui exerce l'action modificatrice la plus puissante sur les organisations. L'homme, a dit Buffon, blanc en Europe, noir en Afrique, jaune en Asie et rouge en Amérique, n'est que le même homme teint de la couleur du climat. Cela est si vrai, que la peau de l'Européen prend l'une de ces couleurs selon qu'il fait sa résidence pendant quelques années dans quelqu'une de ces trois parties du monde. M. Pruner-Bey, qui a vu les frères d'Abbadie, M. Schimper, M. Baroni, passer en Egypte à leur allée et à leur retour d'Abyssinie ou d'Arabie, a pu constater sur ceux de ces voyageurs qui appartenaient aux races blondes, des changements très-marqués et durables. Lui-même a vu son teint se bronzer, ses cheveux se foncer et devenir bouclés, de clairs et lisses qu'ils étaient primitivement, à la suite d'un séjour de trois mois seulement à Tchama en Arabie.

Mais en revanche la teinte caractéristique du nègre

transporté en Europe s'éclaircit, toujours en commençant par les parties les plus saillantes, le nez et les oreilles, et ce changement n'est pas le seul que cette race éprouve : la face de l'enfant du nègre et de la négresse transplantés aux Antilles, perd son caractère *de museau*. Sans aucun mélange de races, la tête et le corps des nègres, placés en contact intime avec les blancs, se rapprochent de plus en plus à chaque génération de la configuration européenne ; et M. Lisboa déclare qu'au Brésil, en dépit des précautions prises pour tenir les nègres dans l'ignorance, le nègre créole est, dès les premières générations, bien plus intelligent que la souche originelle. Ils n'ont pas les pommettes aussi saillantes, les lèvres aussi épaisses, le nez aussi épaté, la laine aussi crépue, la physionomie aussi bestiale, l'angle facial aussi aigu que leurs frères de l'ancien monde. Dans l'espace de cent cinquante ans, ils ont, sous le rapport de l'apparence extérieure, franchi un bon quart de la distance qui les séparait des blancs.   (*De Quatrefages.*)

Recherchons maintenant si sous l'influence du milieu américain le type européen s'est modifié, si, en un mot, la puissance assimilatrice du climat s'est exercée sur lui.

« Nous demanderons au voyageur attentif qui a parcouru les Etats-Unis, de nous dire ce qu'il pense de certaines familles de New-York et de Pensylvanie, dont le sang est resté pur depuis un siècle ou deux, et des populations le plus anciennement établies dans le Kentucki et sur les bords du Mississipi. N'a-t-il pas observé, comme nous, une altération sensible, non-seulement dans les traits, mais aussi dans le caractère ? A part la civilisation européenne qui les a suivis, on retrouve déjà chez les uns, avec l'angle facial, la fierté et l'esprit de ruse de l'Iroquois, chez les autres, avec l'extérieur, la rudesse, la franchise et l'indépendance de l'Illinois et du Cherokee. » M. l'abbé Brasseur, au livre duquel est empruntée cette citation, rapporte l'appréciation suivante sur ce sujet d'un éminent américain : « *Par les traits et par le caractère, nous sommes devenus des Hurons.* »

Au physique, la race anglaise devenue la race yankee, ne s'est pas embellie, suivant le portrait qu'en tracent les anatomistes et les voyageurs. « L'Anglo-Saxon-Américain présente, dès la seconde génération, des traits du type indien qui le rapprochent des Lenni-Lenapes, des Iroquois, des Cherokees...... Plus tard le système glandulaire se restreint au minimum de son développement normal ; la peau devient sèche comme du cuir ; elle perd la chaleur du teint et la rougeur des joues, qui sont remplacées chez l'homme par une teinte limoneuse, et chez les femmes par une pâleur fade. La tête se rapetisse et s'arrondit ou devient pointue ; elle se couvre d'une chevelure lisse et foncée en couleur. Le cou s'allonge. On observe un grand développement des os zigomatiques et des masséters. Les fosses temporales sont profondes, les mâchoires massives. Les yeux sont enfoncés dans des cavités très-profondes et assez rapprochées l'une de l'autre ; l'iris est foncé, le regard perçant et sauvage. Le corps des os longs s'allonge, principalement à l'extrémité supérieure, si bien que la France et l'Angleterre fabriquent pour l'Amérique des gants à part dont les doigts sont exceptionnellement allongés. » (1)

____

(1) *De Quatrefages,* op. cit. p. 226.

Ce portrait, dont les traits ont été adoucis, accuse une organisation dans laquelle domine les instincts et les appétits matériels, et il explique le mercantilisme au succès duquel l'Américain, du moins celui du Sud, sacrifie tout sentiment de justice et d'humanité en s'efforçant de perpétuer le monstrueux esclavage.

Mais que dire, au point de vue de la consanguinité humaine, de l'égorgement actuel de la Pologne par la Russie qui veut lui voler sa liberté et l'héritage de ses pères? De la Prusse et de l'Autriche agissant de même et dans un but aussi criminel envers le Danemark? Que ces gouvernements sauvages sont les fléaux de l'humanité, et qu'en leur infligeant un châtiment mérité, la France, l'Angleterre et l'Italie seraient les ministres de la Justice divine.

De quelque côté que nous étudions le *cosmos*, soit dans ses parties, soit dans son ensemble, nous nous trouvons toujours en présence d'un ordre de choses méthodiquement conçu, mis en œuvre et gouverné par une loi immuable réglant tous les détails, tous les actes de phénoménalité et faisant tout converger vers un consensus général. Chaque être a sa modalité d'action vitale dont il ne peut pas s'écarter, son rôle à remplir, et des limites infranchissables lui sont tracées relativement au dégré de ses forces, à la taille qu'il doit atteindre et à sa longévité.

L'homme fait-il exception à la règle commune à ces divers points de vue? Nullement, ainsi que nous allons le voir.

« L'homme qui ne meurt pas de maladie accidentelle, dit Buffon, vit partout quatre-vingt-dix ou cent ans; nos ancêtres n'ont pas vécu davantage, et, depuis le siècle de David, ce terme n'a point du tout varié.

» Si l'on fait réflexion, dit-il encore, que l'européen, le nègre, le chinois, l'américain, l'homme sauvage, le riche, le pauvre, l'habitant de la ville, celui de la campagne, si différents entre eux par tout le reste, se ressemblent à cet égard, et n'ont chacun que la même mesure, le même intervalle de temps à parcourir depuis la naissance à la mort ; que la différence des races, des climats, des nourritures, des commodités, n'en fait aucune à la durée de la vie ; que les hommes qui ne se nourrissent que de chair crue ou de poisson sec, de sagou ou de riz, de cassave ou de racines, vivent aussi longtemps que ceux qui se nourrissent de pain ou de mets préparés, on reconnaîtra encore plus clairement que la durée de la vie ne dépend ni des habitudes, ni des mœurs, ni de la qualité des aliments ; que rien ne peut changer les lois de la mécanique qui règlent le nombre de nos années, et qu'on ne peut guère les altérer que par des excès de nourriture ou par de trop grandes diètes. » (1)

Buffon a parfaitement raison, et il confirme ce que nous avons plusieurs fois répété que tout dans l'organisation universelle a été réglé primordialement par des lois fixes, et que tout est resté soumis à ces lois. Mais il a erré quand il a mesuré la durée totale de la vie sur celle de l'accroissement et qu'il a dit que la longévité représentait six ou sept fois la durée de celui-ci. « L'homme, dit-il, qui est quatorze ans à croître, peut vivre six ou sept fois autant, c'est-à-dire quatre-vingt-dix ou cent ans ; le cheval, dont l'accroissement se fait en quatre ans, peut vivre six ou sept fois autant, c'est-à-dire vingt-cinq ou trente ans. Les exemples qui

(1) Buffon, t. 12, p. 12, 18 et 19, éd. Baudouin.

pourraient être contraires à cette règle sont si rares, qu'on ne doit pas même les regarder comme une exception dont on puisse tirer des conséquences. » (1)

La durée de l'accroissement est distincte pour chaque espèce d'êtres et varie de l'une à l'autre; mais elle conserve des rapports de concordance avec l'élévation de la taille, le temps que dure la gestation, et elle est le signe certain qui indique la limite naturelle de la vie. C'est ainsi que, prenant l'homme pour exemple, nous trouvons, selon M. Flourens, qu'il met vingt ans à croître, développement complet qui est caractérisé alors, et à cet âge seulement, par la réunion aux os de leurs épiphyses. Tant que cette réunion n'a pas lieu, l'homme grandit; et, quand elle s'est opérée, il cesse de croître. La loi est la même pour toutes les autres espèces du règne animal.

Le rapport réel entre le terme de l'évolution organique complète et le terme naturel de la vie est de cinq fois la durée de l'accroissement. Si donc l'homme met vingt ans à se développer, il vit cinq fois vingt ans.

La nature ne s'est pas bornée à ces seuls actes de réglementation concernant les différentes espèces animales. « Chacune d'elles a sa taille distincte, dit M. Flourens. Le chat et le tigre sont deux espèces très-voisines, très-semblables par leur organisation tout entière; cependant le chat garde sa taille de chat, et le tigre sa taille de tigre. »

Mais de même que chaque espèce a sa forme déterminée, elle a aussi sa durée de gestation et de fécondité, qui paraissent en rapport avec le volume de l'animal et les dangers de destruction auxquels il est exposé

(1) Buffon, t. 14, p. 62.

par le grand nombre de ses ennemis et la privation d'armes défensives ; la prévoyante nature, qui tient à la conservation des espèces, ayant voulu compenser ces mauvaises chances par une gestation plus rapide et plus féconde en produits multiples. Ainsi, « dans l'espèce du lapin, la gestation dure 30 jours ; dans celle du cochon d'Inde, 60 ; la chatte porte 56 jours ; la chienne 64 ; la lionne, 108 jours ; l'éléphant près de 2 ans. » (1)

L'opinion du docteur Lélut, membre de l'Institut, relativement à la durée de l'accroissement diffère de celles que nous venons d'exprimer ; loin d'en fixer la limite à 20 ans, il l'établit à l'âge de 50. Si, dit-il, la taille est à 17 ans de 1567 millimètres, elle sera à 20 ans de 1647 millimètres. De 20 à 25 ans, elle reste la même ; mais de 30 à 50 ans, c'est-à-dire à l'âge réellement adulte, elle acquiert une augmentation notable et arrive à 1657 millimètres, ou 5 pieds 1 pouce 3 lignes qui semblent être en France l'expression de la taille moyenne des classes inférieures qui ont été l'objet de ces recherches statistiques. Les travaux sur le même sujet de MM. Quetelet, Hargenvilliers et Villermé ont donné des résultats analogues. (2)

La seule conclusion que nous tirerons de ces faits, c'est que, dans l'accomplissement de l'immense majorité de ses actes, la nature suit une marche normale. Les légères déviations qu'elle permet à sa règle générale n'ont pour but que d'échapper à la monotonie et aux ennuis de l'uniformité.

Le principe de vie humanitaire qui s'est transmis par

(1) Flourens, *De la Longévité humaine*, p. **71** et **72**.
(2) Lélut, *Physiologie de la pensée*, t. **2**, ch. **IV**.

filiation depuis la création des premiers parents jusqu'à nous n'a rien perdu de sa virtualité ; car l'homme est aujourd'hui ce qu'il fut dans les temps historiques les plus reculés, sauf toutefois les modifications que le progrès social basé sur la science lui a fait éprouver, modifications tout à son avantage. L'espèce n'a donc pas subi un abâtardissement graduel, comme le prétendent ses détracteurs. Ce qui le prouve, « ce sont les monuments, les débris antiques de toute sorte qui couvrent le sol de l'Inde, de la Grèce, de l'Italie, toutes les parties de l'ancien monde, ceux que l'archéologie a déjà arraché à ses entrailles et ceux qu'elle leur demande tous les jours ; et ici se présentent en première ligne les objets de cette autre archéologie, l'archéologie humaine, ces ossements, ces squelettes tout entiers, parfois enfouis sous la cendre des volcans, mais plus souvent renfermés encore dans les tombeaux où ils se couchèrent ; ces momies, accumulées, par immenses assises, dans les hypogées de la pieuse Egypte, et dont, à l'heure qu'il est, nos musées nous offrent des échantillons assez nombreux pour donner les moyens de déterminer, d'une manière presque définitive, la taille des habitants de cette mystérieuse contrée. Et dans le cas où ces monuments irrécusables de la stature des anciens peuples manqueraient à nos investigations, dans le cas où la décomposition du cercueil n'aurait pas plus épargné cette base, pourtant si durable de notre enveloppe mortelle, que le tissu plus mou et plus vivant de ses autres organes, n'aurions nous pas, pour y suppléer, les tombeaux qui ont contenu ces dépouilles et dont elles ont déterminé les dimensions ? Les habitations elles-mêmes des anciens, avec leurs ouvertures de toute espèce, les meubles ou les ustensiles qu'elles renferment quelquefois encore en si grand nombre, les armes de leurs antiques possesseurs, les restes de certaines parties de leurs vêtements, tous ces objets n'offriraient-ils pas à qui saurait les envisager sous ce rapport, les moyens de fixer avec exactitude la taille des hommes à qui ils ont appartenu ? le simple anneau d'or d'un chevalier romain trouvé dans les champs de Cannes, ne donnerait-il pas la longueur du doigt annulaire d'un Pélage de l'Italie, et par suite celle de sa main, de son bras, du reste de son corps, et cela par une induction assurément plus certaine, et, dans tous les cas, bien plus à la portée de tous, que celle en vertu de laquelle le génie de Cuvier concluait d'un fragment de phalange, non seulement les dimensions d'un monstre antédiluvien, mais tous les détails de son squelette, tous ceux mêmes du reste de son organisation. » (1)

Les poëmes mêmes d'Homère abondent en peintures de mœurs, en détails de coutumes et d'actes de la vie usuelle, qui montrent, à n'en guère douter, que la taille des guerriers du siége de Troye n'était pas plus héroïque que celle des grenadiers de nos armées.

Or, s'il est constaté que l'espèce humaine n'a rien perdu de sa force physique et de sa stature, ne peut-on pas dire que sa longévité est restée la même ?

Haller et Buffon ont rassemblé un très-grand nombre d'exemples de longues vies, au nombre desquels on en compte un de 152 et un autre de 169 ans. « Ces priviléges de la nature sont, à la vérité, placés de loin en loin pour le temps, et à de grandes distances dans l'espace : ce sont les gros lots dans la loterie univer-

(1) Lélut, l. cit. t. 2, page 101.

selle de la vie ; néanmoins ils suffisent pour donner aux vieillards, même les plus âgés, l'espérance d'un âge encore plus grand. » (1)

Si l'on compare la longévité de l'homme à celle des animaux, on trouve qu'à ce point de vue il est encore des plus privilégiés. Ses plaintes incessantes contre les maladies qui viennent souvent le tourmenter, contre la vieillesse qui affaiblit ses forces physiques, sont-elles donc fondées ? Si sa santé se dérange, s'il est en proie à la douleur, la cause n'est-elle pas dans ses écarts répétés de régime, dans l'effervescence de ses passions désordonnées ? Dans l'âge avancé combien ne trouve-t-il pas de nobles compensations à ses pertes de jeunesse ? « Dans la *verte* vieillesse, dit le docteur Réveille-Parise, ou de cinquante à soixante et quinze ans, et quelquefois au-delà, la vie de l'esprit a une étendue, une consistance, une solidité remarquables ; c'est véritablement l'homme ayant atteint la hauteur de ses facultés. »

Mais pendant que nous en sommes à faire l'apologie de la vieillesse, apologie qui prouve que le créateur n'a pas cessé de combler l'homme de ses bienfaits dans les différentes phases de son âge, puisque, si, dans sa jeunesse et la plénitude de sa force virile, il l'a organisé de manière à pouvoir savourer tous les plaisirs de la vie sensitive, il lui a tenu en réserve pour sa vieillesse les jouissances plus calmes et sans amertume de son intelligence et de sa raison cultivées ; mais, disons nous, écoutons Buffon, qui parlera beaucoup mieux sur ce sujet que nous pourrions le faire : « Chaque jour que je me lève en bonne santé, n'ai-je pas la

(1) Buffon, *OEuvres complètes*, t. 12, p. 61.

jouissance de ce jour aussi présente, aussi plénière que la vôtre ? Si je conforme mes mouvements, mes appétits, mes désirs aux seules impulsions de la sage nature, ne suis-je pas aussi sage, aussi heureux que vous ? Et la vue du passé, qui cause les regrets des vieux fous, ne m'offre-t-elle pas, au contraire, des jouissances de mémoire, des tableaux agréables, des images précieuses qui valent bien vos objets de plaisirs ? car elles sont douces, ces images ; elles sont pures, elles ne portent dans l'âme qu'un souvenir aimable, les inquiétudes, les chagrins, toute la triste cohorte qui accompagne vos jouissances de jeunesse disparaissent dans le tableau qui me les représente ; les regrets doivent disparaître de même ; ils ne sont que les derniers élans de cette folle vanité qui ne vieillit jamais.

» N'oublions pas un autre avantage, ou du moins une forte compensation, pour le bonheur de l'âge avancé : c'est qu'il y a plus de gain au moral que de perte au physique ; tout au moral est acquis ; et si quelque chose au physique est perdu, on en est pleinement dédommagé. Quelqu'un demandait au philosophe Fontenelle, âgé de quatre-vingt-quinze ans, quelles étaient les vingt années de sa vie qu'il regrettait le plus : il répondit qu'il regrettait peu de choses ; que, néanmoins, l'âge où il avait été le plus heureux était de cinquante-cinq à soixante et quinze ans. Il fit cet aveu de bonne foi, et il prouva son dire par des vérités sensibles et consolantes. A cinquante-cinq ans la fortune est établie, la réputation faite, la considération obtenue, l'état de la vie fixe, les prétentions évanouies ou remplies, les projets avortés ou mûris, la plupart des passions calmées ou du moins refroidies, la

carrière à peu près remplie pour les travaux que chaque homme doit à la société, moins d'ennemis ou plutôt moins d'envieux nuisibles, parce que le contre-
poids du mérite est connu par la voix du public ; tout
concourt dans le moral à l'avantage de l'âge, jusqu'au
temps où les infirmités et les autres maux physiques
viennent à troubler la jouissance tranquille et douce
de ces biens acquis par la sagesse, qui seuls peuvent
faire notre bonheur. » (1)

N'oublions pas, d'ailleurs, que si l'homme est le
chef-d'œuvre et le roi de la création, c'est au principe
moral et intelligent qui est en lui qu'il le doit, et que
ce n'est qu'avec l'âge et par le travail que sa moralité
et son intelligence se développent et atteignent le point
culminant de leur perfectibilité.

Et, alors, serait-il donc si contraire à la vérité de
dire, en s'appuyant sur les faits qui précèdent, que,
de même que dans le règne animal, les organisations
physiques sont classées de telle sorte que chacune
d'elles précède toujours immédiatement une organisation d'une nature supérieure et plus complexe, il
existe aussi dans l'ordre intellectuel une hiérarchie
des êtres en tête de laquelle l'homme est placé ici-bas;
et que si Dieu a établi dans la jeunesse la prédominance
des forces sensitives et végétatives, c'est qu'il avait en
vue la reproduction de l'espèce humaine à laquelle ces
forces sont spécialement destinées, tandis qu'il a approprié la maturité de l'âge et la vieillesse au développement et au perfectionnement des facultés de l'âme,
perfectionnement qui devait préparer son passage dans
le domaine d'une vie extra-terrestre plus parfaite ? En

(1) T. 12, p. 64.

effet, notre globe n'étant qu'un faible anneau de la chaîne universelle des mondes, pourquoi ne serions-nous pas nous-mêmes qu'un simple degré dans l'échelle incommensurable des corps organisés qui peuplent l'univers ; et, quel que soit notre orgueil, pouvons-nous prétendre sérieusement que cet échelon est le dernier et le plus élevé de tous ?

Du Déluge asiatique.

Nous ne nous occuperons pas des deux déluges qui, à des époques reculées, ont, par le soulèvement des montagnes de la Norwége et par celui de la chaîne des Alpes, successivement inondé le nord, le midi et l'ouest de l'Europe ; mais nous parlerons de celui sur lequel l'auteur de la Genèse nous a donné quelques détails.

Ce déluge fut causé par le soulèvement d'une partie des montagnes qui font suite au Caucase et dont le mont Ararat fut un des résultats.

Le verset 19 du récit de Moïse s'exprime ainsi : « *Les eaux crurent et grossirent prodigieusement au-dessus du niveau de la terre, et toutes les plus hautes montagnes qui sont sous toute l'étendue du ciel furent couvertes.* » Et le 24° verset dit : « *Les eaux couvrirent toute la terre pendant cent cinquante jours.* »

Or, l'existence de ce déluge ne fait pas question parmi les savants, car Cuvier, *dans son discours sur les révolutions du globe*, porte ce témoignage en sa faveur : « Je pense, avec M. Deluc et Dolomieu, que s'il y a quelque chose de constaté en géologie, c'est que la surface de notre globe a été victime d'une grande et subite révolution, dont la date ne peut remonter beaucoup au-delà de cinq ou six mille ans. »

M. Elie de Beaumont exprime la même opinion en s'appuyant sur l'ère des deltas et des dunes qui, dit-il, ne remonte qu'à une époque assez peu éloignée de nous.

Or, le récit de Moïse, donnant au déluge 4199 ans de date, on voit que cette date, sans être conforme aux opinions exprimées par les éminents naturalistes que nous venons de nommer, ne s'en éloigne cependant pas assez pour en faire le sujet d'une objection sérieuse. Mais ce qu'on ne peut admettre de la version mosaïque, c'est que la superficie entière du globe ait été submergée à la fois, attendu que la configuration de la terre étant alors ce qu'elle est de nos jours, ou à peu de choses près, la somme totale des eaux n'était pas suffisante pour la couvrir dans toutes ses parties. En quels lieux d'ailleurs ces eaux se seraient-elles retirées pour opérer le dessèchement, si la submersion eût été générale ?

La Genèse, dit M. L. Figuier, est le premier livre de l'antiquité qui renferme quelques indications géographiques. Moïse place dans l'occident de l'Asie le second berceau du genre humain, renaissant après le déluge. L'écrivain sacré parle du mont Ararat ; il cite de grands fleuves comme le Nil et l'Euphrate, mais il ne s'explique point sur l'étendue de la terre. Le globe entier était donc représenté à ses yeux par le peu de contrées qu'il connaissait, et dès-lors il n'est pas étonnant qu'il ait appelé submersion de toute la terre celle qui s'était bornée au seul envahissement d'une très-grande partie de l'Asie.

Malgré l'affirmation du législateur des Hébreux, l'existence de l'homme avant le cataclysme dont nous venons de parler a été mise en doute, et Georges Cuvier, après avoir assez longuement discuté cette question, s'est résumé ainsi qu'il suit : « Tout porte donc à croire que l'espèce humaine n'existait pas dans les pays où se découvrent les os fossiles, à l'époque des révolutions qui ont enfoui ces os ; car il n'y aurait eu aucune raison pour qu'elle échappât toute entière à des catastrophes aussi générales, et pour que ses restes ne se trouvassent pas aujourd'hui comme ceux des autres animaux ; mais je n'en veux pas conclure que l'homme n'existait pas du tout avant cette époque. Il pouvait habiter quelques contrées peu étendues, d'où il a repeuplé la terre après ces événements terribles ; peut-être aussi les lieux où il se tenait ont-ils été entièrement abîmés, et ses os ensevelis au fond des mers actuelles, à l'exception du petit nombre d'individus qui ont continué son espèce. Quoiqu'il en soit, l'établissement de l'homme dans les pays où nous avons dit que se trouvent les fossiles d'animaux terrestres, c'est-à-dire dans la plus grande partie de l'Europe, de l'Asie et de l'Amérique, est nécessairement postérieure, non-seulement aux révolutions qui ont enfoui ces os, mais encore à celles qui ont remis à découvert les couches qui les enveloppent, et qui sont les dernières que le globe ait subies ; d'où il est clair que l'on ne peut tirer, ni de ces os eux-mêmes, ni des amas plus ou moins considérables de pierre ou de terre qui les recouvrent, aucun argument en faveur de l'ancienneté de l'espèce humaine dans ces divers pays. » (1).

Mais, depuis Georges Cuvier, la palœontologie a fait de telles découvertes qu'il n'est plus permis de douter aujourd'hui que l'homme a été le témoin et la victime du dernier déluge. Rapportons succinctement les plus récentes de ces découvertes.

M. Boucher de Perthes a trouvé à Moulin-Quignon, près Abbeville, dans un terrain diluvien situé à 9 ou 10 mètres de profondeur, de cent cinquante à deux cents haches en silex bien travaillées. Certains de ces silex étaient taillés en forme de lances, etc., et ils étaient mêlés avec des os fossiles du *bos primigenius*, du grand cerf, *du mammouht*, du *felis spelæa*, de l'ours et de l'hyène des cavernes, du *rhinoceros-tricorhynus* et autres animaux anéantis par le déluge.

Dans le dépôt diluvien de Givry, on a trouvé des instruments en silex, parmi des os de mammouth, et M. le marquis de Vibray a retiré de la caverne d'Arcy des ossements humains et des fossiles d'animaux dont l'espèce est perdue.

En 1842, à Aurignac, un ouvrier terrassier découvrit, en travaillant, une caverne dans laquelle étaient entassés des ossements humains; dix-huit ans après, en 1860, M. Lartet fit faire des fouilles dans le terrain de cette caverne et il découvrit une couche de cendres et du charbon, des ossements d'ours, d'auroch, de cheval, etc., le tout mêlé à de nombreux débris de l'industrie humaine, tels que des instruments en bois de cerf ou de renne, soigneusement affilés à un bout et taillés en

(1) *Discours sur les révol. du Globe*, p. 144.

biseau à l'autre ; des silex bien taillés figurant des couteaux, des poinçons, des armes de différentes sortes. Quelques-uns des os d'animaux étaient cassés et quelques-uns carbonisés.

Dans les cavernes de l'Ariége, MM. Garigou, Rames et Filhol ont trouvé des mâchoires du grand ours et du grand chat des cavernes, reconnues taillées de main d'homme, non seulement par eux, mais par les nombreux savants français et anglais qui les ont examinées. Le nombre de ces mâchoires s'élève à plus de cent. Armées d'une canine formidable, et taillées de manière à être facilement saisies, elles formaient une arme redoutable entre les mains de l'homme primitif... Ces animaux appartenant à des espèces qui n'existent plus, et il a bien fallu pour apprêter en guise d'armes leurs os encore frais, puisqu'ils étaient rongés par des hyènes, que l'homme vécût parmi eux.

En 1863, le 28 mars, M. Boucher de Perthes, en présence de quelques membres de la Société d'émulation d'Abbeville, retira du diluvium de Moulin-Quignon une demi-mâchoire inférieure entourée d'une gangue terreuse. A quelques centimètres de cet os fossile, on rencontra une hache en silex recouverte de la même patine noire que la mâchoire. La profondeur du gisement était de quatre mètres cinquante-deux centimètres, et deux dents de mammouht y furent aussi trouvées. L'extrême ouverture de l'angle formé par la branche horizontale et la branche ascendante de cette mâchoire indique qu'elle appartenait à un individu de race *prognathe*.

Une controverse s'établit entre les géologues les plus savants de notre époque au sujet de cet os fossile, et il

en résulta que l'existence de l'homme avant le cataclysme diluvien ne peut aujourd'hui être mise en doute.
(*Extrait d'une notice de M. L. Figuier.*)

De l'électricité considérée comme agent unique des phénomènes de l'ordre matériel et de l'ordre physiologique.

Ce qui forme le caractère primitif et fondamental
des actes de la nature et de ses produits, c'est le mouvement. Or, l'idée du mouvement comporte nécessairement en elle-même l'idée d'un moteur et d'un
mobile, c'est-à-dire l'idée d'une force active agissant
sur une force passive, autrement dit sur la matière.

Il n'a pu échapper à l'observation qu'il existe un
moteur de toutes choses ; mais quel est-il ? on le connaît, mais on ignore quelle est sa nature essentielle,
et l'on sait seulement que pour agir il emploie un
mode de procédé uniforme, invariable, *l'attraction*,
et que cette puissance attractive a pour organe un
fluide qu'on nomme *électricité*, lequel fluide est ainsi
le levier universel et l'agent de toute espèce de phénoménalité.

Toutes les particules qui servent à la composition
de notre globe sont imprégnée d'électricité, et c'est à
celle-ci qu'elles doivent leur état d'agrégation et de
cohésion ; mais possédant plus d'affinité pour les unes
que pour les autres et l'équilibre étant sa loi, elle les
attire et les fuit tour-à-tour.

Mais avant d'étudier la force électrique comme étant un principe d'organisation vitale, entrons dans quelques nouveaux détails sur les phénomènes généraux auxquels elle donne naissance dans l'ordre matériel.

Pour expliquer les effets alternatifs d'attraction et de répulsion, il n'est pas nécessaire, avons-nous dit, de recourir à l'existence des deux fluides *positif et négatif;* c'est en vertu de l'équilibre que le phénomène a lieu, cette loi voulant que la molécule la plus électrisée attire à elle celle qui l'est moins pour lui céder son excédent relatif de fluide.

1° Les corps à l'état électrique, et ils y sont tous plus ou moins, agissent les uns sur les autres en raison directe de leur masse et inverse du carré des distances. L'attraction électrique suit cette règle immuable sans jamais s'en départir, et c'est ainsi, par exemple, que, « pour notre humble planète, le soleil devient le grand moteur, la cause féconde de presque tous les phénomènes de l'ordre physique. Cet astre étant un million cinq cent mille fois plus volumineux que la terre, on comprend toute l'énergie d'une telle action. »

« On peut se représenter le soleil comme une immense machine électro-magnétique, ou plutôt comme le premier des éléments d'une pile dont la terre et les autres planètes sont le second élément. Dans cette hypothèse, l'éther devient non-seulement un agent de transmission, mais surtout l'agent actif au sein duquel s'opèrent, par des ondulations diverses, tous les phénomènes thermo-électriques lumineux. Cette hypothèse se présente si naturellement à l'esprit, que deux physiciens d'un mérite distingué ont essayé de comparer par des moyens photométriques particuliers l'intensité de la lumière électrique sortie de nos appareils avec celle du soleil. Ils sont arrivés à ce résultat curieux, qu'en adoptant le chiffre de mille pour indiquer l'intensité de la lumière solaire en plein midi, on trouve le nombre de quatre cents pour celle que donne une pile de quarante-six paires d'une dimension moyenne.

» Pour expliquer les phénomènes de lumière calorique, il n'est pas nécessaire de supposer que le soleil soit un globe enflammé; cette supposition paraît même dénuée de toute vraisemblance : il suffit de le considérer comme un astre électro-positif agissant sur les planètes et les comètes électrisées négativement. » (1).

2° L'air atmosphérique est en tous temps et aux différentes heures du jour chargé d'une quantité plus ou moins considérable d'électricité. Elle y est produite par les combustions qui s'opèrent à la surface du globe, mais surtout par la végétation et l'évaporation. D'après les expériences de M. Pouillet, il résulte en principe général que, toutes les fois que l'oxigène se combine avec un autre corps, il y a dégagement d'électricité.

3° La lumière solaire produit aussi des effets électriques.

4° Quand le fluide d'un corps fortement électrisé se dégage sur un corps qui l'est moins, et que l'intensité est suffisante, il y a production d'une étincelle, plus ou moins vive, d'une couleur violacée, blanchâtre, suivant la force de la décharge.

5° Lorsque le circuit électrique d'une forte pile est

____

(1) D' Foissac : *De la Météorologie*, t. 1ᵉʳ, p. 341 et 342.

fermé à l'aide de cônes de charbon, alors que ceux-ci peuvent être portés à l'incandescence, il en résulte une lumière excessivement vive. Vingt éléments suffisent pour produire nettement le phénomène. Avec cent ou deux cents éléments, les effets sont des plus éclatants. (*Becquerel*).

6° La lumière électrique a beaucoup de ressemblance avec celle du soleil.

7° L'action électrique développe de la chaleur, et cette chaleur peut devenir très-grande si l'intensité électrique est considérable.

8° Les courants électriques faibles favorisent la germination et les autres actes de la végétation.

9° C'est surtout à l'équateur que les phénomènes électriques ont le plus d'intensité et sont le plus fréquents. La chaleur y est beaucoup plus grande, la vie végétative beaucoup plus active ; de même aussi dans nos climats lorsque le soleil les frappe de ses rayons perpendiculaires.

10° L'électricité est l'agent principal des compositions et des décompositions chimiques.

11° Les feux Saint-Elme sont dus à l'électricité atmosphérique et témoignent d'un état électrique disséminé dans une grande étendue. Si on ne les aperçoit pas plus souvent au sommet des grands édifices, c'est, dit Arago, qu'on n'y prend pas garde.

12° La lumière solaire produit des effets électriques.

13° Il est probable que les images photographiques obtenues dans l'obscurité sont dues à l'électricité.

14° La vitesse avec laquelle l'électricité se meut ne peut être comparée qu'à celle de la lumière. Elles sont l'une et l'autre, avons nous déjà dit, d'environ 80,000 lieues par seconde.

15° La chaleur que peut développer l'électricité est si intense que, d'après les expériences récemment faites par M. Desprez, à la Sorbonne, elle peut opérer ce que ne pourrait faire le feu de forge. Au moyen de piles très-puissantes, ce savant a fondu et volatilisé en quelques minutes les corps les plus durs, et produit une lumière d'une intensité prodigieuse.

De tous ces faits, et d'une foule d'autres qu'il serait trop long de rapporter ici, n'est-il pas permis d'inférer que l'électricité est l'agent universel qui pénètre tous les corps, dispose entre elles leurs molécules de manière à varier leurs formes et leur communiquer les propriétés diverses qui les distinguent les uns des autres ; de même aussi qu'elle est le principe des mouvements sidéraux et de tous les phénomènes de lumière et de calorification.

Dans ces mouvements d'une vélocité sans égale, le soleil tourne lui-même sur son axe et accomplit son immense rotation, beaucoup plus rapide que celle de la terre, en vingt-cinq jours. Il paraît qu'il est transporté avec tout son système vers la constellation d'Hercule avec une vitesse que Bessel estime être de 742,000 myriamètres par jour. « Des étoiles sans nombre, dit M. de Humboldt, sont emportées comme des tourbillons de poussière dans des directions opposées. » — « Quel est le centre de ce mouvement universel qui agite tous les corps célestes dans les profondeurs de l'espace ? En 1846, M. Maedler a donné un nouveau degré de probabilité aux conjectures de quelques astronomes sur l'existence d'un soleil central autour duquel des mondes sans nombre opéraient leurs révolutions. Ces recherches présentent un caractère si extraordinaire et si gigantesque qu'elles rejettent dans l'ombre une foule de découvertes jusque-là très-appréciées (1). »

« Ces torrents de feu, de lumière, d'électricité, en se confondant, en se transformant, tendent à prouver qu'ils sortent d'une source commune, et que ces fluides ne sont en réalité que des modifications d'un seul et même principe. (2) »

Ce principe nous paraît être le fluide électrique ; du moins n'en aperçoit-on pas un autre qui joue un rôle aussi général, aussi capital dans tous les phénomènes de la nature universelle. Principe de chaleur, de lumière et de mouvement, il est aussi celui de l'affinité élective, de l'agrégation et de la cohésion moléculaires; et, par son action combinée sur les particules de la matière, on peut facilement se rendre compte des différentes formes des corps inorganiques et des transformations qu'ils subissent fréquemment.

Ainsi, la chimie est parvenue à découvrir soixante-deux corps élémentaires, parmi lesquels quarante-sept corps métalliques et quinze métalloïdes, et cette question est loin encore d'être parfaitement résolue, les travaux à venir devant, sans nul doute, en faire connaître un plus grand nombre. Avec ces éléments et l'électricité se combinant à l'infini, on comprend aisément la formation de tous les corps qui composent l'univers. « L'azote et l'oxigène, mêlés dans certaines proportions, forment l'air atmosphérique ; dans des proportions différentes, l'acide nitreux ; dans d'autres encore l'acide nitrique. La différence d'état des corps ne doit donc pas nous arrêter ; car deux corps

<hr>

(1) Docteur Foissac, *De la Météorologie*, t. 1er, p. 324.

(2) Docteur Foissac, Op. cit., p. 333.

gazeux., l'hydrogène et l'oxigène, traversés par l'étincelle électrique, forment un liquide, et deux liquides mis en contact, dans certaines conditions, forment une classe innombrable de sels et de solides de toute espèce. Quant aux fluides impondérables, on a regardé avec raison comme un progrès de la science l'analyse de certains phénomènes qui a permis d'en établir quatre différents. Mais à peine cette distinction est-elle faite que le génie des savants s'effraye de son œuvre , et plongeant un regard plus profond dans les secrets de la nature, réunit ce qu'il avait séparé, et explique la plupart des phénomènes *par les modifications d'un seul et même principe*. (1) » Les travaux de la chimie viennent donc aussi constater le fait de *l'unité* de principe dans la composition de l'univers.

L'électricité, ne l'oublions pas, est *l'organe de l'attraction*, et cette attraction qu'elle exerce à différents degrés d'énergie sur les molécules de la matière est *élective*, et il en est de même du mode d'activité qu'elle leur communique. Ces faits sont prouvés par l'expérience suivante : « Le docteur Léger, médecin à Londres, a inventé l'appareil que nous allons décrire : Qu'on se représente une carafe de verre uni posée sur un socle de bois ; qu'on se la représente défoncée et le limbe circulaire de sa base engagé dans une rainure pratiquée à cet effet dans la planche d'acajou. Figurons-nous ensuite le goulot du vase armé d'un tube de cuivre d'environ trois pouces de haut en forme de collet, la partie inférieure, celle qui touche au ventre de la bouteille, se trouvant munie d'une rondelle en même métal, plate et horizontale, et simulant le bord

(1) Foissac, docteur-médecin, Op. cit , t. 1er, p. 338.

d'un chapeau par rapport au collet qui en représente-
rait la forme, et la partie supérieure offrant seulement
la section d'un tube. Prenons une boule du métal sus-
dit, vissons sur un de ses points , et normalement à sa
surface, une tige, toujours du même métal, d'une ligne
de diamètre et de quatre pouces de long ; à son extrémité libre nous suspendons finement un brin de chanvre portant à l'autre bout une olive de cire à cacheter,
et d'une longueur telle que le pendule ainsi formé ef-
fleure le fond de bois de la cloche sans y toucher entièrement.

» Ces dispositions prises, introduisons notre pendule
dans le goulot de la carafe. Son point d'attache sera
maintenu dans une position fixe par la solide adapta-
tion de la boule au collet au moyen d'un ajustage à vis
ou à frottement, et il pourra ainsi se mouvoir en
liberté dans l'intérieur du bocal, suivant les impulsions
qui lui seront imprimées. Mais, ces impulsions, d'où
pourra-t-il les recevoir ? Etant tenu par les parois du
verre à l'abri de tout courant d'air, le pendule ne peut
être mu par d'autre action mécanique que celle qui
viendrait agiter le corps tout entier de l'appareil. Or,
nous avons pris la précaution d'établir notre instrument sur le sol lui-même, et dans un lieu parfaitement
silencieux et solitaire. Le pendule devra donc se tenir
dans un état de stabilité parfaite. En effet, il ne bouge
point, et l'on cherche en vain à apercevoir l'oscillation
la plus minime. Cependant je pose le doigt indicateur
de ma main droite sur la surface supérieure de la rondelle, et, en même temps, un morceau de soufre est
placé dans le creux de ma main gauche. Mes regards
sont attachés sur l'olive du pendule pour en surveiller
la conduite. Tout est encore parfaitement immobile.

Mais, patience ! un moteur invisible est en train de se frayer un passage à travers le cuivre conducteur ; il l'enveloppe par dégrès dans les spires progressives d'un tourbillon roulant, et voilà que, sa tige de suspension et puis le fil de chanvre, et puis enfin le pendule tout entier, envahis et entraînés par le courant, l'olive s'ébranle, oscille et entre enfin avec décision dans un mouvement rotatoire continu, décrivant un cercle parfait dont le diamètre s'élargit d'abord peu à peu jusqu'à ce qu'il atteigne une certaine limite sur laquelle il se maintient avec une précision constante.

« Les objections se pressent déjà dans la bouche du lecteur : C'est la pression du doigt sur la rondelle qui fait sentir son effort musculaire à tout l'appareil, dont le parfait équilibre se trouve ainsi imperceptiblement, mais bien réellement détruit, ce qui suffit pour mettre en branle le pendule, et voilà tout le mystère de ce merveilleux mouvement dévoilé.

» On aurait d'abord à répliquer à ces raisons triomphantes que, la possibilité de faire sortir le pendule de son repos par une action mécanique aussi indirecte étant admise, il resterait à expliquer pourquoi, au lieu d'un mouvement désordonné, c'est un mouvement régulier qui se produit, et pourquoi ce mouvement est une rotation au lieu d'être une oscillation. Mais voici qui répond péremptoirement : le mouvement de rotation que nous venons d'observer s'exécutait de gauche à droite, comme la marche des aiguilles d'une horloge sur le cadran. Si je renouvelle l'expérience cent fois dans les exactes conditions ci-dessus décrites, le résultat sera cent fois le même : mouvement rotatoire de *gauche à droite*. Puis pour m'assurer de la part que la nature du soufre peut avoir dans la production du phénomène, je remplace cette substance par une pièce d'argent, et je me remets à expérimenter comme devant. Le pendule se réveille graduellement, et, comme la première fois, procède à décrire un cercle. Mais au lieu de le suivre de gauche à droite, c'est de droite à gauche qu'il le parcourt ; et il en sera invariablement de même si je passe à cent effets consécutifs. Faisons mieux : pendant que le pendule est à tourner de *droite à gauche*, que le soufre soit substitué furtivement à l'argent : aussitôt nous constatons que le mouvement est moins ferme ; peu à peu les orbes se rapprochent de leur centre, et enfin elles expirent, et un instant d'arrêt a lieu. Cependant un léger balancement de l'olive ne tarde pas à renaître, et les écarts devenant de plus en plus amples, c'est un cercle nouveau, mais un cercle de *gauche à droite* qui est tracé, et qui grandit, et grandit jusqu'à ce qu'il atteigne son diamètre maximum et constant. Recommençons l'expérience avec un morceau de savon pour substance d'épreuve : cette fois, pas de mouvement de rotation, mais un mouvement d'oscillation dans la direction fixe du nord-est au sud-ouest. Si au savon nous faisons succéder certaine autre substance, un mouvement rectiligne nord-ouest, sud-est, succédera pareillement au mouvement de va-et-vient dans le sens nord-est, sud-ouest.

» Les conclusions générales auxquelles ces expériences ont conduit les savants habiles qui les ont faites sont les suivantes : 1° le mouvement que l'application d'une substance détermine dans le pendule *magnétoscope*, cette dénomination est consacrée, est toujours le même en nature et en amplitude, *quel que soit le volume actuellement employé de cette substance. Ainsi, l'emploi des globules homœopathiques produit un effet* entièrement semblable à celui de la substance elle-même employée en nature dont ces globules portent le nom ; 2° un isolement complet réalisé entre le corps de l'expérimentateur et la substance en expérimentation, par des substances étrangères ne possédant en elles aucune influence marquée sur le pendule, n'altère point sensiblement les effets obtenus lors du contact immédiat. Par exemple, dans la première expérience que j'ai citée, il importerait peu, pour le résultat final, que le soufre fût placé dans une boîte de bois blanc, ou dans un bocal de porcelaine, celui-ci fût-il hermétiquement clos. » (1)

Ne nous est-il pas permis de conclure légitimement de ces faits et d'une foule d'autres concordant avec eux et leur prêtant un appui, que l'électricité exerce sur les divers éléments de la matière un mode d'action propre à chacun d'eux, et qu'elle est le principe de la virtualité spécifique dont ils jouissent individuellement. La doctrine homœopathique était donc dans le vrai lorsqu'elle a donné pour base à sa thérapeutique la spécificité d'action médicamenteuse, et nous verrons qu'elle n'y était pas moins en adoptant la loi de similitude et les doses infinitésimales.

Examinons maintenant si l'électricité existe dans les corps organisés, et quel est le rôle qu'elle y joue, si sa présence s'y trouve constatée.

Prenons pour point de départ de notre nouvel examen l'organisation animale à son état rudimentaire le plus infime, telle que nous la présentent les infusoires, dont la ténuité est telle que cinquante mille réunis n'égalent pas le volume d'un grain de sable, ces animal-

(1) Phillips, *Traité d'électro-dynamisme vital*, p. 210.

cules qu'on voit naître instantanément et qui ont fait croire aux naissances spontanées, *prolem sine matre creatam*, création qui n'a pas son semblable dont elle aurait pu tirer son origine. Buffon croyait à ce mode de génération, mais de nombreux et judicieux observateurs, armés du microscope, ont fait justice de son erreur, en prouvant que ces animalcules ont des sexes distincts et qu'ils se reproduisent par des œufs après s'être accouplés. Or, voici ce que l'expérience constate à leur sujet : Sir John Herschel racontait, en 1833, que souvent il s'était amusé à suspendre une petite goutte d'eau sur la tête d'une épingle ordinaire, qu'il plaçait sur un morceau de cristal oblique disposé dans un microscope solaire. La goutte était si petite qu'au lieu de suivre le plan incliné du morceau de cristal, elle se maintenait dans la position où elle avait été jetée. La puissance de l'instrument multipliait tellement l'étendue de la goutte d'eau qu'elle paraissait avoir douze pieds de diamètre.

« Au moyen d'un miroir placé à cinq pieds de la lentille, dit le célèbre astronome, j'observais tour-à-tour chacune des portions infiniment petite de ma goutte d'eau ; ainsi agrandie, elle était toute peuplée d'animalcules de plusieurs espèces et de toutes les grandeurs, depuis un seizième de pouce jusqu'à treize pouces. Souvent la foule paraissait si nombreuse, qu'il eût été impossible, dans cette étendue de douze pieds, de placer la pointe d'une aiguille sur un seul point inoccupé. Quelquefois je n'apercevais plus qu'une vaste nappe de petits animaux vivants, qui semblaient éclore tout-à-coup, les uns gros comme la tête d'une épingle, les autres comme une lentille, tandis que d'autres animaux, plus parfaits et de plus grande dimension, se jouaient au milieu de ces nouveaux venus. Lorsque les habitants de la goutte d'eau devenaient trop nombreux, ils formaient une masse compacte et mouvante dont j'étais obligé d'effacer une partie en versant une goutte d'eau pure pour observer plus facilement les mouvements du reste. Quelle innombrable multitude d'êtres animés ? Ils vivent sans doute des débris d'autres animaux plus imperceptibles encore, et que le microscope solaire lui-même ne peut saisir. » (1)

Il suffit, comme on voit, d'un rayon de lumière pour faire pulluler des mondes d'êtres organisés. « Sans la lumière, dit Lavoisier, la nature était sans vie ; elle était morte, inanimée. Un Dieu bienfaisant, en apportant la lumière, a répandu sur la surface de la terre l'organisation, le sentiment et la pensée. »

Le docteur Foissac, il est vrai, refuse d'admettre, avec Lavoisier, que la lumière devienne le principe du sentiment et de la pensée, et, avec M. de Humboldt, qu'elle soit la première condition de toute vitalité organique à la surface solide et liquide de notre planète, et il ne lui accorde qu'une action secondaire dans la végétation, action dont l'influence joue le principal rôle dans certaines fonctions. La cause active selon lui, l'agent essentiel de la fécondation, de la fructification, en un mot de la vie des plantes, c'est la chaleur. (2)

Mais lumière et chaleur sont deux phénomènes si étroitement unis et d'une nature si connexe que leurs actions se complètent l'une par l'autre ; et puisqu'elles font parties des propriétés essentielles d'un agent connu, l'électricité, pourquoi les en distraire et les étudier

(1) *Panorama des mondes*, p. 87.
(2) *De la météorologie*, t. 1er, p. 9 et 102.

séparément dans leurs manifestations, lorsque cette étude isolée ne donne qu'obscurité? pourquoi, en un mot, ne pas attribuer au fluide électrique ce que vous accordez à l'une ou à l'autre de ses qualités actives?

> *Ignis ubique latet, naturam ampleclitur omnem,*
> *Cuncta parit, renovat, dividit, urit, alit...*

Mais ce feu d'où provient-il? Nous le croyons, de l'électricité solaire et de l'électricité terrestre, qui est le feu de Prométhée. *Sterile est frigidum, calor autem gignit*, a dit Sénèque avec raison. L'absence du soleil frappe, en effet, la terre de stérilité, et son retour la rend féconde.

Mais pour légitimer ces propositions, peut-on prouver qu'on trouve le fluide électrique à l'état fonctionnel dans les organisations du règne végétal et du règne animal? C'est ce que nous allons examiner succinctement.

Des expériences concluantes de M. Pouillet, ont constaté que la végétation et l'évaporation sont les deux sources principales de l'électricité atmosphérique. En faisant germer des plantes dans des capsules isolées, et au milieu d'une atmosphère suffisamment sèche, il est parvenu à recueillir les électricités qui se développent dans cet acte de végétation; et M. Becquerel pense que les plantes émettent le jour de l'électricité négative, et, pendant la nuit, de l'électricité positive.

Ces radicules des végétaux, qui, rampant sineusement, s'insinuent dans les interstices des rochers, ou contournent ceux-ci pour aller puiser et absorber dans l'humus les gaz nutritifs qu'il contient, tandis que les rameaux de ces plantes s'inclinent et s'étendent vers le seul côté d'où leur vient la lumière, n'obéissent-ils pas à une force qui les pousse et les attire vers un but. Or, à quelle cause attribuer ces phénomènes d'une attraction évidente, sinon au fluide électrique dont les deux savants précités nous ont révélé la présence dans les végétaux?

N'insistons pas davantage sur ces faits si favorables à notre thèse, et voyons si nous trouverons les mêmes témoignages au sujet des organisations du règne animal.

Cette question est à l'ordre du jour depuis longtemps parmi les hommes de science, et Cabanis a dit : « J'ai toujours été, je l'avoue, porté à penser que l'électricité modifiée par l'action vitale est l'agent invisible qui parcourt sans cesse le système nerveux. » Et Richerand s'exprime ainsi : « Les êtres organisés, et spécialement le corps de l'homme composé par l'assemblage d'un grand nombre de substances hétérogènes, nous présentent de véritables appareils électriques compliqués, dans lesquels le principe, dont les nerfs sont les conducteurs, semble agir d'une manière analogue à celle de l'électricité. » (1) De Breyne dit : « Il est évident que le corps se comporte comme un photogène, *pile voltaïque*, centralisé par un système nerveux. »

« Par la circulation, les courants vitaux établissent une communauté d'actions moléculaires qui, centralisés par des noyaux nerveux, ou centres parfaits, au moyen de conducteurs très-sensibles appelés nerfs, constituent un organisme ou un animal. Enfin, et c'est une idée émise depuis très-longtemps par le docteur Virey, un principe se mouvant spontanément après la création de son type, dans chaque animal, ne peut être

(1) *Eléments de physiologie*, t. 2, p. 265.

que celui d'une révolution, comme le tourbillon circulatoire. Aussi, en retournant sur lui-même, il rentre tout en lui et s'engendre toujours, parce qu'il possède son principe d'action et ne disperse pas ses forces. En se maintenant dans l'équilibre en tout sens, il se rend perpétuel et autocrate ; émanant seulement du point central, *le cerveau*, il ne suppose aucune étendue nécessaire ; il est indivisible comme le point mathématique, et, tel qu'un principe immatériel, il ne présente qu'une force pure. Sous son influence, les molécules du corps sont incessamment renouvelées, sans violence, sans tumulte, par un mouvement perpétuel de nutrition et d'excrétion qui entretient la santé, la chaleur, la vie, après l'avoir portée à son plus haut degré de développement dans l'âge adulte. » (1)

Un grand nombre de physiologistes et de physiciens ont tenté par de nombreuses et très-ingénieuses expériences de constater la présence de l'électricité dans l'organisme animal. Quelques-uns y étant parvenus, et d'autres ayant échoué dans cette tâche ardue, la question était demeurée en litige, malgré l'opinion favorable de MM. Dumas, Prévost, Fodéra, Wollaston, Matteucci, Wilson Philips, Strauss-Durkhein, Bachoué de Vialer, Dutrochet, etc., lorsque la découverte de M. du Bois-Reymond vint la décider par l'affirmative en faveur de ceux-ci.

Voici l'histoire de cette découverte et des faits qui s'y rapportent. Au mois d'avril 1850, M. de Humboldt, que l'on trouve toujours à la tête de tout progrès scientifique, écrivait à l'Académie des sciences : « Il vient de paraître ici des recherches sur l'électricité animale,

---

(1) *Théorie biblique de la cosmogonie*, p. 166 et 168.

par M. Emile du Bois-Reymond. M. du Bois est l'habile
expérimentateur qui, le premier et le seul, a réussi à
faire dévier une aiguille astatique par la volonté de
l'homme, c'est-à-dire par le courant électrique que
produit l'effort musculaire, la tension de nos membres.
Cette déviation s'opère à de grandes distances, et
cesse dès que sa volonté ne tend plus ses muscles. Voici
comment M. du Bois-Reymond rend compte lui-même
de son expérience : Je prends un galvanomètre très-
sensible, je fixe à ses deux bouts deux lames de platine
parfaitement homogène ; je plonge ces lames dans
deux vases d'eau salée, et je finis par introduire dans
les mêmes vases deux doigts correspondants des deux
mains. Voici alors ce qui se passe : à la première im-
mersion des doigts, il se produit presque toujours une
déviation de l'aiguille plus ou moins prononcée, dont la
déviation ne reconnaît aucune loi, et qui est due probablement, du moins en partie, à une hétéréogénéité
quelconque de l'enveloppe cutanée des doigts. Quand
il y a une blessure à l'un des doigts, la déviation est
plus forte, et toujours dirigée de manière que le doigt
blessé se comporte comme le zinc d'un arc zinc-cuivre,
qu'on supposerait établi entre les deux vases à la place
d'un corps humain. Il va sans dire que ce n'est pas de
cette espèce d'action qu'il s'agit ; au contraire, pour
observer l'effet annoncé, il faut attendre ou bien que
l'aiguille soit revenue à zéro, ou bien qu'elle ait pris
une position stable, sous l'empire d'un reste de courant
qui refuse de s'effacer. Le moment venu, je raidis tous
les muscles de l'un de mes bras, de manière à établir
l'équilibre entre les flexeurs et les extenseurs de toutes
les articulations du membre, à l'instant l'aiguille se
met en mouvement, et le sens de la direction est tou-

jours tel, qu'il indique dans le bras tétanisé ou raidi un courant inverse d'après la notation de Nobili, c'est-à-dire un courant dirigé de la main à l'épaule. Le bras raidi se comporte donc comme le ferait le cuivre de l'arc zinc-cuivre mentionné plus haut.

» Avec mon galvanomètre, et quand c'est moi qui fais l'expérience, la déviation va jusqu'à 30 degrès. J'obtiens toutefois des mouvements de l'aiguille beaucoup plus étendus, en contractant alternativement les muscles de l'un et de l'autre bras, en concordance avec l'aiguille. Au reste, la grandeur de la déviation, toutes choses égales d'ailleurs, dépend évidemment du degré de développement et de l'exercice des muscles. »

L'annonce des expériences de M. du Bois-Reymond fut accueillie en France avec une extrême défiance, et quelques journalistes ne firent pas grâce à l'enthousiasme juvénile de l'illustre de Humboldt. M. Becquerel annonça à l'Institut qu'en se mettant à l'abri de toute cause d'erreur et en écartant avec soin toutes les sources étrangères de courants électriques accidentels, il n'avait observé aucun des effets signalés par M. du Bois-Reymond. M. Despretz fut moins affirmatif ; il avait tantôt réussi, et tantôt échoué dans ses essais, etc., etc.

Sur l'annonce de ces faits contradictoires, M. du Bois-Raymond arrive à Paris et répète ses expériences devant une commission de l'Institut, composée de médecins et de physiciens. Dans le rapport lumineux présenté à l'Académie des sciences, le 15 juillet, M. Pouillet rendit pleine justice aux découvertes électro-physiologiques de M. du Bois-Reymond, et l'on peut regarder désormais comme acquis à la science que, chez l'homme vivant, il se développe un courant électrique dans les muscles à l'instant de la contraction. Mais ce courant électrique s'opère-t-il sous l'influence de la volonté ? Cette question fut posée et ne put être résolue à l'unanimité. (1)

Si des courants électriques se manifestent chez l'homme jouissant de la vie, et qui pourrait en douter, ils ne peuvent être autre chose que le fluide nerveux en mouvement. Or, ce fluide n'est-il pas l'agent passif des rapports du principe vital organique et intellectuel, avec les objets du monde extérieur, et n'est-il pas aussi, à ce point de vue, soumis à l'empire de la volonté ? Son double courant de va et vient, d'aller et de retour, pour chercher et rapporter la sensation, ne nous est-il pas représenté par la télégraphie électrique, qui transmet la demande et revient avec la réponse ?

Le phénomène des tables tournantes, phénomène très-réel, qu'on a nié sans examen préalable approfondi, comme on a l'habitude pour tout fait nouvellement découvert, et qui, après avoir mis les esprits en émoi au point de les faire délirer, est tombé dans un oubli profond, nous semble appartenir aussi à l'électro-magnétisme nerveux. L'explication que nous allons essayer de lui donner, est pour nous aussi simple qu'elle est vraie : Quand dix personnes, par exemple, se touchent par la main droite et par la main gauche, elles mettent en rapport leurs électricités respectives, en formant cette chaîne annulaire, et un courant électro-magnétique, passant des unes aux autres, s'établit. Or, si leurs mains reposent sur une table, ce

<hr>

(1) *Propagateur homœopathique*, n° du 21 janvier 1858, et le *Traité de météorologie*, du docteur Foissac, t. 1ᵉʳ, p. 232 et suivantes.

meuble recevra l'impulsion du courant, et il tournera dans le sens qu'exprimera la volonté de celui des expérimentateurs chargé de conduire l'expérience.

L'électricité est non-seulement l'excitant le plus énergique du système nerveux, dit le docteur Gavarret, mais encore l'agent des propriétés qui distinguent ce système, et peut-être le dernier anneau qui unit la matière brute au principe de vie ; car, sous son influence, nous pouvons produire à volonté tous les phénomènes de sensibilité générale et de sensibilité spéciale ; nous pouvons aussi isoler et étudier à part la force motrice des nerfs musculaires.

La rapidité extrême avec laquelle nos impressions sont reçues et nos volitions exécutées, ne peut être comparée qu'à la vitesse de l'électricité ; l'une et l'autre semblent être sinon simultanées, à peine, au moins instantanées :

« La structure apparente du système nerveux, sa distribution, son rôle dans l'économie animale, établissent une certaine analogie entre ce système et les instruments imaginés par l'art pour produire et propager l'électricité. La puissance électrique est en raison de l'étendue des surfaces ; l'énergie de la force nerveuse n'est-elle pas aussi proportionnée à l'étendue de la surface des organes nerveux ? Pendant longtemps le scalpel de l'anatomiste ne montrait dans le cerveau qu'un jeu de la nature, et sa conformation singulière était muette pour le physiologiste ; mais les anfractuosités, les circonvolutions qui sillonnent ce viscère, agrandissent singulièrement la surface encéphalique ; la découverte du déplissement du cerveau par Gall et Spurzheim, ajoute un degré de plus à l'évidence de sa destination. Rolando, et plusieurs anatomistes après lui, ont cru reconnaître dans les lamelles du cervelet tous les éléments de la pile de Volta, dont les nerfs seraient les conducteurs. A l'aide du microscope, Fontana découvrit dans le cerveau des tubes remplis d'un liquide gélatineux, qu'Ehremberg observa avec plus de précision. Tout, en un mot, dans l'organisation nerveuse, semble combiné pour produire et propager des effets électriques. » (1)

Quand même l'identité du fluide nerveux avec le fluide électrique ne serait pas suffisamment établie par les faits que nous venons de rapporter, elle serait mise hors de doute par les phénomènes merveilleux que manifestent les poissons électriques, tels que le Gymnote de Surinam, le Silure du Nil et la Torpille des mers d'Europe, qui, comme la bouteille de Leyde, font éprouver à la main qui les saisit une commotion assez forte pour l'engourdir, ou même la paralyser momentanément. Or l'appareil au moyen duquel ces poissons opèrent leurs redoutables décharges électriques, est une masse pulpeuse à lamelle, ayant pour appendice une série de gros nerfs qui vont s'épanouir aux points de la peau, siége de l'action commouvante. Cet appareil a beaucoup d'analogie avec une batterie galvanique et il prouve sans conteste que le système nerveux remplit la fonction d'organe sécréteur et conducteur de l'électricité. Est-il besoin d'ajouter que ces animaux produisent leurs commotions par un acte de leur volonté, lorsqu'il s'agit pour eux d'attaquer ou de se défendre ! Pourquoi la nature, qui n'a rien fait en vain, leur aurait-elle accordé cette remarquable propriété, si ce n'eût été pour l'appliquer à leur avantage ?

(1) Docteur Foissac, t. 1er, p. 243.

Quoique les faits qui précèdent nous paraissent suffisants pour décider la question que nous traitons, nous en citerons encore un cependant, fait tout d'expérience, mais ce sera le dernier en ce qui concerne cette partie de notre travail.

Un électrophile de Lyon, M. Berkeinsteiner, dit le docteur Rapou (1), a lu, il y a quelques années, à la Société Linnéenne de cette ville, un mémoire dont le passage qu'on va lire est extrait : « L'importance de l'électricité devient capitale lorsque, cessant d'être un objet de curiosité scientifique, elle se révèle à nous jusque dans les mystères les plus intimes de la vie, lorsqu'elle nous montre avec évidence son action dans les actes les plus importants de la vie, soit chez l'animal, soit chez l'homme. Les expériences que je vais faire connaître méritent au plus haut dégré l'intérêt, l'attention des savants, car elles jettent un certain jour sur la fonction mystérieuse de la reproduction. Plusieurs observations de la guérison de la stérilité chez la femme, rapportées par Berthelot, dans son *Traité de l'électricité du corps humain*, et quelques observations de ce genre que j'eus l'occasion de faire dans le cours de mes recherches sur le transport des substances simples, me portèrent à penser que le fluide électrique devait jouer un rôle important dans le phénomène de la fécondation ; mais pour changer cette opinion en certitude, je résolus de l'établir sur des expériences directes.

» Ce fut sur le chat que j'opérai.

» On sait que c'est ordinairement à la fin de l'hiver que la chatte appelle le mâle par ses cris. Dans l'état de

____

(1) *Histoire de la doctrine homœopatique*, t. 2, p. 216.

domesticité, ces animaux ne craignent pas de s'accoupler devant témoins, surtout si le mâle et la femelle habitent le même local.

» Par un temps sec et froid, ayant fait avec de la moelle de sureau, des petites boules de cinq à huit millimètres de diamètre, j'en suspendis une à un fil de soie d'une vingtaine de centimètres de longueur ; ayant pris l'extrémité du fil entre mes doigts, et ayant électrisé *positivement* cette boule en la mettant en contact avec le conducteur d'une machine électrique en fonction, je l'approchai doucement des parties génitales de la chatte, qui facilitait l'expérience par la position que prennent ces animaux quand ils sont en chaleur. A peine la boule était-elle arrivée à la distane de cinq ou six centimètres, qu'elle fut fortement attirée et donna lieu à une petite étincelle. La chatte quitta sa position et ne recommença ses cris qu'un instant après.

» L'expérience sur le chat ne fut pas moins décisive, quoique moins facile à faire. Les parties génitales attirèrent une boule électrisée *négativement*, tandis qu'elles repoussèrent celles qui l'étaient *positivement*.

» Après l'accouplement consommé, il ne restait plus une trace d'électricité libre.

» J'ai répété ces expériences pendant plusieurs années sur un grand nombre de sujets toujours avec le même succès.

» On sait, continue M. Berkeinsteiner, qu'aussitôt après l'éclosion des vers à soie les mâles s'unissent avec ardeur aux femelles, et qu'au bout de huit ou quinze heures d'accouplement ils s'en détachent. Les œufs pondus et la tâche terminée, mâles et femelles tombent d'inanition et meurent.

» L'été passé, sur une quantité de vers à soie éclos,

je pris une partie de mâles et autant de femelles qui étaient près de périr ; j'électrisai positivement les mâles pendant quinze minutes ; pendant que le fluide arrivait d'un côté, je le soutirais de l'autre avec une tige d'or, formant ainsi un courant continu. Après cinq ou six minutes d'électrisation, les mâles sortirent de leur engourdissement léthargique et remuèrent les ailes ; leur vigueur s'accrut constamment, et, au bout d'un quart-d'heure ils avaient acquis autant de vigueur qu'au moment de leur éclosion. Je les réunis ensuite aux femelles qui avaient déjà pondu leurs œufs ; un nouvel accouplement partiel eut lieu. Les femelles expirantes se ranimèrent et vécurent encore pendant trois jours avec les mâles électrisés. »

Or, n'est-on pas autorisé à conclure de tous les faits que nous avons rapportés : 1° que des courants électriques existent dans le système nerveux ; 2° que l'électricité joue un grand rôle dans l'acte de génération ; 3° que l'électricité du mâle et l'électricité de la femelle ont chacune leur part afférente de vitalité, vitalité *a déquate*, pour chaque sexe, au but qu'il est appelé à remplir.

La théorie des deux électricités, adoptée par M. Berkeinsteiner, n'infirme pas la théorie de M. Love, sur l'unité du fluide ; car, celle-ci se prête tout aussi bien à l'explication des faits observés par le savant électrophile lyonnais. Ne suffit-il pas, en effet, que les organes sexuels du chat soient à un état de tension électrique, plus grandes que ceux de la chatte pour que l'attraction entre eux se produise ?

Si l'on prétend que cette théorie est erronnée, il faut au moins convenir qu'elle a toute l'apparence de la vérité, apparence que vient fortifier la découverte faite assez récemment chez l'homme des corpuscules de Pacini. Ce sont de petits corps arrondis traversés par un filet nerveux et formé de lames concentriques de tissus médullaires qui sont séparés les unes des autres par un léger suintement séreux. Ces corpuscules sont à l'état rudimentaire chez l'enfant et desséchés chez le vieillard ; ils paraissent n'exercer d'action qu'aux époques de la vie où se produisent les grandes et vives sympathies et où le consensus vital est dans toute sa plénitude de force et d'action. Les corpuscules de Pacini offrent beaucoup d'analogie avec l'appareil électrogène de la torpille.

Pendant le cours des siècles qui nous ont précédés, les savants, en général, ont beaucoup aimé à errer dans le vaste champ des hypothèses. Dès qu'un fait leur paraissait solidement établi, vite ils s'empressaient d'en faire la base de systèmes et d'abstractions plus ou moins ingénieux, mais parfaitement faux la plupart du temps ; et quand, par malheur, l'un deux, jouissant d'une haute réputation acquise par de grands travaux et une profonde érudition, prêtait à l'un de ces systèmes l'appui et l'autorité de son nom, ce système était adopté par tous, et il prenait force de loi. Au lieu de le faire passer au creuset de l'expérience et de le subordonner à l'observation des faits, c'étaient les faits qui étaient torturés et faussés, afin de les faire concorder avec lui et de les rendre ses soutiens, et cela durait jusqu'à ce qu'un autre système le remplaçât et obtint aussi à son tour les honneurs d'un triomphe passager. La médecine a eu plus qu'aucune autre science à souffrir de ce grave inconvénient, et l'on peut dire en toute vérité que, si la thérapeutique n'a presque pas fait de progrès depuis deux mille ans, le malheur doit en être attribué au *principe des contraires* que Gallien lui donna pour loi.

Mais ce n'est pas à dire que les spéculations et les abstractions de la théorie doivent être rejetées d'une manière absolue. Loin de là, lorsqu'un fait se présente il est utile d'en chercher l'explication dans d'autres faits d'une nature analogue, et presque toujours les recherches auxquelles on se livre à ce sujet conduisent à des découvertes, et c'est vraiment ainsi, comme l'observe Arago, que la science a fait jusqu'ici les plus grands pas dans la voie du progrès.

A le considérer de ce point de vue, l'esprit systématique a donc aussi ses avantages. Aussi n'hésitons-nous pas à poser et à discuter cette question ardue : Le fluide électrique, dont la présence a été constatée dans les organisations animales, est-il le principe de vie lui-même, ou bien est-il seulement uni et subordonné à ce principe pour l'exercice de certaines fonctions ?

En vain demanderait-on avec le professeur Riche-rand comment un fluide toujours le même pourrait produire des effets si différents ? Ne voyons-nous pas qu'un nerf reçoit la sensation de la lumière et la transmet au cerveau ; un autre celle du son ; celui-ci les saveurs, celui-là les odeurs ? les uns transmettent aux muscles la volonté du *moi* et les font entrer en action pour le mouvement ; d'autres élaborent les aliments pour les convertir en chyle, et d'autres encore puisent dans ce chyle les matériaux propres à l'évolution ou à la restauration des organes : qui les éléments constitutifs des os, qui ceux des membranes fibreuses, qui ceux des membranes séreuses, muqueuses, des tissus musculaires, parenchymenteux, etc. Oui, répondrons-nous : chacun d'eux possède sa modalité d'être, de sentir et d'agir, d'attraction et de répulsion électives, et cependant tous reçoivent leur impulsion d'un même moteur, d'une *entité* qu'on nomme électricité vitale.

C'est qu'il est dans les attributs du fluide électrique de qualifier de mille et mille manières différentes les molécules de la matière selon les combinaisons qu'il établit entre elles et l'énergie plus ou moins grande avec laquelle il les imprègne de sa virtualité. Si, par exemple, vous soumettez une barre de fer à un courant électrique de quelque puissance, elle acquierra d'abord de la chaleur, et, en s'échauffant d'avantage, deviendra lumineuse par l'effet de la vibration du fluide ; et si, dans cet état, vous appuyez la barre par une extrémité sur un autre métal en la retenant par l'autre extrémité, elle produira un *son* remarquable. (1)

L'électricité est donc à la fois l'agent générateur de la chaleur, de la lumière et du son, selon ses divers dégrés de tension.

Placez-vous une plaque de cuivre sur la langue et un autre métal dessous : aussitôt que vous les aurez fait se toucher, il s'établira entr'eux un courant électrique qui vous donnera la sensation du goût particulier au cuivre. Preuve que nos sensations ne sont dues qu'à des catégories variées de vibration du fluide électrique ne différant entr'elles que par leur nombre et leur amplitude.

Et nos fleurs, et nos fruits ne sont-ils pas d'autant plus riches en couleurs, en odeurs et en saveurs qu'ils sont mieux exposés à l'action de l'électri-

______
(1) Love : loc. cit., p. 34.

cité solaire ? possédant de tels attributs, comment refuser à ce fluide le caractère d'un agent universel ?

Le professeur Philips (1) distingue le fluide électrique en deux espèces d'électricité : 1° en électricité *posotétique*, du mot grec ποσότης, *quantité*, caractérisée en ce que ses propriétés varient, non en raison de la *nature* des corps, mais en raison de leurs *masses ;* la gravitation planétaire et la pesanteur sont des effets de cette électricité ; 2° en électricité *péotétique*, de τοιότης, *qualité* ; celle-ci représente le principe de l'attraction *élective*. Elle est aussi l'expression de la force éthéréo-motrice photogène, thermogène et magnétique ; de la force électro-motrice galvanique, chimique, endosmique et nevrhérétique ; cette dernière étant le principe de l'activité propre des spécifiques ; et, enfin, de la force électrobio-motrice, celle qui, au point de vue sous lequel nous allons l'examiner, est le principe vital même.

Nous venons de voir, d'après les expériences de M. Berkeinsteiner, le rôle capital que joue l'électricité dans l'acte de la génération ; et, alors, n'est-il pas permis d'en inférer que, le fluide du mâle s'étant uni au fluide de la femelle, ces deux parts réunies d'électricité biotique de l'un et de l'autre sexe ont pénétré jusqu'à l'ovaire, et elles ont imprégné chacune de sa virtualité propre un ou plusieurs des œufs qui le composent ? Or, serait-il déraisonnable de penser que la nature du sexe du nouvel être serait déterminée par la plus grande somme d'électricité vitale qu'aurait donnée le père ou la mère en accomplissant cet acte de génération ?

(1) *Traité d'électro-dynamisme vital,* p. 13.

Quoiqu'il en soit de cette donnée systématique, toujours est-il qu'il ressort des faits que nous venons d'exposer une nouvelle présomption en faveur de notre thèse qui consiste à présenter le fluide électrique comme agent d'organisation, de même qu'il est aussi l'agent de tous les phénomènes du monde matériel ; et si, voulant aller plus loin dans le développement de cette question, nous nous demandions par quel mode de procédé l'électricité vitale parvient à composer les différents tissus organiques, ne pourrions-nous pas répondre que les expériences faites au moyen du *magnestoscope* du Dr Léger, nous ont prouvé qu'elle agit sur les molécules de la matière de manière à imprimer à chacune d'elles un mouvement propre, c'est-à-dire une modalité d'action et une virtualité spécifique ? D'où il résulte évidemment que, dans le travail organisateur, ces molécules vont, sous l'influence de ce fluide, se placer et se caser juste à l'endroit où leurs affinités respectives et leur nature les appellent. C'est ainsi que les atomes élémentaires de calcaire et de phosphore se réunissent et se combinent pour former les os, etc. Mais ces matériaux d'organisation, où l'électricité vitale les puise-t-elle ? Dans la substance de l'œuf d'abord, et ensuite dans le sang maternel. Une force, un type et une matière étant donnés, il est de toute nécessité qu'il en résulte une création identiquement pareille à cette force, à ce type, à cette matière.

Quand on se livre sérieusement à l'observation de toutes les choses et de tous les phénomènes actifs et passifs dont l'univers est le composé, on est vraiment frappé d'admiration pour ce spectacle d'ordre si parfait et d'harmonie sublime qui vient frapper les regards, le sentiment et la pensée ; et l'on ne peut méconnaître que la main d'un créateur infiniment puissant, infiniment sage y a tout fait, tout classé et tout coordonné d'après un plan conçu systématiquement *à priori*. Ce Dieu est unique, car, s'il avait son semblable, sa puissance serait limitée ; et s'il n'était omnipotent, l'action du pouvoir antagoniste se ferait nécessairement sentir, et la série si régulièrement parfaite et harmonique des mouvements universels se verrait entravée et même arrêtée.

Si donc l'organisation de l'univers comporte en elle-même l'existence d'un seul Dieu, elle implique aussi l'idée d'une force cosmique unique ; car il n'est pas un seul mécanicien, un seul architecte doué d'intelligence qui donnât à son œuvre plusieurs leviers, qui l'appuyât sur plusieurs bases, si un seul levier, si une seule base lui offraient une force et un appui suffisants.

Mais quel est le levier établi et mis en usage par la main de Dieu pour édifier le cosmos? Sans nul doute l'électricité agissant sur les éléments de l'éther au moyen de ses propriétés d'attraction et de répulsion , et de son action élective et spécifique à l'égard de chacun d'eux. Du moins cette force se trouve-t-elle comme agent dans l'universalité des phénomènes cosmiques, et n'y en aperçoit-on jamais la trace d'aucune autre.

Mais revenons à l'organisme humain.

Le premier viscère que l'électricité vitale organise est le cerveau, et il fallait qu'il en fût ainsi, car l'encéphale est l'organe de sa sécrétion, son point central d'action, celui d'où elle part et où elle revient sans cesse, sa pile voltaïque, pourrait-on dire en deux mots.

A mesure que l'embryon se développe et s'accroît, des cordons blancs, se subdivisant à l'infini, se détachent de la pulpe cérébrale et se dirigent, en irradiant, vers la région que doit occuper le viscère, le tissu organique à former ; et chacun de ces cordons blancs, qu'on appelle des nerfs , est formé de filets nerveux , chacun desquels, doué d'affinité *péotètique* , *élective* , choisit et attire à lui, parmi les atomes matériels que lui fournit le sang de la mère, ceux qui conviennent spécialement à la contexture organique qu'il a mission de former. Dans ces opérations de la vie végétative et d'évolution, les molécules constitutives de l'organisation se trouvent placées symétriquement, et selon leur nature spécifique, les unes à l'égard des autres , en vertu de la loi d'attraction et d'affinité de soi pour soi et de l'analogue pour l'analogue ; de telle sorte que l'atome ferrugineux va s'agréger à l'atome ferrugineux, le calcaire au calcaire et l'acide phosphorique à celui-ci, etc. Les affinités chimiques et les composés qui en résultent donnent très-bien l'idée de ses affinités de l'électricité nerveuse et de ses effets.

Mais, dira-t-on, si l'électricité est le principe de la vie et des organisations animales et végétales, pourquoi la plante, au contraire des animaux, est-elle dépourvue de sensibilité, de mouvement, de réflexion et de volonté ? Comment peut-il se faire qu'une force virtuelle identique organise des êtres si dissemblables au point de vue de leurs formes et de leurs propriétés vitales ? Cette force dynamique répandue dans l'espace, agent des phénomènes universels et agissant sans cesse sur les fluides impondérables et les molécules de la matière, ne devrait-elle pas donner lieu à tout moment à des naissances spontanées ?

Primordialement, répondrons-nous, Dieu a créé deux êtres de chaque espèce, tant du règne animal que du règne végétal, et il a donné à chacune une nature typique, avec mission et faculté de se reproduire par la génération, au moyen de l'union des sexes. Mais, dans un but d'ordre et d'harmonie, il a doté ses créatures à différents dégrès, en leur accordant un plus ou moins grand nombre d'organes appropriés au service des fonctions, soit de la vie végétative, soit de la vie de relation ou de la vie intellectuelle. Si le serpent avait des pieds, il marcherait, avons-nous déjà dit ; s'il possédait le cerveau de l'homme, il penserait et réfléchirait comme lui ; car le principe vital est le même chez l'un et chez l'autre, et ils ne diffèrent que par l'organisation et ses résultats ; organisation qui a placé le premier aux plus bas dégrès de l'échelle des êtres, et le second au sommet de cette échelle ici-bas.

En considérant cette hiérarchie des corps organisés, n'est-il pas permis de penser qu'à l'époque primitive les deux premiers germes de chaque espèce d'êtres furent créés et doués d'une nature typique d'après laquelle ils durent s'organiser et se développer sous la condition de formes et de propriétés vitales adéquates à leurs espèces particulières, et qu'il ne leur fut donné de pouvoir éclore successivement qu'alors que le globe terrestre serait parvenu à un état de conformation favorable à leurs divers modes d'évolution organique et d'existence ? On est porté à le croire quand on voit chaque grand cataclysme anéantir complètement la génération préexistante, et une génération nouvelle de nature supérieure lui succéder.

Si une intelligence suprême et omnipotente n'avait pas *à priori* créé et classé méthodiquement tous ces

êtres, et si, au contraire, un agent dynamique vivifiant, répandu dans les plaines infinies de l'espace, les
avait formés en agrégeant ensemble les atomes de
l'éther, la nature offrirait sans nul doute l'image d'un
tohu-bohu de créatures disparates, sans formes harmoniques et arrêtées, au lieu de ce tableau admirable
de tons variés, de contours gracieux et symétriques,
de qualités et de beautés qu'elle présente sans cesse et
de tous côtés à nos regards enchantés.

Nous avons dit précédemment que l'électricité vitale
a son point central dans le cerveau ; que de cet organe
naissent et partent des filets nerveux qui vont se rendre, en irradiant de toutes parts, et porter ce fluide
dans les diverses parties de l'organisme ; et que chacun de ces conducteurs a un mode d'électrisation spécifique qui le rend apte à remplir seulement certaine
fonction spéciale. Le nerf optique, par exemple, est
un composé de fibres réunies en faisceau, absolument
comme il en est d'un pinceau formé par la réunion
de ses barbes ; à chacune de ses fibres nerveuses est
attachée la faculté de recevoir et de transmettre la sensation causée par tel ou tel rayon du spectre solaire ,
c'est-à-dire l'une le rouge, l'autre le bleu, etc. Il en
est de même à l'égard du système nerveux des organes
des autres sens, et ces faits reçoivent leur explication
des résultats obtenus au moyen du magnestoscope du
docteur Léger.

Ou nous sommes donc gravement induit en erreur,
ou bien ces phénomènes de vision sont des effets
d'électricité vitale péotétique ou élective ; et pour nous
il est prouvé que si une fibre nerveuse reçoit et transmet seulement la sensation du rayon rouge à l'exclusion des autres rayons, c'est qu'elle est en rapport

d'affinité avec ce seul rayon. Il en est absolument de même à l'égard des autres filets nerveux et des autres couleurs, chacun d'eux ayant son mode d'appropriation et sa fonction spéciale.

De l'Instinct.

L'instinct est une tendance innée qui résulte, dès le début de la vie, de l'arrangement du mécanisme organique et de ses harmonies préordonnées avec le monde. Il est un sentiment intérieur qui produit quelquefois une détermination, un mouvement spontanés qui ne sont point la conséquence de la réflexion, et en vertu desquels se conduisent souvent les animaux. Les autres corps organisés jouissent aussi de cette faculté, mais dans des limites plus restreintes, et l'on peut qualifier ainsi leur recherche de l'ombre, de la lumière, de la chaleur ou de la fraîcheur, l'extension de leurs branches et de leurs racines dans telle direction plutôt que dans tel autre, afin d'y trouver les choses dont leur conservation dépend.

Les instincts varient suivant les organisations, et chacune d'elles a celui qui n'appartient qu'à elle et dont l'action ne dépasse jamais les bornes qui lui sont naturelles. L'araignée, à peine éclose, tisse sa toile ; le poulet, au sortir de l'œuf, court après la graine ; le canneton, même celui que la poule a couvé, se met à la nage ; l'enfant nouveau-né, le petit chien s'attachent au sein de la mère. Tous ces êtres, comme l'observe Gall, agissent ainsi, non parce qu'ils ont appris que ces actes sont nécessaires à leur existence, mais la nature est venue au devant de leurs besoins, et elle en a intimement uni la connaissance à la modalité de leur organisation par les liens de l'attrait et de l'appropriation; car on observe que chaque espèce du règne animal, chaque espèce du règne végétal possède un genre d'instinct *sui generis*, conforme et approprié au type de sa nature organique, en laquelle nature réside la cause de ces tendances, de ces impulsions aveugles, automatiques accomplies nécessairement et en dehors de tout raisonnement et de toute volonté préalables.

Cette corrélation, dont l'observation nous démontre l'existence fatidique entre les organes du corps et certaines actions, est-elle un de ces mystères si bien cachés dans les profondeurs de la vie, qu'il soit impossible de lui donner une explication que la science puisse sanctionner de son autorité?

Nous ne le croyons pas, et nous allons dire toute notre pensée à ce sujet; notre thèse relative à la systématisation de l'œuvre universelle en recevra, nous l'espérons, un nouvel appui.

L'économie du peuplement de notre globe nous présente ce fait remarquable que, parmi ces myriades d'espèces animales qui l'habitent, chacune d'elle a pour mission spéciale de détruire quelque proie vivante dans des circonstances diverses et d'être détruite à son tour. Si cette chaîne de destruction qui commence par les animalcules les plus infimes et s'élève graduellement jusqu'à l'homme, le grand destructeur général, le dernier anneau de cette chaîne ici-bas, n'avait pas été établie par la sagesse du Créateur, les espèces auraient pullulé surabondamment. Il fallait donc que chaque créature en dévorât une autre pour maintenir l'équilibre entre leurs espèces variées.

Mais, le *modus faciendi* d'un tel ordre de choses, quel est-il ?

Rappelons-nous encore une fois que les expériences faites au moyen du *magnestoscope* du docteur Leger ont prouvé que l'électricité communique à chaque molécule matérielle une modalité de mouvement, de virtualité qui constitue la spécificité d'action de cette molécule et son appropriation à l'accomplissement de tel ou tel résultat. N'oublions pas non plus que les molécules organiques varient d'une espèce animale à l'autre, non seulement de nature, mais encore dans les dispositions qu'elles observent entre elles pour former les divers tissus, et comment chaque organisme est régi par sa propre loi vitale ; comment il a des affinités et des répulsions qui n'appartiennent qu'à lui et qui sont l'origine des goûts, des appétits particuliers qu'il manifeste. Attrait et répulsion, nous retrouvons donc encore l'agent électrique comme cause de ces actes de phénoménalité.

A chaque animal un genre de pâture approprié à ses besoins de nutrition privée a été destiné *à priori*. Il cherche *attractivement*, c'est-à-dire *instinctivement*, cette pâture quand la faim impérieuse se fait sentir à lui, et alors pour saisir sa proie il met en usage tous les moyens d'attaque et de triomphe qu'il possède. « On sait, dit M. Gratiolet, que toutes les araignées tissent leurs toiles de la même façon. La trame en est la même invariablement ; pour la tendre elles choisissent dans tous les cas des circonstances analogues. L'une habite les champs ou les jardins, une autre les maisons ou les caves ; telle aime les rayons du soleil, telle autre préfère les ténèbres ; celle-ci habite les anfractuosités du sol, celle-là, comme un pirate, surveille le bord des eaux. En effet, chacune d'elles a pour mission spéciale de détruire quelque proie vivante dans des circonstances diverses. De là des différences très intelligibles dans l'art de ces chasseresses, et dans la manière d'établir leurs embûches et leurs filets.

» L'une tisse une toile sombre, elle l'attache dans un recoin caché, et c'est dans l'angle le plus obscur qu'elle établit son antre. De là, semblable à un brigand nocturne, elle surveille les bourdonnements lointains et les moindres vibrations.

» L'autre, au contraire, suspend ses filets en plein air, la trame en est transparente, et les fils en sont si déliés, leur diaphanéité est si grande, que sous certaines incidences, dans ce jour chatoyant qui glisse entre les feuilles tremblantes, elle échappe aisément à l'œil ébloui, Quand à l'araignée, attentive au centre de sa toile invisible, elle peut, dans son repos aérien, tromper l'insecte ailé, et semble planer comme lui.

» Voilà sans doute des mœurs bien différentes ; mais chaque espèce a ses habitudes propres et invariables. Ici rien ne change ; cette science innée, qui n'a rien reçu de l'éducation, ne grandit point par l'expérience ; l'automate vivant, une fois achevé, marche, et marche éternellement du même pas et dans le même sens. Or, le *fatal* étant le contraire et l'antipode de *l'intelligent*, là où il y a fatalité il n'y a qu'automatisme. Mais si dans l'exécution de ces actes automatiques, il y a des conditions variables, si pour apprécier ces différences il faut appliquer ses sens, si pour cela l'animal doit voir et choisir, il faut supposer en lui une sorte d'intelligence, parce que jamais, et quelque parfait qu'on le suppose, un automate ne saurait répondre à toutes les exigences du hasard et à l'infinie variété de la nature.»

Si donc la raison ne peut être accordée aux animaux, une certaine dose de jugement et d'intelligence ne peut être refusée à ceux même de la classe la plus infime, et nous verrons cette intelligence de plus en plus développée en eux à mesure qu'ils occuperont un rang plus élevé dans l'échelle des êtres.

L'encéphale étant l'organe exclusif de l'intelligence, moins il présente de volume et de puissance, plus les facultés de l'instinct offrent un développement proportionnel ; la nature ayant voulu, dans un intérêt de conservation vitale de l'individu, que ces facultés suppléassent la faiblesse ou l'absence du raisonnement, elle a plus fortement et plus richement organisé les fonctions de la vie sensitive et de relation. Chez les singes, par exemple, les nerfs crâniens sont plus grands que dans l'espèce humaine. « Le nerf optique d'un papion, dont le cerveau pèse à peine cent soixante grammes, est beaucoup plus volumineux que le même nerf dans un cerveau humain du poids de deux mille grammes. Il est bien évident qu'ici la périphérie commande le centre, tandis que, chez l'homme, le centre domine en souverain. Cet encéphale si grand, eu égard aux nerfs du corps, exprime la suprématie de l'intelgence, mais chez les animaux l'inverse a lieu. » (1)

L'éminent physiologiste que nous venons de citer pose les questions suivantes que l'état actuel de la science ne lui permet pas de résoudre : « Qui pourrait nous dire comment du système nerveux de l'abeille résulte sa singulière industrie ? les plis que présente la

______

(1) Gratiolet : *Anatomie comparée du système nerveux*, p. 637.

surface de ses ganglions cérébraux, comme l'a vu, il y a peu d'années, notre célèbre micrographe, M. Dujardin, expliqueront-ils ces merveilles ? Pourra-t-on dire même, leur organisation étant si semblable, pourquoi l'instinct du loup diffère-t-il de celui du chien ? »

Notre réponse à ces questions sera la même que précédemment. S'il est vrai, comme il est difficile d'en douter, que l'électricité, *organe de l'attraction*, soit l'agent universel des phénomènes si variés dont le *cosmos* nous présente le spectacle grandiose dans son ensemble et d'une curiosité merveilleuse dans ses détails ; si ce fluide communique à chaque molécule organique une propriété spéciale de percevoir, l'une, soit un des tons de l'octave, l'autre tel ou tel des rayons du spectre solaire, etc., et si, en réunissant dans certains rapports de simple contiguïté ou de contexture organique un nombre quelconque de molécules différentes, il modifie la propriété de chacune d'elles et donne à cette agrégation moléculaire une virtualité particulière différant, quoique participant de la virtualité propre à chacune de ces molécules, on pourra comprendre comment chaque organisation, étant composée d'éléments sinon différents, au moins disposés exclusivement et privativement à tout autre, jouira d'une modalité d'être, de sentir et d'agir qui n'appartiendra qu'à elle même ; organisation dont certaines affinités, certains penchants seront la conséquence naturelle. *Trahit sua quemque voluptas*, a dit avec raison saint Augustin. L'attrait est en effet le principe de toute harmonie, le lien de synthèse universelle et la source de tout bien et de tout bonheur ici-bas. Mais il est soumis à la loi de similiude, et son action ne peut s'exercer qu'entre les choses qui se ressemblent. Nous aurons occasion de revenir sur ce sujet.

De l'Intelligence chez les Animaux et chez l'Homme.

Si les orangs-outangs, qui peuplent les forêts vierges des îles de Bornéo et de Sumatra, ont été appelés par les Malais les *hommes qui ne parlent pas*, c'est évidemment que ces peuples avaient reconnu chez ces quadrumanes une intelligence, sinon en tout pareille à l'intelligence humaine, au moins pouvant lui être comparée à certains égards. Il est impossible, en effet, de refuser à ces animaux, et même à d'autres d'un dégré inférieur d'organisation, le sentiment et des idées que l'école de Descartes a tenté de leur enlever. Combien de faits bien observés ne viennent-ils pas plaider en faveur de cette thèse ? « Un orang-outang, dit F. Cuvier, pour ouvrir la porte de la pièce dans laquelle on l'avait enfermé, était obligé, vu sa petite taille, de monter sur une chaise placée près de cette porte. On eut l'idée d'éloigner cette chaise. L'orang-outang fut en chercher une autre qu'il mit à la place de la première, et sur laquelle il monta de même pour ouvrir la porte. » (1)

« Un autre orang-outang savait très-bien prendre la clef de la chambre où on l'avait mis, l'enfoncer dans la serrure, ouvrir la porte. On mettait quelquefois la clef sur la cheminée. Il grimpait alors sur la cheminée au moyen d'une corde suspendue au plancher, et qui lui servait ordinairement pour se balancer. On fit un

(1) Flourens : *De l'instinct et de l'intell. des animaux*, p. 42.

nœud à cette corde pour la rendre plus courte. Il défit aussitôt ce nœud. » (1)

« La ménagerie du muséum d'histoire naturelle, dit M. Gratiolet, possède en ce moment un magnifique *chimpanzé* (trogl. niger). J'ai vu cet animal se servir très-adroitement d'une baguette pour châtier des polissons dont les taquineries l'irritaient. Il leur lançait avec force au visage le sable grossier dont le sol de sa cage était couvert ; ses gestes et ses ruses témoignaient d'un véritable calcul et impliquaient une véritable intelligence. »

Les chiens ont donné de nombreux exemples de sensibilité, d'attachement et d'intelligence. L'histoire du fameux chien d'Aubry de Montdidier, n'est pas la seule en son genre, celle du chien d'un papetier de Marseille n'est pas moins remarquable. Son maître ayant été assassiné en 1718 dans le bois du Coignon, le fidèle animal s'élança avec fureur sur le meurtrier qu'il rencontra quelque temps après et par hasard dans un jeu de paume. Celui-ci avoua son crime.

Mais cette intelligence n'existe pas au même dégré chez tous les animaux, et l'on a constaté qu'elle est plus ou moins développée selon les différentes espèces. Les *carnassiers* et les quadrumanes sont le mieux dotés sous ce rapport, mais *l'orang-outang* et le *chimpanzé* l'emportent sur tous les autres.

C'est surtout dans l'enfance que l'intelligence de l'orang-outang paraît le plus se rapprocher de celle de l'homme. « Celui étudié par Frédéric Cuvier n'était âgé que de 15 à 16 mois ; il avait besoin de société ; il

____

(1) Flourens, loc. cit. p. 43.

s'attachait aux personnes qui le soignaient ; il aimait les caresses, donnait de véritables baisers, boudait lorsqu'on ne lui cédait pas, et témoignait sa colère par des cris et en se roulant par terre. » (1)

« Enfin, lorsqu'on refusait à cet orang-outang ce qu'il désirait vivement, comme il n'osait s'en prendre à la personne qui ne lui cédait pas, il s'en prenait à lui-même et se frappait la tête contre la terre : il se faisait du mal pour inspirer plus d'intérêt et de compassion. C'est ce que fait l'homme lorsqu'il est enfant, et ce qu'aucun animal ne fait, si l'on excepte *l'orang-outang*, et *l'orang-outang* seul entre tous les autres. » (2)

Il n'est pas douteux que si on comparait, sous le rapport des facultés intellectuelles, un orang-outang de seize mois à un enfant de deux à trois ans, on les placerait sur un rang d'égalité, et qu'on déciderait *à priori* que le premier est aussi bien perfectible que le second. Mais ce serait commettre une grave erreur ; car l'intelligence, si précoce chez le singe, ne dépasse pas les limites de l'enfance ; elle s'amoindrit à mesure que ses forces physiques se développent, et, parvenu à l'âge adulte, il n'est plus qu'un animal grossier, brutal, intraitable, tandis que aucune borne n'est posée au perfectionnement préordonné de l'esprit humain qui grandit par la culture au point de devenir prodigieux.

Mais quelle conséquence tirer de ces faits d'observation ? encore celle que nous avons plusieurs fois déjà soumise à l'appréciation du lecteur : la fixité et l'ordre hiérarchique des races systématiquement établis pri-

(1) Flourens : loc. cit. p. 33.
(2) Flourens : loc. cit. p. 35.

mordialement ; fixité basée sur des caractères anatomiques appropriés et invariables pour chaque espèce
d'êtres ; suprématie de rang dans l'échelle animale
conférée par un cerveau relativement plus volumineux
et d'une organisation plus perfectionnée au point de
vue de l'intelligence.

Chez le *papion* et chez l'*orang-outang*, cet organe
est, à la vérité, assez semblable à celui d'un enfant, au
volume et aux duplicatures près ; mais, pour ces animaux, son évolution éprouve bientôt un temps d'arrêt
infranchissable ; car il est devenu tout ce qui lui est
permis d'être conformément à son type d'infériorité
congéniale, tandis que le cerveau humain continue
sa marche progressive de développement et acquiert
des proportions beaucoup plus vastes et des facultés
infiniment supérieures.

Les circonvolutions du cerveau paraissent jouer un
rôle important dans les fonctions qui lui sont dévolues.
« L'apparition et la grandeur de ces circonvolutions
impliquent une tendance originelle à un développement quelconque, intellectuel ou matériel ; elle indique, en d'autres termes, plus de virtualité, plus de
puissance, en un mot, de plus hautes aptitudes dans
l'ordre des manifestations du système nerveux. Non-
seulement les animaux qui ont beaucoup de circonvolutions croissent davantage, mais ils sont souvent plus
intelligents, malgré la petitesse relative de leur cerveau, et vivent plus longtemps que les animaux à cerveau lisse. Les baleines, les éléphants, dont le cerveau
est très-plissé, ont une vie si longue, que ce qu'on en
dit semble fabuleux. Le bœuf vit plus longtemps que
la brebis. Parmi les hommes, les plus grandes races
et les plus grands individus sont en général destinés

par la nature à une plus longue vie. Serait-ce que la force de la moëlle épinière, s'éteignant avant celle du cerveau, celui-ci anime encore le corps à une époque où la vie automatique languit? Je ne sais ce qu'il faut penser de l'histoire de Démocrite, prolongeant par la force de sa volonté sa vie pendant trois jours, pour laisser à sa sœur le temps d'assister aux fêtes de Cérès; mais bien des gens attendent pour mourir qu'un souhait ardent s'accomplisse, l'âme s'arrêtant un instant sur le seuil du corps pour recevoir un dernier et cher adieu ! D'ailleurs une expérience quotidienne prouve que les longs sommeils nuisent aux vieillards, et que le repos tue ceux qu'une vie active aurait longtemps conservés ; l'heure de la retraite est pour les vieux employés une étape de la mort ; mais les hommes qui pensent beaucoup, non aux choses de la chair, mais à celles de l'esprit, ceux en un mot qui agissent beaucoup par leur cerveau , vivent longtemps ; et voilà comment, dans les plus illustres académies, l'on admire tant de cheveux blancs. » (1)

Il nous paraît donc démontré par ce qui précède que les phénomènes psychiques qu'on observe chez les êtres du règne animal se divisent en trois faits bien distincts : 1° ceux de l'instinct ; 2° ceux de l'intelligence des bêtes ; 3° ceux enfin qui se rapportent à l'intelligence humaine et en sont les facultés.

L'instinct, espèce de mouvement automatique, agit sans connaître.

Les animaux d'un ordre plus élevé agissent avec connaissance de cause et d'action. « Ils reçoivent par les sens des impressions semblables à celles que nous

(1) Gratiolet : *Anat. comparée du système nerveux*, p. 264 et 265.

recevons par les nôtres ; ils conservent comme nous la trace de ces impressions ; ces impressions conservées forment, pour eux comme pour nous, des associations nombreuses et variées ; ils les combinent, ils en tirent des rapports, ils en déduisent des jugements ; ils ont donc de l'intelligence.

» Mais toute leur intelligence se réduit là. Cette intelligence qu'ils ont ne se considère pas elle-même, ne se voit pas, ne se connaît pas. Ils n'ont pas la *réflexion*, cette faculté qu'a l'esprit de se replier sur lui-même, et d'étudier l'esprit.

» La réflexion, ainsi définie, est donc la limite qui sépare l'intelligence de l'homme de celle des animaux. » (1)

Or, faut-il attribuer ces manifestations diverses de la vie intellectuelle à des forces vitales différentes en essentialité les unes des autres? Chaque espèce, chaque genre, chaque famille du règne animal a-t-elle son principe de vie particulier et de nature spéciale? Nullement : l'agent dynamique organisateur et moteur des phénomènes de l'instinct et de l'intelligence est identiquement le même pour tous les êtres. Il se nomme électricité nerveuse, puissance dynamique dont l'attraction forme le caractère essentiel et fondamental ; et le cerveau proprement dit est l'organe au moyen duquel il fonctionne. Plus cet organe est développé et perfectionné, plus nombreuses sont les propriétés que ce principe manifeste ; et s'il était en possession d'un cerveau mieux et plus amplement organisé que celui de l'homme, il en obtiendrait des effets d'intelligence et de moralité infiniment supérieurs à ceux qu'on ob-

(1) Flourens, *Examen de la Phrénologie*, p. 96.

10

serve ; de même que l'instrument de musique donne des sons plus nombreux, plus variés et d'une harmonie plus parfaite, selon qu'il possède plus d'octaves, qu'il est plus perfectionné, et qu'il est exercé par un artiste plus savant et plus habile. Lorsque le cerveau est usé, il ne peut plus fonctionner et l'individu est frappé de mort ; mais l'agent vital ne meurt pas , parce qu'il est une force vive, et qu'une force virtuelle et purement dynamique peut être, à la vérité, déplacée et non pas anéantie.

Vouloir réfuter ces propositions, sous le prétexte qu'une seule et même cause ne peut donner naissance à la fois à des phénomènes de l'ordre physique et de l'ordre psychique, ce serait se mettre en opposition avec les faits observés , et vouloir imposer des limites à la puissance de Dieu. L'unité de principe de l'organisation universelle est peu contestée aujourd'hui ; pourquoi alors le Créateur n'aurait-il pas, dans le but de cette unité, donné à une seule force le pouvoir de produire des effets matériels et d'intelligence , et qui pouvait l'en empêcher, s'il est tout puissant ?

Or, disons-le sans ambages : Nous croyons que le dynamisme vital a pour unique agent celui-là même qui, par son action spécifique sur chacune des molécules de la matière, est le générateur de tous les phénomènes de l'univers, l'électricité.

Si, en effet, ce fluide jouit de la faculté d'attirer et d'agréger les corps, de les repousser, les séparer et les transporter d'un lieu dans un autre ; s'il compte au nombre de ses attributs le pouvoir de produire la chaleur, la lumière, le son, la saveur, l'odeur ; s'il est constaté qu'il existe en puissance et en action dans tous les filets nerveux dont le lacis inextricable compose la majeure partie de l'organisme humain ; s'il communique à chacun de ces nerfs une virtualité spécifique, adéquate aux nécessités de la fonction qu'il est destiné à remplir ; si, par exemple, dans les nerfs des sens, la vue, l'ouie, etc., dont la contexture est si semblable des uns aux autres que vous ne pouvez les différencier à la vue, il a créé des aptitudes propres à la sensation de la lumière et du son, et de leurs modifications diverses, pourquoi, dirons-nous, refuser d'admettre qu'en organisant le cerveau d'une manière infiniment plus délicate et plus complexe que les nerfs précités, il l'a rendu sensible à l'action des causes immatérielles, et l'a doté des propriétés nécessaires pour l'accomplissement des fonctions psychiques ?

Mais, objectera-t-on, l'électricité est une entité matérielle. Sans doute : mais l'attraction, son attribut, est une virtualité ; et pourquoi n'en posséderait-elle pas une seconde : la sensibilité, et même la volonté. M. Love n'hésite pas à qualifier ainsi la faculté que le fluide électrique possède de se porter de préférence et par choix sur telle ou telle molécule. Selon ce savant physicien physiologiste, les effets que nous avons attribués à *l'électricité élective* sont des actes de *l'intelligence* et de *la volonté* à l'état élémentaire.

« Si l'on met, dit-il, en présence deux sels dissous, tels que le chlorure de calcium et le sulfate de soude, une vive fermentation s'établit dans le liquide mélangé. Le sulfate se sépare en trois éléments pondérables: l'acide sulfurique, le sodium et l'oxigène ; le chlorure de calcium en deux, le chlore et le calcium. Au milieu de cette perturbation, de cette confusion apparente, les molécules se *séparent*, se *meuvent*, se *cherchent*, se *choisissent* ; les molécules d'oxigène et de calcium se démêlent sans erreur et s'unissent étroitement ; et, à peine ce changement est formé, la molécule binaire rencontre celle de l'acide sulfurique, la distingue de toutes les autres et se combine avec elle ; et, échappant aussitôt à l'action dissolvante de l'eau, elle tombe au fond du vase en un précipité insoluble de *sulfate de chaux*. En même temps le sodium a perdu son oxigène et s'est uni au chlore pour former du sel marin.

N'est-il pas évident que pendant un instant très-court, il est vrai, mais en rapport avec le volume de l'entité, les molécules ont vécu ? De même qu'un corps organique complexe habité par une entité qui lui communique aussi une vie temporaire, elles ont donné les signes principaux de la vie intelligente, le *mouvement volontaire*, la *chaleur*, le *discernement*, le *choix*. La chimie s'est contentée de constater le fait et un grand nombre d'autres de même nature, et de formuler les circonstances dans lesquelles il se produit invariablement, en disant : « *que toutes les fois que dans deux sels solubles mis en présence, il y a les éléments d'un sel insoluble, il y a double décomposition et le sel insoluble se forme et se précipite.* » Mais le philosophe ne peut s'arrêter là ; il détaille les circonstances du phénomène et découvre l'action d'un *agent élémentaire* intelligent qui préside à tout et qui, animant provisoirement les molécules des corps inertes, les dirige et les fixe dans des combinaisons nouvelles, suivant les lois dont il a connaissance et qu'il semble avoir pour mission éternelle d'exécuter. »

« Il reste à savoir quel est l'agent qui, de même que celui qui anime le corps humain, communique à la molécule inerte. cet instant d'existence dont nous venons d'analyser les prases diverses. Or, il est à remarquer que, dans les combinaisons et réactions chimiques, aussi bien que dans les mouvements des corps, nous n'avons jamais pu remarquer la présence d'un autre agent subtil que *le fluide électrique*. » (1)

Mais ce fluide est-il aussi un agent de sensibilité organique ?

Lorsque le soleil est passé depuis quelque temps sur l'autre hémisphère, le nôtre s'est refroidi, et alors l'expansion et l'activité vitales se sont ralenties chez les êtres qui l'habitent : absence de toute vigueur dans le règne végétal, et, chez les animaux, torpeur, malaise et faiblesse, voilà ce qu'on observe. Ces phénomènes ne peuvent être attribués qu'à l'énorme perte de chaleur électrique que notre atmosphère a subie, et l'homme en pâtirait le plus, s'il n'y remédiait par les secours de son admirable industrie qui lui procurent des vêtements, des habitations et des aliments chauds. Mais toujours est-il qu'une certaine soustraction de son électricité vitale, produite par le froid, cause en lui la souffrance, et peut même donner lieu à la décomposition et à la mort de ses tissus organiques, ainsi qu'on l'observe dans les cas de congélation.

Or, si vous soumettez la partie endolorie, par le froid, au contact de l'électricité solaire à l'état de vibration, bientôt une douce et bienfaisante chaleur y renaîtra, et la douleur y sera remplacée par une sensation de plaisir.

Si un organe s'enflamme et devient douloureux, c'est qu'une cause quelconque de perturbation vitale a accumulé sur lui une somme trop considérable de fluide électrique.

---

(1). Love : *De l'identité des agents impondérables, etc.* p. 215.

Ce fluide est donc un agent de sensibilité.

Or, s'il est constaté que les nerfs sont les organes fonctionnels de l'électricité *sensitive* ; qu'un tissu est d'autant plus sensible, qu'un plus grand nombre de ces filets entrent dans sa composition ; que chaque appareil nerveux jouit d'un mode de *sensitivité* qui lui est propre, l'un étant approprié à la perception de la lumière, l'autre à celle des sons, etc., ne peut-on pas comprendre que la pulpe cérébrale, dont les lamelles sont tissées si finement, si délicatement dans leurs méandres inextricables et tout imprégnées de fluide électrique, ne peut-on pas comprendre, disons-nous, qu'en raison de ces causes, elle est apte à recevoir l'impression des actions psychiques, ces points mathématiques de la pensée ?

Donc, à notre point de vue, l'agent élémentaire de l'organisation humaine et de ses fonctions, est de nature identique à celle de l'électricité générale. Cette entité est aussi le principe créateur de tous les autres êtres des deux règnes organisés. S'il fait naître chez chacun d'eux, des phénomèmes différents et spéciaux, c'est que, *à priori*, une empreinte, un moule, lui a été donné pour chaque espèce et variétés d'espèces. Ce moule est inaltérable, et voilà pourquoi toute créature est maintenue et reproduite dans sa forme originaire et primitive, sauf les quelques modifications heureuses que le progrès providentiel leur fait éprouver.

Le moule typique, d'après lequel l'homme a été formé, est sans nul doute le plus beau, le plus riche et le plus privilégié de tous. Appelé par sa destinée, à exercer la royauté terrestre, son âme a été dotée d'un cerveau infiniment plus perfectionné que celui des animaux, instrument au moyen duquel et de ses annexes, elle peut établir des rapports avec tous les objets du monde extérieur; en sentir et en apprécier les qualités, en conserver le souvenir, et les approprier à ses besoins et à ses jouissances corporels et intellectuels. Son pouvoir est absolu sur les mouvements de relation du corps qu'elle habite et qu'elle a organisé, mais très-limité sur les organes de la vie de nutrition et d'évolution organiques. S'il n'en eût pas été ordonné sagement ainsi, l'homme aurait pu se suicider par la seule expression de sa volonté.

Saint Augustin a donc parfaitement défini l'homme en disant, qu'il est *anima rationalis corpore terreno utens*, et quand Descartes a prononcé son fameux *cogito ergo sum, je pense, donc je suis*, il a donné la meilleure notion de l'âme, car l'âme est ce qui pense dans l'homme et ce qui constitue son individualité active.

Si nous descendons un dégré de l'échelle des êtres, en tête de laquelle l'espèce humaine est placée, nous y trouvons l'ordre des primates, dont nous avons parlé, et nous reconnaissons que ces singes ont aussi des pensées. Ils sont donc en possession d'une âme ? Oui, sans doute : de même aussi les animaux d'un rang inférieur ; mais une âme dont les facultés sont plus limitées, le cerveau, instrument fonctionnel de ces âmes, étant de moins en moins perfectionné à mesure qu'on descend les dégrès de l'échelle animale.

Ces considérations et celles qui précédent nous ramènent donc à la pensée d'une force cosmique unique qui, par ses innombrables diversités d'action sur les atomes de la matière éthérée, a créé, conformément à un plan dressé primordialement, toutes les choses dont l'univers est formé, force cosmique qui s'élève graduellement du simple au composé dans la série de ces créations ascendantes, et reste le lien de leur synthèse.

« La nature, dit Charles Nodier, dans l'enchaînement méthodique des innombrables anneaux de sa création n'a pas laissé d'espace vide. Ainsi le lichen tenace, qui s'identifie avec le rocher, unit le minéral à la plante ; le polype aux bras rameux, végétatifs et rédivives, qui se produit de boutures, unit la plante à l'animal ; le pongo, qui pourrait bien devenir éducable , et qui l'est probablement devenu quelque part, unit le quadrupède à l'homme. A l'homme s'arrête la portée de nos classifications naturelles, mais non la portée du principe régénérateur des créations et des mondes. Il est donc non-seulement possible, mais certain, et je ne crains pas d'établir en principe que, si cela n'était pas, toute l'harmonie de l'univers serait détruite........ *Il est incontestable que l'échelle des êtres se prolonge sans interruption à travers notre tourbillon tout entier, et de notre tourbillon à tous les autres, jusqu'aux limites incompréhensibles de l'espace où réside l'Être sans commencement et sans fin, qui est la source de toutes les existences et qui les ramène incessamment à lui.* »

« Et comme le *microcosme*, ou petit monde, est l'image réduite et visible du *macrocosme*, ou grand monde, qui échappe à nos jugements par son immensité, une comparaison fera mieux comprendre cette idée : Dieu a daigné imprimer intelligiblement l'image imparfaite de ce cycle immense de production, d'absorption, d'épuration et de reproduction qui commence, aboutit et recommence éternellement à lui, dans la fonction perpétuellement agissante de l'Océan, qui produit, absorbe, épure et reproduit à jamais les eaux qui en dérivent. »

Racine, fils, a très-bien exprimé cette pensée dans son poême de la Religion :

La mer, dont le soleil attire les vapeurs,
- Par les eaux qu'elle perd voit une mer nouvelle
Se former, s'élever et s'étendre sur elle.
De nuages légers cet amas précieux,
Que dispersent au loin des vents officieux,
Tantôt, féconde pluie, arrose nos campagnes,
Tantôt retombe en neige et blanchit nos montagnes.
Sur ces rocs sourcilleux, de frimas couronnés,
Réservoirs des trésors qui nous sont destinés,
Les flots de l'Océan, apportés goutte à goutte,
Réunissent leurs forces et s'ouvrent une route.
Jusqu'au fond de leur sein lentement répandus,
Dans leurs veines errants, à leurs pieds descendus,
On les en voit enfin sortir à pas timides,
D'abord faibles ruisseaux, bientôt fleuves rapides.
. . . .
Mais enfin terminant leurs courses vagabondes,
Leur antique séjour redemande leurs ondes.
Ils les rendent aux mers, le soleil les reprend ;
Sur les monts, dans les champs, l'aquilon nous les rend.
Telle est de l'univers la constante harmonie.

Le macrocosme présente à notre observation l'aspect de plusieurs grands cycles qu'il parcourt ; le cycle général des mondes planétaires, le cycle de chaque monde en particulier et le cycle vital individuel, tous ayant pour agent virtuel l'électricité organe de l'attraction.

Le cycle vital universel compris dans son ensemble est éternel comme son auteur ; mais le cycle vital des mondes en particulier ne l'est pas, et nous en donnerons pour exemple le satellite de notre terre que la vie paraît avoir abandonné.

Lord Rosse a fait établir, dans le parc de son château de Birr, en Irlande, un télescope dont les dimensions, la puissance et la perfection surpassent de beaucoup celles du fameux télescope d'Herschel. « En le dirigeant sur la lune, qui n'est éloignée de nous que de quatre-vingt-seize mille lieues, on a obtenu pour résultat de pouvoir explorer sa surface avec plus de régularité qu'il ne nous est permis d'explorer la surface de la terre. »

« Cet instrument, dit M. Babinet, ne rendrait sans doute pas visible un éléphant lunaire ; mais un troupeau d'animaux analogues aux troupeaux de buffles d'Amérique y serait très-visible. Des troupes qui marcheraient en ordre de bataille y seraient très-perceptibles. Les constructions, non-seulement de nos villes, mais encore des monuments égaux aux nôtres, n'échapperaient pas à notre vue. L'Observatoire de Paris, Notre-Dame et le Louvre, s'y distingueraient facilement, et encore mieux les objets étendus en longueur, comme le cours de nos rivières, le tracé de nos canaux, de nos remparts, de nos routes, de nos chemins de fer, et enfin de nos plantations régulières. » (1)

Mais si, en observant attentivement notre satellite, aucun de ces objets n'a frappé les regards; il a donné le spectacle d'un terrain profondément bouleversé et déchiré, offrant l'image de la désolation. Des montagnes beaucoup plus élevées que celles de la terre, et d'immenses et nombreux cratères de volcans éteints s'y font remarquer. « Point d'atmosphère, dit encore M. Babinet, point d'air respirable, point de mer, de lacs, de fleuves, point de nuages, de pluies, de rosées...»

(1) *Panorama des Mondes*, p. 4.

et, par conséquent, point de corps organisés, puisque tous les éléments nécessaires à l'entretien de la vie y font défaut.

La lune paraît donc être un astre qui s'est éteint après avoir parcouru ses phases d'existence vitale, et qui nous présage sans doute le sort réservé un jour à notre globe. Tout ce qui a eu un commencement ne doit-il pas en effet avoir une fin? Dieu seul, avons nous dit, et le *macrocosme*, sont éternels.

Mais, si toute vitalité est éteinte dans la lune, il ne doit pas en être de même pour les autres globes de notre système solaire ; car la création n'a rien fait en vain et son but principal a été l'existence des êtres. Tous ces globes jouissent d'ailleurs de toutes les conditions vitales constatées par la science, et l'œuvre universelle n'est-elle pas trop merveilleusement admirable, notre planète trop humble et trop petite comparativement aux autres corps célestes pour qu'il soit permis de supposer qu'elle seule est apte à posséder la vie?

La vie, n'en doutons pas, est répandue dans tous les mondes de l'univers. Mais admettons toutefois que la pesanteur spécifique relativement inégale de chacun de ces mondes, pesanteur partagée par leur atmosphère respective, y place les êtres dans des conditions spéciales d'existence et d'organisation. Mais cela même est conforme au plan conçu par la providence suprême qui, pour échapper à la monotonie de l'uniformité, n'a pas voulu que la chaîne universelle fût composée d'anneaux pareils, et s'est plu à répandre sur son œuvre immense et sublime cette variété de formes et de qualités qui en fait le charme et l'harmonie.

Du volume du cerveau relatif à l'étude de l'intelligence.

Quelque peu avancé que nous soyons dans le cours de ces études cosmologiques, nous avons pu cependant constater déjà l'ordre, l'harmonie et le progrès systématiquement établis par Dieu dans l'œuvre de la création. Mais à mesure que nous passerons des généralités aux détails, nous reconnaîtrons de mieux en mieux l'existence de cet agent virtuel unique qui engendre, coordonne et soumet à sa loi immuable tous les phénomènes de la nature universelle et les fait converger vers un but préfixé, but final de perfection absolue.

Au début de la vie terrestre, c'est, ainsi que nous l'avons observé, l'élément matériel qui domine dans les organisations. Les formes sont simples, quelquefois gigantesques, rampantes, et elles ne possèdent que le système nerveux affecté au service de l'évolution végétative et de la vie de relation. Aussi sont-elles d'une extrême voracité, et leur rôle paraît avoir consisté à réprimer la trop grande pullulation des mollusques cuirassés et des crustacés dans les mers primitives. Les mammifères, plus ou moins richement organisés, viennent successivement après elles, selon l'ordre de perfectionnement de la croûte du globe, puis les quadrumanes, et enfin l'homme, ce trait d'union entre Dieu et les êtres inférieurs. Or, l'ampleur relative et proportionnelle de la masse encéphalique donne la mesure caractéristique de cette progression dans le règne animal.

Considéré à ce point de vue, il est évident que l'homme est l'expression la plus élevée de ce progrès ; car son cerveau, y compris ses annexes, est comparativement le plus ample et le plus perfectionné de tous ; aussi les phénomènes de vitalité qui se manifestent par lui sont-ils infiniment plus nombreux, plus compliqués et d'un ordre beaucoup plus distingué que chez aucun animal, sans exception. Si Dieu a doué cet organe de la faculté de pouvoir s'élever jusqu'aux fonctions de l'intelligence, de la pensée et de la morale, c'est qu'il a voulu, avons nous déjà dit, que l'homme fût le lien qui rattachât les êtres de ce monde à son essence divine.

Le cerveau est donc l'organe de l'intelligence. Tous les philosophes, tous les physiologistes, tous les médecins professent cette opinion depuis fort longtemps ; mais le docteur Gall est allé plus loin dans le fond de la question ; il a prétendu que chaque faculté particulière de l'âme a, dans le cerveau, un organe propre et que chaque faculté possède sa perception, sa mémoire, sa réflexion, son jugement, sa volonté, c'est-à-dire tous les attributs de l'âme.

Si cette doctrine était vraie, la masse encéphalique, au lieu d'être une unité organique, serait un composé d'organes privés, et l'intelligence ne serait plus *une*, mais une sorte de confédération de faculté intellectuelle. L'homme, par conséquent, ne serait plus une individualité morale ; il se sentirait multiple, et le sentiment du *moi* et du libre arbitre n'existerait plus en lui.

L'anatomie ne constate nullement, d'ailleurs, l'existence de ces petits cerveaux dont l'agglomération formerait l'encéphale ; mais ce qu'elle sait parfaitement, c'est que ce viscère peut être divisé en quatre parties dont chacune d'elles a ses fonctions distinctes : 1° *le cervelet*, siége du principe qui règle les mouvements de locomotion ; 2° les *tubercules quadrijumeaux*, siége du principe qui anime le sens de la vue ; 3° la *moëlle allongée*, siége du principe qui détermine les mouvements de la respiration ; 4° le *cerveau* proprement dit. Un seul et même principe d'activité, modifié dans son action par les modalités diverses de contexture organique, met en fonction le cerveau et ses annexes, et ce principe est à notre estime l'électricité nerveuse élective.

« Si l'on enlève, dit M. Flourens, le *cervelet* à un animal, il ne perd que ses mouvements de locomotion ; si l'on enlève ses *tubercules quadrijumeaux*, il ne perd que le sens de la vue ; si l'on détruit sa *moëlle allongée*, il perd ses mouvements de respiration, et par suite la vie. Aucune de ces parties n'est donc organe de l'intelligence.

» Le cerveau proprement dit, seul, l'est. Si l'on enlève, sur un animal, le cerveau proprement dit, ou les hémisphères, il perd aussitôt l'intelligence, et ne perd que l'intelligence.

» Mes expériences, poursuit M. Flourens, l'ont démontré : on peut retrancher, soit par devant, soit par derrière, soit par en haut, soit par côté, une portion assez étendue des hémisphères cérébraux sans que l'intelligence soit perdue. Une portion assez restreinte de ces hémisphères suffit donc à l'exercice de l'intelligence.

» D'un autre côté, à mesure que ce retranchement

s'opère, l'intelligence s'affaiblit et s'éteint graduellement ; et, passé certaines limites, elle est tout-à-fait éteinte. Les hémisphères cérébraux concourent donc par tout leur ensemble à l'exercice plein et entier de l'intelligence. » (1)

Le système de Gall, qui prétend qu'il existe dans le cerveau vingt-sept organes, siége de vingt-sept facultés, admet aussi par conséquent vingt-sept perceptions, vingt-sept mémoires, vingt-sept jugements, vingt-sept imaginations, puisque, selon lui, chacune de ces facultés est une intelligence complète, c'est-à-dire pourvue de ces attributs que nous venons d'énoncer, ce système, disons-nous, est complètement anéanti par ces expériences de M. Flourens et les considérations qu'il en déduit, considérations que nous omettons ici pour ne pas donner trop d'extension à ces études.

Le cerveau est si bien l'organe de l'intelligence qu'il est parfaitement avéré que son volume, celui des hémisphères bien entendu, est toujours, dans l'état de santé, développé en raison directe du dégré d'intelligence, et Cuvier l'a reconnu et exprimé en ces termes : « L'intelligence, dans les animaux, paraît d'autant plus grande que les hémisphères sont plus volumineux. »

Un des plus savants anatomistes de l'époque actuelle, M. P. Gratiolet, est tout-à-fait de cette opinion. « Le cervelet, dit-il, suit le développement du corps et le cerveau celui de l'intelligence. »

« Les hémisphères (du cerveau) sont des organes d'intelligence par tous les points de leur étendue. L'âme n'est point ici ou là dans le cerveau, et ses

(1) *Examen de la phrénologie*, p. 16 et 17.

facultés n'y sont point éparpillées en cent foyers distincts. En un mot, de même que l'intelligence est *une,*
de même son organe immédiat est homogène dans
toutes ses parties. M. Flourens a démontré que les
facultés premières de l'intelligence s'éteignent toutes
les fois, à mesure qu'on détruit la masse des hémisphères. L'idée que l'âme réside dans un atome n'est
donc point fondée. A cet égard, Duncan a critiqué
très-finement la manière de voir de Descartes : « Où
faut-il loger l'âme, dit-il ; je réponds qu'elle est partout où elle agit, à la manière des esprits, et comme
nous avons raison de dire que Dieu est partout parce
qu'il n'y a point de lieu où il n'agisse, de même nous
avons sujet de dire que l'âme est dans les corps canne-
lés du cerveau parce qu'elle y fait les fonctions du
sentiment et du sens commun ; qu'elle est dans les
corps calleux parce qu'elle imagine les choses et qu'elle
en juge, et enfin qu'elle est dans la partie cendrée du
cerveau parce qu'elle y exerce les actes de la mémoire. » (1)

Si nous rapportions ici toutes les recherches, les
expériences et les critiques scientifiques auxquelles
le système de Gall a donné lieu, on verrait que l'ingénieux échaffaudage de ses localisations des facultés
intellectuelles n'a pu résister aux attaques et s'est
écroulé. Mais, en dehors des résultats généraux obtenus par M Flourens, que savons nous de certain sur
la physiologie du cerveau ? De ce lacis inextricable de
fibres et de cellules dont le noyau de l'encéphale est
formé, quelle est celle qui est l'organe du sentiment,

---

(1) *Anatomie comparée du système nerveux,* par P. Gratiolet,
p **371** et **373**.

celle qui est l'organe du mouvement ? On l'ignore e
l'on sait seulement, dit **M.** Gratiolet, que les hémi s
phères sont les organes du pouvoir réciproque du corps
sur l'âme et de l'âme sur le corps. C'est par eux seuls
que la pensée est possible, et l'on pourrait dire qu'ils
sont les yeux de l'âme, qui, sans eux, devient en effet
aveugle.

L'avénement de l'humanité fut pour la terre la
phase la plus belle de sa destinée. Soumise, à partir de
ce moment, à une culture et à des soins intelligents,
sa marche, vers le progrès, devint de plus en plus dé-
cidée, et elle acquit enfin le haut dégré de féconde
beauté qu'on aime à lui voir aujourd'hui, richesse et
beauté qui ne sont que les prémices des dons que l'avenir lui tient en réserve.

Mais les hommes du premier âge ressemblèrent-ils
à ceux de notre époque ?

Tout ici—bas, sans exception de l'espèce humaine,
est soumis à la loi du progrès et aux conditions sous
lesquels il se développe. Les fruits suaves et délicats
de nos fertiles vergers auraient conservé leur âpreté
de goût, si les arbres qui les produisent n'avaient pas
été l'objet d'une culture savante. L'homme doit aussi
à l'éducation, c'est-à-dire, aux soins donnés au développement perfectible de ses facultés natives d'intelligence, les éminentes qualités qui distinguent aujour-
d'hui la plus remarquable de ces races, et le système
d'harmonie préétablie de Leibnitz, cette correspondance
entre le physique et le moral, est justifié par les faits
que nous allons rapporter.

On a constaté, en effet, que dans les crânes humains,
qu'on a trouvés mêlés aux vestiges du *diluvium*, la
vertèbre frontale était très-déprimée et inclinée en

arrière ; et que les vertèbres pariétaires étaient fort aplaties. Cette disposition anatomique constituait à ces crânes un front bas, très-étroit, une petite tête, et, par conséquent, les rendait *microcéphales*, du moins en ce qui concerne les parties antérieure et latérale du cerveau, organe spécial, avons nous dit, de l'intelligence. La proclivité de leurs mâchoires était très-considérable, et les dents y étaient implantées obliquement. Nos premiers aïeux étaient donc d'une laideur qui le cédait peu à celle des singes, et la gourmandise et les autres goûts sensuels l'emportaient beaucoup en eux sur les facultés de l'esprit ; car « les arcs crâniens supérieurs sont-ils petits, les arcs costaux céphaliques, c'est-à-dire les *ptérigoïdiens*, les *palatins*, le *vomer* et l'*intermaxillaire* grandissent, et la face, dont ils forment le centre, s'allonge proportionnellement. Le crâne au contraire est-il grand ? Les arcs inférieurs s'amoindrissent et la face est petite. Or, le développement inférieur correspondant partout à celui du système viscéral, on peut affirmer que, partout ou la proclivité des mâchoires est très-marquée, la vie nutritive l'emporte sur la vie nerveuse. D'ailleurs le *vomer* et l'*intermaxillaire* représentant l'arc inférieur de la vertèbre ethmoïdale, la proclivité, qui dépend d'un développement excessif de ces os, est nécessairement accompagnée d'un aplatissement et d'un amoindrissement des *naseaux* qui en forment l'arc supérieur. Ainsi les choses se lient de telle façon qu'à l'atrophie du crâne correspond l'aplatissement du nez et la grandeur des os de la face, tandis que à la réduction de ceux-ci répond, avec une saillie plus ou moins grande du nez, l'ampliation des arcs crâniens des vertèbres céphaliques. »

« La face est donc d'autant plus grande, d'autant

plus saillante que l'ampleur du crane est plus réduite, et réciproquement. Chez les nègres d'Afrique, dans les Makouas et les noirs insulaires de la Nouvelle-Calédonie, à un crâne réduit à la fois dans ses régions frontales et pariétales correspond une proclivité singulière de toutes les parties de la face. » (1)

« Réciproquement, continue le savant anatomiste, p. 292, au grand développement de la vertèbre frontale dans les hommes de la race blanche correspond une plus grande rectitude du profil de la face, et, en même temps, une réduction relative des os qui la composent. Ainsi se produisent ces proportions élégantes qui caractérisent le type grec ancien. Chez l'homme blanc, le peu de saillie exprimant un plus grand développement du crâne est un signe d'intelligence. Par là, sa race est évidemment la plus belle ; car la beauté n'est rien autre chose que la perfection rendue intelligible par la forme. »

Ces caractères anatomiques s'observent d'une manière si constante dans les différentes races de l'espèce humaine, qu'on peut les considérer comme le résultat d'une loi générale de l'organisation, et ils se développent sous l'influence de certaines causes dont nous allons parler. Mais rappelons d'abord que chaque chose ici-bas a sa raison d'être ce qu'elle est et telle qu'elle est, et que tout chemine vers un but préétabli.

Or, quel est ce but ? celui de la perfectibilité.

Est-il placé au même point pour chacune des races humaines ? Assurément.

Puisque les premiers nés de la race blanche furent *prognathes*, pourquoi ne le sommes nous pas, et pour-

---

(1) Gratiolet : *Anatomie comparée du système nerveux*, p. 291.

quoi certains nègres et certains polynésiens le sont-ils encore? Efforçons-nous de l'expliquer.

Si la nature fait bon marché de la vie individuelle, elle attache un haut prix à la conservation de l'espèce et à son développement normal. La faire vivre et se propager, généralement parlant, voilà quel fut son premier soin. Or, pour obtenir ce résultat, pouvait-elle mieux faire pour les hommes primitifs que donner la prépondérance aux parties du cerveau affectées au service des fonctions de la vie matérielle, organes de l'alimentivité, de la reproduction et des mouvements instinctifs situés en arrière et à la base de la masse encéphalique.

Or, on sait parfaitement que ces fonctions n'ont pas besoin pour s'exercer d'instruction préalable, et qu'elles sont de prime-abord tout ce qu'elles doivent être un jour. L'enfant qui vient de naître saisit, en effet, avons nous dit, le sein maternel et se nourrit du lait qu'il contient, etc. Mais il n'en est pas ainsi de l'intelligence qui ne se développe et ne se perfectionne qu'à mesure qu'elle fonctionne, qu'elle est bien cultivée; et c'est alors que l'organe que la nature lui a donné comme moyen d'évolution, le cerveau proprement dit situé sous les vertèbres frontale et pariétales, entre en action et acquiert une ampleur proportionnelle et corrélative. Chez l'homme primitif le volume du cerveau devait donc être très-réduit, et il n'existait guère qu'à l'état de puissance à peu près inerte, ainsi qu'on l'observe encore aujourd'hui chez quelques races sauvages. Telle est la cause de cette proclivité de la tête et de la face décrite par M. Gratiolet.

Si, comme nous l'avons dit précédemment, l'instinct est un sentiment intérieur qui produit une détermination, un mouvement spontanés qui ne sont point la conséquence de la réflexion, sentiment en vertu duquel se conduisent les animaux, les hommes du premier âge n'eurent aussi que l'instinct pour guide de leurs actions. Le germe d'intelligence qui existait en eux ne pouvait fructifier que par l'apprentissage et avec le temps, des choses de la vie. Insensiblement cette éducation se fit par les notions que les sens de la vue, de l'ouïe, de l'odorat, du goût, du toucher lui donnèrent des objets du monde extérieur. La pulpe cérébrale si molle reçut et conserva les impressions imagées de ces objets ; l'âme intelligente et réfléchie les analysa, les compara les uns aux autres et apprécia les qualités spéciales qui les différenciaient.

Or, la loi qui régit la nature animée voulant qu'un organe se vivifie et acquière d'autant plus de développement qu'il fonctionne plus souvent, il arriva que les régions frontale et pariétales du cerveau, siége des fonctions psychiques, prirent plus d'expansion au fur et à mesure des acquisitions de l'esprit. Dans ce mouvement d'évolution organique, elles poussèrent en avant les vertèbres crâniennes qui leur correspondent, et elles donnèrent au visage cette beauté qu'on admire chez certains hommes de la race blanche comme expression d'une haute et vaste intelligence. « Il paraît vrai qu'en général les grandes têtes valent mieux, et que l'exercice intellectuel en développe la capacité en même temps qu'il en améliore la forme. Le crâne des hommes distingués par l'esprit et par les mœurs, le crâne des artistes habiles, de ceux qui pensent et imaginent beaucoup, est en général plus grand et surtout plus beau que le crâne des hommes qu'on ramasse dans la populace. Rien n'est plus rare qu'un beau crâne dans nos amphithéâtres d'anatomie, car ce n'est pas parmi les *parias* des civilisations modernes que se plaît la beauté, cette expression vivante de la vertu et de l'intelligence. » (1)

Mais il est un autre genre de faits qui témoigne de la large part d'influence qu'exerce le moral sur le physique, et qui prouve combien l'organisme humain est de nature perfectible à différents dégrés. On observe, en effet, que plus un peuple est avancé en bonne civilisation, ce qui revient à dire que plus chez ce peuple les limites de la liberté naturelle sont reculées, plus chez lui la culture des sciences et des arts est en progrès et en honneur, moins il est facile de trouver un type général de ressemblance entre les hommes qui le composent. La différence et la variété infinies de leurs études, de leurs travaux respectifs donne à chacun d'eux une modalité spéciale d'intelligence qui imprime sur chaque physionomie un cachet particulier de dissemblance, tant pour la forme que pour l'expression.

Le milieu dans lequel on vit, c'est-à-dire l'ensemble des conditions ou des influences quelconques, physiques ou morales, qui agissent sur les êtres organisés, soit le climat, la chaleur, le froid, la sécheresse, l'humidité, l'abondance plus ou moins grande de la nourriture et sa qualité, a aussi le pouvoir de modifier l'homme et les animaux, d'une manière qui lui est propre. Aussi remarque-t-on que les races restées à l'état sauvage, et vivant dans des *milieux* différents, ont des caractères précis qui les différencient les unes des autres et qui les fait paraître avoir été chacune jetée dans un moule particulier. Mais on n'observe que très-peu de variétés

(1) Gratiolet : *Loc. cit.* p. 308.

individuelles parmi les membres qui les composent ; ils reproduisent tous dans une invariable monotonie le type spécial qui appartient à leur race ; plus cette race est dégradée, plus cette ressemblance entre eux est frappante, et, dans les crânes de tous, c'est la même forme et ce sont les mêmes proportions. Deux têtes de *diemenois*, par exemple, seront comme deux empreintes prises avec le même cachet.

Non-seulement les races humaines sont semblables entr'elles, par la forme et le volume de la tête, mais elles le sont encore par leurs tendances, leurs instincts, leurs aptitudes congéniales, et, sous ces divers points de vue, il ne sera pas possible, dit M. Gratiolet, de confondre un *cafre* avec un *hozouahna*, celui-ci avec un nègre *ioloff*, avec un *papouah* ou un *endamène*. Les *mongols* ne diffèrent-ils pas essentiellement d'avec les races blanches ? Un cerveau nègre, fût-il d'égale grandeur et d'égales proportions, ne peut être assimilé à un cerveau d'un blanc. Les blancs à petite tête ont les instincts des blancs ; ils comprennent la civilisation, elle va à leur nature. Les nègres à grosse tête ont les instincts des nègres, et leur tête, en se développant, les rend plus parfaits sans doute, mais cette perfection est une perfection de nègre qui ne les fait en aucune manière semblables aux blancs.

Ces faits semblent de prime-abord infirmer la doctrine monogéniste de l'espèce humaine ; mais un examen attentif leur enlève facilement ce qu'ils ont de prestigieux. En effet, l'expérience a constaté que toutes les races humaines peuvent se reproduire par filiation en s'unissant les unes aux autres, ce qui est le signe caractéristique de l'unité de l'espèce, ainsi que nous l'avons vu précédemment. Il est également prouvé que les individus de ces races marquées au coin de l'infériorité s'améliorent et se perfectionnent en s'assimilant aux races supérieures, lorsqu'ils peuvent entrer en partage de leurs modes d'existence et de civilisation.

L'ossification des sutures des os du crâne s'opérant beaucoup plus vite chez les peuplades sauvages, la densité et l'épaisseur plus grandes de ces os et d'autres circonstances de détails organiques que nous omettons de rapporter, sont des témoignages invoqués par les polygénistes en faveur de la multiplicité d'origine des races humaines. Mais c'est en vain, car il n'est pas douteux que, si, dans le jeune âge, l'intelligence de ces hommes retardés dans le progrès était cultivée avec quelque peu de largeur, le volume du cerveau prendrait un développement en rapport avec son exercice fonctionnel, et qu'alors les sutures crâniennes s'ossifieraient beaucoup plus tard. N'a-t-on pas, en effet, observé que la tête de Napoléon Ier avait beaucoup grossi depuis l'âge marqué pour l'ossification des sutures ?

L'examen analytique des facultés dont le cerveau est l'organe fonctionnel, va nous donner un nouveau témoignage en faveur du rapport qui existe entre son volume et sa puissance, et du développement qu'il acquiert au moyen de l'exercice de cette puissance. Sept de ces facultés sont du domaine de l'âme et on les nomme *pénétration, équité, respect, imagination, mémoire ocale, mémoire des sons, des mots, harmonie.* Ce qu'on appelle intelligence, morale et raison résulte de leur activité et de leur empire sur l'organisme.

La circonspection, la fermeté, la fierté, la sympathie, l'amour, la défensivité, l'alimentivité sont des sentiments qui appartiennent à l'instinct, mais sur lesquels la raison ne doit pas cesser de veiller et d'exercer son empire, afin de les maintenir dans les limites de l'ordre naturel ; car ces facultés deviendraient des défauts et des vices, si elles dépassaient ces limites. C'est ainsi que la *circonspection* se changerait en ruse et en penchant pour le mensonge ; *la fermeté* en entêtement ; *la fierté*, en orgueil, en vanité, en dédain ; *la sympathie*, en attachement pour des choses qui n'en sont pas dignes; *l'amour*, en galanterie et même en libertinage ; *la défensivité*, en brutalité, en cruauté ; *l'alimentivité*, en gourmandise et en intempérance.

Les facultés de la vie morale et de la vie instinctive, que nous venons d'énumérer, sont unies entr'elles par un *consensus* fonctionnel des différentes parties dont la masse encéphalique est composée. Mais, disons-nous, cette corrélation est établie *dans l'ordre naturel*, de manière à ce que les premières de ces facultés exercent sur les secondes un pouvoir sagement modérateur qui les empêche de se vicier par un développement exagéré. A cette condition est fatalement attaché le perfectionnement de l'humanité. Car, si elle est observée, la nature de l'homme s'ennoblit et il s'élève dans la hiérarchie universelle des êtres doués d'intelligence et de raison ; mais, s'il laisse prendre une honteuse et funeste prépondérance à ses facultés de l'instinct, non-seulement il se dégrade au moral, mais encore au physique. Les parties du cerveau qui sont le siége des nobles facultés de l'esprit, ne fonctionnant pas, s'étiolent et s'émacient, et alors la vertèbre frontale s'affaisse et s'incline en arrière, tandis que la base de l'organe précité, affectée au service des facultés instinctives, acquérant, par le fait d'un fonctionnement plus fréquent, un volume plus considérable, projette en avant les vertèbres maxillaires et donne ainsi naissance au hideux proguathisme, ce signe d'infériorité organique et de retour vers l'animalité.

De l'affinité et de l'assimilation par voie d'analogie.

On appelle affinité les rapports et la concordance qui existent entre les différentes parties qui composent le vaste domaine de la nature, et la disposition qu'elles ont à s'unir entr'elles.

L'assimilation est la propriété dont elles jouissent de se modifier réciproquement, par un rapprochement mutuel, de manière à se rendre semblables les unes aux autres. Elle est aussi une fonction des corps organisés en vertu de laquelle ils transforment en leur propre substance les éléments de nutrition qu'ils puisent au-dehors et approprient à leur organisation tout ce qui moralement et physiquement exerce sur elle une action adéquate.

Toutes les harmonies de la création reposent sur l'une et l'autre de ces bases, et elles ont pour loi générale la puissance de l'attrait du *même* pour le *même*, du *semblable* pour le *semblable*. Dans l'acte de la nutrition, par exemple, n'observe-t-on pas que l'homme, dont les organes sont principalement composés d'*azote* et de *carbone*, répare les forces et les éléments d'organisation que l'exercice de ses fonctions vitales lui fait perdre, en usant pour aliments de substances *azotées* et *carburées*, les seules qu'il puisse s'assimiler ; et n'est-ce pas en vertu de ce même principe que la plante , dont les racines s'insinuent à travers le sol et vont à la recherche des molécules matérielles semblables à celles qui la composent, les absorbe et se les incorpore pour sa nutrition et son évolution végétative ?

La vie intellectuelle obéit également aux lois de l'affinité et de l'assimilation ; c'est-à-dire qu'elle a aussi ses attractions psychiques établies sur des rapports de ressemblance entre sa modalité d'être actuelle et ces actions. Observons, en effet, que tout ce qui fait contraste, opposition avec nos goûts, nos penchants, nos désirs, notre manière de sentir et de penser produit en nous la réaction et la révolte, tandis que ce qui s'y conforme nous plait et nous cause un sentiment de plaisir. Pourquoi les accents de la gaieté, les fêtes et les plaisirs nous fatiguent-ils et accroissent-ils notre douleur lorsque notre âme est attristée ? C'est qu'alors nos dispositions morales n'étant pas harmoniques avec les sensations que nous recevons de ces fêtes, il en résulte un désaccord avec notre organisme. Aussi le poëte malheureux a-t-il dit avec vérité :

> Cherchez, mortels heureux, le tumulte des villes !
> Ce qui plaît à vos sens aggrave ma douleur.
> Le silence et l'aspect des lugubres asiles,
> Voilà ce qui convient au trouble de mon cœur.
>
> Quand tout autour de moi respire la tristesse,
> Mon cœur est soulagé, je sens moins le malheur ;
> Je crois que la nature à mon sort s'intéresse ;
> Ou plutôt il me semble, et j'en suis consolé,
> Que tout est comme moi plaintif et désolé.

Le judicieux Montaigne a dit : « La vue des angoisses d'autrui m'angoisse matériellement, et a souvent usurpé mon sentiment, le sentiment d'un tiers ; un tousseur continuel irrite mon poumon, mon gosier. » Tout en effet dans la nature tend à se mettre en équilibre pour y établir l'harmonie. Dans la nature humaine, comme du reste dans tous les autres corps organisés et inorganiques, des influences réciproques s'exercent par une sorte de tranfusion et un échange mutuel des qualités propres à chacun ; le plus richement doté cède une partie de ses forces à celui qui en a moins, et alors ces deux natures, inégales et différentes d'abord, se modifient l'une par l'autre, s'assimilent et s'harmonisent entre elles. Qui ne sait que l'homme brave et fort donne du courage et de l'énergie au faible et au poltron ; qu'il se les approprie, en quelque sorte, et les entraîne dans son mouvement vital ? Le vieillard décrépit retrouve un peu de vigueur au contact de la jeunesse au sang chaud, à la vie florissante et expansive. Nos affaires et notre santé sont-elles prospères, nous nous associons naturellement à la joie dont nous sommes les témoins, et l'attrait du plaisir nous entraîne au milieu de ceux que la fortune traite aussi en favoris ; mais alors la présence des malheureux nous devient importune, quelle que soit d'ailleurs l'excellence de notre cœur.

Le bâilleur nous fait bâiller : « Si vous voulez que je pleure, a dit Horace, il faut que vous pleuriez. »

« On prétend qu'on est moins malheureux quand on ne l'est pas seul : mais, selon Zoroastre, ce n'est pas par malignité, c'est par besoin. On se sent alors entraîné vers un infortuné, comme vers son semblable. La joie d'un homme heureux serait une insulte ; mais deux malheureux sont comme deux arbrisseaux faibles qui, s'appuyant l'un sur l'autre, se fortifient contre l'orage. » *Zadig.*

Voltaire a dit vrai : les hommes se recherchent et s'unissent instinctivement quand leurs dispositions morales se ressemblent, et c'est la communauté de sentiments qui s'établit entre nous et nos amis qui forme le lien de cette intimité. Mais ces phénomènes se produisent en dehors du raisonnement et de la réflexion ; ils appartiennent à la puissance de l'attrait par voie de similitude, qui place les êtres identiques, semblables ou analogues, soit au point de vue des intérêts matériels, soit au point de vue des rapports psychiques, dans un état d'union et de mutuelle sympathie, comme moyen de synthèse, d'unité et d'harmonie entre toutes les parties de la création.

Mais si les molécules semblables ou identiques s'agrègent et s'assimilent facilement, celles qui sont de qualités opposées ne le font pas. Elles se repoussent au contraire, et, de leur contact, résulte quelquefois leur dissolution complète. Jettez de l'eau sur le feu, par exemple, et celui-ci sera éteint, mais l'autre sera réduite en vapeur. De pareils effets de réaction par principe de contrariété, pourraient-être cités par milliers, mais il sont trop bien connus pour que nous ne les passions pas sous silence.

La matière brute n'est pas seule exposée à recevoir le choc des agents contraires ; les êtres organisés ont sans cesse à souffrir de leurs actions malfaisantes. Ici c'est un froid glacial qui leur enlève leur chaleur vitale ; là c'est un soleil tropical qui brûle leur peau ou leur cerveau et les enflamme. Une épine pénètre dans leurs chairs, un serpent y enfonce ses dents envenimées ; avec l'air respiré, un miasme de peste, de choléra, de typhus, de variole, de scarlatine, de fièvre paludéenne, etc., entre dans leurs poumons et de là s'insinue dans tous les recoins du corps qu'il infecte de sa virulence selon le mode qui lui est propre ; et ces causes matérielles de perturbation vitale sont les moins nombreuses de celles qui agissent sur eux par voie d'opposition et de contrariété. Chez l'homme principalement une foule d'autres causes *hétéropathiques* portent le trouble et le désordre dans les fonctions de son existence morale, et ce sont celles qui excitent en lui la colère, l'indignation, la frayeur, le chagrin, le désespoir, etc. On peut donc affirmer en thèse générale que toute chose, quelle qu'elle soit, qui produit sur l'organisme vital *une action non en rapport avec sa modalité d'être*, est un agent qui lui est *contraire*, un agent *morbifique*, en un mot, qu'il ne peut pas s'assimiler, en raison même de la différence de nature et de virtualité qui les sépare.

Si vous me demandez maintenant ce qu'il advient des deux adversaires quand ils sont en présence, et quelle est la conduite que tient le principe de vie organique ? Je vous répondrai qu'il agit absolument comme le feu agit à l'égard de l'eau qu'il chasse loin de lui en la vaporisant. Car tout est *action* et *réaction*, *synthèse* et *diérèse* dans l'universalité des phénomènes naturels : ce qui se ressemble se rassemble ; ce qui est dissemblable se repousse. Cette loi est générale, elle est unique, elle est immuable, car elle vient de Dieu.

L'organisme vital réagit donc aussi contre l'agent *contraire* qui l'a envahi et dont la présence au milieu de ses tissus sensibles est une cause de perturbation et de souffrance. Mais par quelle procédé cette réaction s'opère-t-elle ? Par des efforts de répulsion, efforts centrifuges dirigés vers toutes les issues du corps qui peuvent fournir une sortie à l'ennemi immergé dans un sang hémorrhagique, des mucosités, des sueurs, des urines sédimenteuses, etc.

A considérer la maladie de ce point de vue parfaitement juste, il est de toute évidence que l'élément morbifique, d'une nature si subtile quelque fois qu'on pourrait le qualifier *d'idea morbi*, et l'appareil de phénomènes anormaux qui se manifeste alors sont des faits distincts, celui-là représentant l'agression et ceux-ci la défense légitime.

Or, s'il est bien constaté par ce qui précède, et qui pourrait en douter, que les frissons suivis de chaleur brûlante, l'accélération du pouls, les douleurs aiguës dans différentes parties du corps, les sueurs et diverses autres sécrétions augmentées, etc., *ne sont pas la maladie dans son essence et sa causalité*, mais *l'ensemble des efforts réactionnaires du principe vital contre l'agent morbifère*, comment comprendre, logiquement parlant, les traitements que la médecine, qui prend pour devise le fameux *contraria contraries curantur*, met en usage ?

On ne pourrait vraiment pas s'expliquer cette funeste erreur, si l'on ne savait que les systèmes allopathiques, sans exception d'aucune de leurs nombreuses variétés, considèrent les phénomènes pathogéniques que nous venons de relater *comme étant la maladie elle-même*, et non pas *les effets de la résistance vitale*, ou, pour être plus exact, de la répulsion exercée par l'électricité nerveuse contre l'agent placé par l'hétérogénéité de sa nature en dehors des affinités de cette électricité.

La question que nous traitons en ce moment ne faisait pas partie du plan que nous nous étions tracé en commençant ces études, mais l'intérêt qu'elle comporte nous semble tellement grandir à mesure que nous nous en occupons, que nous croyons devoir la développer, afin de l'élucider le mieux qu'il nous sera possible, en portant sur elle le flambeau de l'analyse.

Nous disons donc que tout état pathologique se compose de deux ordres de faits bien distincts : 1° de *l'action* antipathique de l'agent morbifique ; 2° de la *réaction* de l'électricité vitale contre cette *action*.

L'agent morbifique, peut-on le voir, peut-on le reconnaître ? Non : la plus part du temps il échappe à toute observation, et l'on ne sait quel il est. Dans les péripéties diverses de ce drame intime, ce qui seulement est visible et tangible, ce sont les phénomènes de *réaction* vitale dont nous avons parlé, efforts entrepris dans un but de salut, et, par malheur, c'est là ce que la médecine allopathique s'efforce d'enrayer et de paralyser.

Faisons un examen analytique de cette pratique, et nous verrons combien elle est mauvaise autant qu'irréfléchie.

André, je suppose, est actuellement dans toutes les conditions voulues d'une santé parfaite ; toutes ses fonctions s'exécutent à merveille et il se sent allègre et fort ; mais, par un temps froid et humide, il passe, trop légèrement vêtu, une nuit à la belle étoile ; le lendemain, il est pâle, il frissonne, il est courbaturé, et, quelques heures après, sa peau a pris une chaleur ardente, son pouls est devenu fort et agité, une vive douleur de côté le saisit, il tousse et il expectore du sang en abondance, une *pleuropneumonite* s'est déclarée, et le médecin pratique deux, trois et même quatre saignées coup sur coup. Or, pourquoi ces saignées ? Parce que

André a trop de sang ? Mais il n'en avait pas trop la veille, puisqu'il se portait très-bien, et le refroidissement qu'il a éprouvé *n'a pas pu en augmenter la quantité*. C'est que le sang est en ébullition, répliquera-t-on. Mais la soustraction que vous opérez n'empêchera pas de bouillir celui qui reste dans les veines, pas plus que le lait ne cesse de monter sur le feu, quand on survide le vase qui le contient.

On objecte encore que l'on saigne parce que le sang s'est enflammé et que l'inflammation a morbidement modifié sa composition : sa quantité de *fibrine* est devenue trop grande relativement à celle des *globules*. Mais on répond victorieusement qu'il résulte des expériences de MM. les professeurs Andral et Gavarret que *les émissions sanguines ont pour effet constant d'augmenter les proportions de fibrine déjà en excès.*

Les mêmes savants n'ont-ils pas aussi observé que, au contraire de ce qui a lieu dans les maladies franchement inflammatoires, dans les phlegmasies anémiques, typhus, fièvres intermittentes paludéennes, etc., les globules du sang sont devenus surabondants comparativement à la fibrine, et que ce défaut d'équilibre normal se prononce de plus en plus sous l'influence de la saignée.

On dit encore que la saignée opère le dégorgement d'un organe congestionné par le sang. Oui, sans doute; mais n'oublions pas que *l'action stimulante, irritative* de l'agent morbifique sur l'organe a donné lieu à la congestion, et que, *tant que durera cette action, le sang continuera d'affluer là où elle l'appelle, ne restât-il qu'un verre de sang dans le corps*, ainsi que l'a fait observer M. Andral, l'un des princes des écoles allopathiques. Or, la saignée ne pouvant rien contre la cause morbigène, elle est non-seulement inutile dans tous les cas, mais encore elle porte un grave préjudice en affaiblissant la réaction vitale.

La *révulsion* est un autre moyen de traitement qu'on fait succéder ordinairement à la saignée pour lui venir en aide. Il consiste à faire naître une vive douleur, une inflammation même sur une partie quelconque éloignée de celle sur laquelle sévit plus particulièrement *la cause* du mal, dans l'espérance illusoire que cette *cause* morbide, obéissant à cet appel, comme un chien à un coup de sifflet, viendra s'établir sur le lieu choisi pour la révulsion. *Sed hæret lateri lethalis arundo ; la cause morbide*, agent matériel, n'a pas d'oreilles pour entendre ni d'organes locomoteurs pour se déplacer, et elle reste où elle est, continuant d'exercer ses ravages, jusqu'à ce que la réaction vitale ait triomphé d'elle, ou qu'elle ait été vaincue elle-même. Mais de cette lutte du principe de vie avez-vous été l'auxiliaire? pas le moins du monde, et, loin de là, vous l'avez attaqué d'un côté pendant qu'il combattait de l'autre ; car, ne vous y trompez pas, les cantharides, le sénevé, le tartre stibié, le séné et autres agents de *révulsion*, soit sur la peau, soit sur l'estomac et les intestins, sont pour l'organisme *des poisons*. N'ayant avec eux aucun lien *d'affinité*, il ne peut se les *assimiler*, et c'est pour se soustraire à leur effet nuisible qu'il interpose une couche de sérosité entre eux et lui, et qu'il les expulse du corps au moyen de vomissements et de purgations. Or, quelle efficacité croyez-vous que puissent avoir ces *maladies artificielles* au point de vue de la maladie naturelle? Evidemment elles n'en ont aucune, et penser qu'elles favorisent la guérison, revient à dire que, si on a peine à résister à l'ennemi qui vous attaque d'un seul côté, la victoire est certaine, si deux autres ennemis viennent en même temps vous assaillir par derrière. L'explication de cette espèce de stratégie médicale serait vraiment curieuse à entendre.

Avouez plutôt franchement que vous jetez un palet sur la figure d'un ami avec la louable et maladroite intention d'écraser une mouche qui trouble son sommeil. Encore est-il que votre palet n'atteint pas la mouche ; car si nous passions en revue tous les cas dans lesquels on fait usage de ces palets, nous verrions que toujours ils blessent le patient que la mouche pique, et jamais celle-ci.

Ce qui concerne le traitement des maladies excepté, on aime à reconnaître que les autres parties des vastes connaissances des écoles allopathiques se sont élevées à une grande hauteur, et qu'il est regrettable que cet unique fleuron manque à leur glorieuse couronne.

Hippocrate était parfaitement dans le vrai lorsque, il y a plus de 2300 ans, il définissait la maladie : *un effort de la nature dans le but de ramener à l'état normal les actes de l'organisme dérangés de leur marche régulière* ; et Boissier de Sauvages disait, avec non moins de raison, qu'elle *était une réaction du principe vital contre les choses qui nuisent au corps*. Pourquoi donc, alors, demandons-nous encore contrarier ces efforts puisqu'ils sont salutaires ? N'est-il pas plus rationnel de les seconder par un mode de traitement d'une similarité d'action aussi parfaite que possible, ainsi que le conseille la doctrine homœopathique qui, en procédant ainsi, soutient la force vitale dans sa réaction contre la cause morbifique, *en même temps qu'elle attaque directement celle-ci.*

Développons cette nouvelle proposition, mais, auparavant et pour y répandre plus de clarté ; donnons quelques détails sur la loi générale d'assimilation et d'harmonie par voie de similitude.

La substance cosmique ou éthérée, avons-nous vu précédemment, est le composé des atômes matériels qui non-seulement ont servi et qui servent encore à la formation des globes qui circulent dans les plaines infinies de l'espace, mais encore à celle des corps organisés qui les habitent, qui en font l'ornement et qui les vivifient. Chacun de ces atômes possède une modalité et une virtualité qui, absolument parlant, ne sont propres qu'à lui-même ; mais ces qualités, sans être jamais identiques entre des atômes de nature différente, ont quelquefois de la ressemblance des uns aux autres, et d'autrefois elles sont d'une essentialité *contraire, opposée*. De là résultent deux ordres de phénomènes bien distincts entre les atômes de l'éther, de même qu'entre ceux de notre atmosphère qui n'est lui-même qu'une partie de l'éther condensé : 1° les phénomènes de l'affinité, de l'attrait, de l'agrégation et de l'assimilation entre les atômes semblables plus ou moins par la virtualité ; 2° les phénomènes de désaccord et de répulsion entre ceux qui n'ont aucun rapport d'analogie entre eux.

Le principe de vie universelle *étant le même* pour tous les corps organisés, ce principe n'aurait pu créer qu'une *seule espèce d'êtres*, si les molécules de la matière employée à cette création plastique eussent été *identiques* les unes aux autres ; et, par conséquent, la nature organisée n'aurait pas possédé cette riche variété de formes et de propriétés diverses que nous admirons à juste titre. Quel triste et monotone aspect ne présenterait pas la terre si on n'y voyait partout que le même arbre, ou bien que le même animal? Une telle œuvre n'aurait pas été digne de Dieu.

Mais, en créant des atômes matériels d'une si grande ténuité que l'imagination est impuissante à se la représenter par une image, et en attribuant à chacun d'eux une qualité *sui generis* qui établit à différents dégrés et réglemente leurs affinités respectives, de quelles immenses ressources le Créateur n'a-t-il pas disposé pour multiplier et modifier à l'infini le nombre des êtres? Admirez en effet avec quelle abondance l'agent vital, toujours actif, peut puiser parmi ces éléments matériels si variés pour former des organisations suivant les types primordialement conçus, chacun de ces types ayant ses affinités spéciales qui ne lui permettent de s'assimiler que certaines particules élémentaires adéquates, et qui lui donnent de la répulsion pour les autres.

Il en est de même pour les autres êtres du règne organisé. Chaque espèce a sa modalité d'être constituée, et les éléments d'organisation varient chez chacune d'elles, soit par leur nature, soit par leurs proportions relatives, soit enfin par leurs combinaisons diverses; d'où il résulte que ce qui est un aliment pour l'une devient un poison pour l'autre; car elles ne peuvent se restaurer et s'entretenir dans leur état d'intégrité organique qu'en absorbant des substances identiquement pareilles à celles qui les composent, les seules d'ailleurs qu'ils peuvent s'assimiler.

Or, les choses étant ainsi, il est facile de comprendre que tout agent *hétérogène*, fût-il même à l'état atomistique, est pour l'organisme un corps étranger qui fait l'office d'une épine enfoncée dans les chairs.

La vie, ne pouvant ni l'approprier ni l'assimiler à ses tissus, puisqu'il est en dehors de ses affinités, réagit contre lui afin de l'expulser, et cette réaction, dont les symptômes de maladie sont l'expression imagée, est toujours proportionnée au plus ou moins d'hétérogénéité de l'agent contraire.

Quelquefois la virtualité de cet agent est tellement en opposition avec le mode de sensibilité de la vie, il exerce sur elle une action si puissante qu'il paralyse ses efforts de réaction et l'anéantit même spontanément. Les miasmes du typhus, de la peste, du choléra, de la fièvre jaune, le venin de certains serpents, les acides hydrocyanique, fluorique, etc., sont au nombre de ces agents, et c'est alors que la médecine doit intervenir pour les combattre. Mais par quels moyens ? Nous allons le dire ; car nous aurions été très-coupable en attaquant les systèmes de l'allopathie, si nous ne pouvions pas les remplacer par une doctrine meilleure de tous points.

Il résulte évidemment de l'observation des choses de l'univers qu'elles sont dans un état permanent d'action et de réaction les unes à l'égard des autres. Quand ces actions se ressemblent, elles donnent lieu à des effets d'accord et d'harmonie, et le contraire se produit quand elles sont dissemblables.

Il est certain que Dieu ne devait pas établir le monde sur d'autres bases que l'alternative de ces deux ordres d'action ; car si les éléments qui le composent eussent tous été de nature identique ou semblable, ils se seraient mis en un état d'agrégation dont l'immobilité aurait été le résultat, résultat incompatible avec la vie, puisque la vie est un mouvement sans repos.

Si, d'autre part, ces éléments avaient été doués de

qualités et de propriétés dissemblables et opposées, ils se seraient mutuellement repoussés, et aucune création n'aurait pu résulter de leur agrégation impossible.

Mais, grâce à ses virtualités diverses, les atômes de la matière, sous l'empire de la loi de l'attrait du semblable pour le semblable, se combinent entre eux en ces myriades de formes différentes que présentent les êtres des deux règnes organisés, *la vie*, bien entendu, jouant dans ces actes d'une phénoménalité divine, le rôle qui lui appartient.

Or ce rôle consiste à former et à développer des organismes conformément à certains types réglés et déterminés par Dieu, chacun desquels a ses affinités, ses attractions et ses antipathies relativement au milieu dans lequel il vit. Tel arbre, par exemple, poussera de vigoureux rameaux dans un terrain sec et rocailleux, quand un autre s'y étiolera et mourra promptement, tant il est vrai que les différents êtres puisent à la même source, ceux-ci les aliments de leur vie, et ceux-là la cause de leur destruction. Qui ne sait en effet, d'après les observations du Dr Virey, qu'à doses modérées, l'usage *du persil*, *du poivre* n'a point d'inconvénient pour nous, mais qu'il fait périr les perroquets, et qu'on a fait mourir dans les convulsions des sangliers et des cochons avec une médiocre quantité de poivre. Nous pouvons, sans danger, manger la conserve et les baies de *sureau* et *dièble*, tandis que ces baies sont un poison pour les paons et d'autres oiseaux de basse-cour. Quoique utile à l'homme, le *camphre*, donné à petite dose, tue les chats fort aisément. *La ciguë, les thilymates*, qui nuisent tant à d'autres animaux, sont mangés impunément par la chèvre, qui périrait pourtant de faim plutôt que d'avaler *l'agrostis-arundinacea*

et quelques autres graminées douces et très-recher-
chées par le bœuf, le cheval et la brebis. Les cochons
meurent s'ils mangent du *chenopodium-vulvaria* dont
les autres bestiaux sont friands. Le cheval aime *le
nerprun* purgatif auquel ne touchent pas les autres herbivores ; mais il est empoisonné par *l'angélique* que
nous trouvons si agréable. Les baies de *garou*, nuisibles aux chiens et à d'autres carnivores, ne déplaisent
pas à la chèvre, et le cheval n'est pas incommodé par
l'aconit-napel dangereux pour tout autre animal. On
voit des ânes et des mulets manger sans inconvénient
des pousses *d'ellebore blanc*, quoiqu'elles purgent fortement les chevaux ; et ceux-ci aiment l'arête de
la *renoncule* qui tue les brebis. Les chameaux digèrent
sans peine les *euphorbes* les plus âcres d'Afrique, et les
porcs s'engraissent avec plaisir de *l'ivraie*, que refusent
les autres bestiaux.

Or, il est parfaitement constaté par ces faits et par
beaucoup d'autres du même genre, que chaque être
possède sa modalité propre d'organisation, et que de
cette modalité organique résultent ses affinités assimi-
latrices, ou ses répulsions antipathiques relativement
aux autres êtres de la création.

N'accusons pas la nature d'avoir créé des choses
nuisibles, car aucune d'elles ne l'est absolument parlant, et toujours le mal qu'elles peuvent faire est com-
pensé par les services qu'elles rendent. L'effet d'un
poison n'est-il pas effacé par celui d'un autre poison ?
Et, d'ailleurs, les existences terrestres n'étant que
transitoires, ne fallait-il pas qu'elles fussent soumises à
des causes de destruction ?

Ces causes existent donc, et elles sont très-nombreu-
ses ; mais l'animal possède son admirable instinct pour

les éviter, et l'homme a le pouvoir de s'y soustraire ou de les combattre au moyen de son intelligence.

N'oublions pas, en effet, que si l'univers a marché et doit marcher régulièrement de toute éternité vers les destinées que Dieu lui a faites, c'est que la force qui le gouverne a pour loi l'équilibre, loi qui ne permet pas qu'un seul atôme n'ait un autre atôme pour contre-poids.

Une des conséquences de cet équilibre providentiel considéré au point de vue des maladies qui attaquent tous les corps organisés sans exception, c'est qu'il existe pour chacune d'elles un remède certain. Il est évidemment nécessaire qu'il en soit ainsi ; autrement les espèces des deux règnes animés pourraient être, dans un moment donné, exposées à périr tout entières ; mais la Providence a pris ses mesures contre un tel évènement cataclyptique, et nous voyons que les maladies épidémiques les plus meurtrières n'ont jamais qu'une existence partielle et une durée limitée. Causées par une constitution atmosphérique momentanément viciée, l'air se purifie sans que nous sachions comment, et le fléau cesse d'exercer ses ravages.

Les maladies sporadiques sont dans le même cas, et il existe aussi pour chacune d'elles un moyen de guérison assuré, lorsque toutefois les individus qui en sont atteints ne sont pas arrivés à la limite de leur longévité naturelle, ou ne sont pas tombés dans une décrépitude prématurée par les abus ou par les chagrins de la vie sociale.

Mais, comme pour les autres biens de ce monde, Dieu a mis la condition de l'étude et du travail à la conquête de ces remèdes précieux. *Quære et invenies*, semble-t-il avoir donné pour devise à l'humanité qui a pendant des siècles cherché sans trouver , parce qu'elle s'était engagée dans les voies de l'erreur , ainsi que le témoignent tous les systèmes des écoles allopathiques passés et présents.

Où faut-il donc aller chercher la vérité en médecine ? A quelle loi faut-il la demander ? A celle qui établit des rapports harmoniques entre toutes les choses de l'univers : à la grande loi générale de *l'affinité et de l'attrait du semblable pour le semblable, et de leur assimilation réciproque.* Un Dieu créateur, unique source de vie et d'intelligence , une substance éthérée et l'électricité organe de l'attraction remplissant les plaines infinies de l'espace, telle est la triade en laquelle réside tout ce qui est, et qui donne naissance à l'universalité des phénomènes de la nature.

Or, si, dans l'état de santé normale, l'organisme fonctionne conformément à la loi que nous venons de nommer, il en est autrement dans celui de maladie. Un agent quelconque d'une virtualité *enantiopathique* a pénétré au milieu des tissus animés par le principe de vie présent partout, et, n'ayant *aucune affinité avec lui,* celui-ci n'a pu *se l'assimiler ;* mais il a réagi pour l'expulser, et ce sont les péripéties diverses de cette réaction qui composent, avons-nous dit, tout l'appareil des symptômes morbides.

Or, la question de maladie étant ainsi posée dans son véritable jour, pourra-t-il se trouver un médecin qui prétende que le traitement ne doit pas être uniquement dirigé contre *l'agent* qui a produit le trouble vital, contre l'agent morbifère, en deux mots ? Franchement parlant, nous ne le croyons pas.

Mais, nous objectera-t-on, vous ne connaissez pas cet agent, la plupart du temps ? Nous ignorons, il est vrai, l'essentialité de sa nature, comme du reste celle de toute autre chose; mais que nous importe? Nous savons la manière dont il agit, et cela suffit pour nous donner les moyens de le combattre avec un succès incontestable. Ces moyens vont vous être soumis, mais veuillez permettre de poser quelques prémisses nécessaires au développement et à la confirmation de cette proposition.

Vous le savez bien, chaque agent morbifique détermine toujours de la part de l'organisme une série de phénomènes anormaux caractérisés par la modalité d'action propre à cet agent. Les miasmes *varioleux*, *rubéoleux*, *scarlatineux*, *paludéens*, *typhoïdes*, etc., etc., n'agissent pas autrement, et c'est par la spécialité des symptômes de la maladie que le médecin peut constater l'existence de chacun de ces miasmes. Mais ce que vous ne savez pas, ou du moins ce que vous ne voulez pas mettre à profit, c'est que chaque substance médicamenteuse ou toxique, c'est tout un, fait naître dans l'organisation qui l'a ingérée des désordres fonctionnels dans le genre de ceux dont les maladies naturelles présentent le tableau; désordres particuliers et spéciaux pour chaque espèce de substance. Le procès de Couty de la Pommerais ne vous a-t-il pas appris tout récemment, en effet, que la *digitaline* possède la propriété de ralentir, même de paralyser les mouvements du cœur et d'en ramollir le tissu? *L'aconit-napel* accélère les mouvements de ce même organe et rend le sang plus chaud et plus effervescent. La *belladone* surexcite le système nerveux cérébro-spinal et gorge de sang les vaisseaux capillaires de la peau. Le *mercure* et le *thuya-occidental* font naître des pustules sur cette enveloppe du corps, etc. Chaque espèce de médicament, en un mot, se montre, dans les expériences faites sur des individus bien portants, le générateur de symptômes morbides qui ont plus ou moins de ressemblance avec ceux que manifeste telle ou telle maladie dont le principe étiologique est inconnu.

Or, de cette similitude d'action du *miasme morbifique* et du *miasme médicamenteux*, n'est-il pas permis de tirer une conclusion légitime en faveur de leur analogie de nature, et de terminer le syllogisme par le corollaire suivant : puisqu'ils se ressemblent, ils ont de *l'affinité* l'un pour l'autre, et par conséquent ils peuvent *s'assimiler*, et en s'assimilant ils se modifient, ou mieux se neutralisent réciproquement. La chimie ne nous rend-elle pas témoins chaque jour de pareilles et innombrables neutralisations, qui s'opèpèrent aussi bien entre les corps impondérables, qu'entre ceux qui sont à l'état d'agrégation compacte.

Je veux bien vous passer cette rhubarbe, quoique vous me refusiez la moindre dose de séné, dit l'allopathie ; mais ne me parlez pas de vos ridicules globules contenant un trillionième, un sextillionième, un décillionième de grain : jamais ma raison ne pourra les admettre... Vous commencez à devenir raisonnable, répond l'homœopathie, et j'espère que vous le serez bientôt toutà-fait, pour peu que vous examiniez avec calme et sans passion les faits bien constatés que je vais vous présenter.

N'est-il pas vrai que les *miasmes* générateurs des maladies que j'ai nommées ci-dessus, peste, choléra, typhus, etc., sont des corpuscules invisibles, intangibles, impondérables dont aucun réactif chimique ne peut constater l'existence, existence qui ne se manifeste jamais autrement que par ses effets sur l'organis me ? leur virulence est telle que quelquefois ils anéantissent spontanément la vie, et leur expansibilité si grande, qu'à peine introduits dans le corps ils l'ont envahi jusqu'en ses parties les plus secrètes. Or, si vous reconnaissez cela, et comment vous y refuseriez-vous ? pourquoi ne pas admettre qu'un *miasme* quelconque de nature analogue, c'est-à-dire la partie *virtuelle* d'un médicament, dégagée de ses liens de cohésion matérielle par une trituration prolongée, puisse jouir aussi d'une action *sui generis* ?

Si le miasme morbigène pénètre facilement dans les vaisseaux du corps dont la calpillarité est des plus grandes, il le doit à son extrême ténuité, et l'atôme médicamenteux ne pourrait le suivre dans ces voies si déliées, si son état de divisibilité n'était à peu près pareil, par conséquent leur assimilation ne pourrait avoir lieu. Ne faut-il pas d'ailleurs pour la production de ce phénomène, que les deux agents soient au même dégré de puissance virtuelle et matérielle ? une fourmi ne pourrait pas s'assimiler un éléphant.

Si nous voulions donner plus de développement à cette question, les faits les mieux constatés se présenteraient en masse pour confirmer l'opinion que nous avons exprimée ; mais, ne l'ayant traitée qu'incidemment, nous nous arrêterons là, en ajoutant seulement, comme corollaire, que ce qui prouve, en plus de ce qui précède, la vérité de la doctrine homœopathique, c'est qu'elle est conforme à la loi générale de l'affinité, de l'attrait de soi pour soi, de l'analogue pour l'analogue qui, avons-nous vu, gouverne toutes les choses de l'univers.

De quelque côté en effet qu'on porte ses regards, on est saisi d'admiration à l'aspect des harmonies de la nature et de l'équilibre providentiel qui règne entre toutes ses parties. Le mal existe, il est vrai, mais il n'est jamais que relatif et partiel, et presque toujours on trouverait le remède à côté si l'on cherchait bien. Si les chenilles et une foule d'autres insectes dévorent en partie les bourgeons des arbres à fruits les plus utiles, les petits oiseaux, auxquels on fait une guerre cruelle et insensée, ne sont-ils pas là pour les détruire? Quand les ardents rayons du soleil ont trop échauffé et desséché le sol cultivé et les prairies, l'eau s'est vaporisée et elle a formé dans l'atmosphère de sombres nuages du sein desquels la foudre éclate et vient même quelquefois frapper l'homme sous le toit qui l'abrite ; mais une pluie abondante vient rafraîchir la terre et lui rendre sa fécondité, en même temps qu'elle purifie l'air des émanations malfaisantes que l'excès de la chaleur a fait s'exhaler des marécages : car l'économie de l'univers est si bien établie, qu'en définitive tout marche vers un but favorable.

Mais cette marche a ses étapes réglées à l'avance ; elle ne s'opère que sous l'empire de certaines conditions, et ces conditions, notamment pour les corps organisés, sont celles qu'impose la loi des affinités. Les plantes, en effet, ne poussent pas spontanément et ne vivent pas indistinctement dans toutes les contrées. Il faut à chacune d'elles une constitution physique de l'air, une température, une irradiation solaire, une couche de terrain, une sécheresse, une humidité, etc., appropriées à sa nature. Aucun sol, par exemple, ne produit le blé s'il ne contient de la magnésie, et l'expérience a constaté qu'elle est la grande influence de la chaux, de la potasse et de la soude sur la végétation. Si ces engrais ne s'y trouvent pas, il faut que l'industrie agricole les y ajoute, ainsi qu'elle le fait, autrement il ne produirait, et médiocrement encore, que du seigle, du sarrasin, en fait de céréales ; des genets, des bruyères, des châtaigniers, des pins et des sapins, comme on l'observe dans les terrains primitifs d'une partie de la Bretagne et du midi de la France.

Chaque climat produit donc *spontanément* les espèces de plantes qui sont analogues à sa modalité d'être constitué. Le café est originaire de l'Arabie; le tabac de l'Amérique ; le thé de la Chine. La pêche vient de la Perse ; la cerise du Pont, d'où Lucullus l'apporta à Rome en l'année 680 de sa fondation ; la fraise a pris naissance dans les Alpes, etc., l'île de Crète est la patrie du cyprès ; le mélèze, le bouleau, le sorbier, se plaisent dans les régions boréales. L'amandier est l'arbre des collines, mais le cornouillier et le charme se rencontrent presque exclusivement dans les plaines, et le peuplier sur le bord des rivières.

Fraximus in silvis pulcherrima, pinus in hortis,
Populus in fluviis......

Virg. égl. VII.

La plupart de ces plantes et de ces arbres et beaucoup d'autres qu'il serait trop long de nommer, ont pu être transplantés dans des lieux différents de ceux de leurs origines, et, grâce à une culture attentive et savante, ils y ont prospéré; mais le caféïer, le cotonnier, l'indigotier, le manguier, le cannellier, le poivrier, le camphrier, le giroflier, le sandal, le muscadier, la canne à sucre, etc., ont continué d'être exclusivement la richesse et l'ornement des pays équatoriaux, où les habitants des autres parties du globe sont obligés d'aller les chercher, s'ils veulent en jouir.

Les êtres du règne animal sont l'objet des mêmes observations. Le cheval, le chameau, le dromadaire , le chevreuil à musc, la chèvre du Thibet , le rhinocéros unicorne, l'éléphant, l'hermine, le tigre, le paon, etc., sont indigènes de l'Asie ; et l'Amérique a produit le cobaie, le dindon, le canard musqué, la sarigue, le bison, le lama, le tapir, la vigogne , etc.

Ces effets de classification doivent être attribués à la loi des affinités organiques et climatériques, et, par conséquent prêtent leur appui à la thèse que nous soutenons.

De ces rapports d'affinités naissent ces harmonies et ces accords providentiels dont toutes les parties de la nature nous offrent l'admirable tableau, et le classement des êtres suivant les conditions de milieu qui conviennent à leur modalité d'organisation. L'animal destiné à vivre dans les pays froids a pour cela même été pourvu d'une peau couverte d'un pelage aux poils d'autant plus longs et plus épais que la température du climat est plus rigoureuse ; et la pointe de ces poils, en soutirant l'électricité de l'air ambiant, entretient sa chaleur vitale.

Le plumage dense, épanoui et rendu imperméable par une sécrétion huileuse chez l'oiseau aquatique , a pour but et pour effet de le faire flotter naturellement, de préserver sa peau du contact d'une eau quelquefois glacée, et ses pieds palmés lui servent d'avirons.

Les animaux, qui pendant l'hiver ne pourraient trouver la pâture qui leur convient, tombent dans un sommeil de torpeur qui leur enlève le besoin de se nourrir tant que dure la famine causée par l'âpreté de la saison.

D'autres animaux, habitants des déserts arides, peuvent supporter sans périls les jeûnes les plus longs, etc.

Mais pourquoi l'homme a-t-il été déshérité de pareils avantages d'organisation? Dépourvu d'armes naturelles offensives et défensives, comment résistera-t-il aux attaques des bêtes féroces? Qui garantira sa peau fine et sensible contre les intempéries de l'air, contre les blessures produites par le contact des ronces, des épines, les morsures des insectes vénimeux? Où trouvera-t-il un abri protecteur de son repos? La chair des animaux herbivores, de certains oiseaux, des poissons, sollicite ses appétits et convient à sa nourriture; mais, moins agile qu'eux et ne possédant ni ailes ni nageoires et n'étant pas amphibie, comment pourra-t-il en faire sa proie? Certes, considéré à ce point de vue, il serait le plus mal loti de tous les êtres de la création, si Dieu ne l'avait doué d'un organe d'intelligence infiniment supérieur à celui des animaux; organe dont les riches facultés suppléent à tout ce qui lui manque organiquement, et qui lui donne sans conteste l'empire sur l'universalité des choses de la terre. C'est à son intelligence, en effet, qu'il doit de se nourrir avec recherche et délicatesse, en mettant tous les produits du globe à contribution; de se vêtir et de se loger avec luxe et commodité; en un mot, de jouir largement de la vie sensitive et morale la plus confortable, et d'être le lien, l'alpha et l'oméga de toutes les harmonies terrestres.

La terre est, en effet, le riche domaine que la Providence lui a légué et dont il peut s'approprier tous les produits. Grâce à la flexibilité et aux nombreuses affinités de son organisation, il n'est presque pas de lieux qui, pour lui, soient inhabitables; et quel que soit celui où il plante sa tente, il ne tarde pas à le modifier au gré de ses besoins et de ses plaisirs, et bientôt la topographie de ce lieu n'est plus reconnaissable. Il se l'est assimilé ; mais aussi le climat s'est lui-même assimilé cet homme en lui imprimant certains caractères spéciaux.

C'est de là que viennent les différentes espèces de races dont l'humanité se compose. Le Créateur ayant voulu que toutes les parties du globe fussent un jour habitées, il en a varié à l'infini les aspects et les qualités, afin d'y appeler des habitants par l'attrait de la curiosité et des jouissances nouvelles ; les mouvements d'expansion sociale et d'émigration des familles n'auraient pas reçu autant d'impulsion, si toutes les contrées avaient été topographiquement les mêmes, et les connaissances humaines n'auraient pu s'étendre sur un aussi grand nombre de sujets. Mais, cette assimilation réciproque une fois accomplie, n'en résulte-t-il pas que l'homme est légitime propriétaire du sol qu'il a par son travail approprié à ses besoins, et qu'on ne peut l'en dépouiller sans commettre un vol ?

De la loi du travail imposée à l'homme comme moyen de bonheur et de perfectionnement.

L'homme est un être doué d'intelligence et de raison, avons nous dit. Mais cette noble faculté n'existe d'abord qu'à l'état de germe, de puissance dans son cerveau, et, pour atteindre le point culminant de son développement, elle a besoin d'être soumise à une sorte d'incubations successives représentées par des études et des travaux s'étendant à la pluralité des objets de l'univers. Que servirait-il, en effet, de posséder ces objets, si, à défaut de les connaître, on ne pouvait en jouir?

En l'absence de cette culture, le germe de l'intelligence et son organe fonctionnel s'atrophient et sont frappés d'inertie, comme il est arrivé, avons nous vu, aux races restées plongées dans les ténèbres de l'ignorance et l'abrutissement de l'état sauvage.

De même, en effet, que nos membres acquièrent plus de force, d'agilité et de dextérité par l'exercice et le travail, nos sens aussi plus de finesse et de justesse de sensation, le repos absolu de nos muscles les rendrait faibles et inhabiles à exécuter les actes de notre volonté; et nos organes de la vue, de l'ouïe, de l'odorat, du goût et du toucher ne nous transmettraient que des sensations vagues, inexactes, dont l'impression ne nous permettrait pas de faire la juste appréciation, si, par un usage et une éducation préalables, nous ne les avions rendus aptes à nous donner la valeur réelle et différente des objets avec lesquels nous les avons mis en rapports.

Vivre c'est sentir et c'est agir, et il est évident que la vie n'a été donnée à tout être que pour en exercer les fonctions d'une manière adéquate à sa modalité d'organisation et conformément au but pour lequel il a été créé, suivant le plan et l'ordre général de la création. Examinés à ce point de vue, on ne trouve pas, en effet, un seul des corps organisés qui n'ait reçu sa mission et sa part de travail à remplir. Ainsi les êtres du règne végétal purgent l'atmosphère de son excès d'hydrogène et d'acide carbonique, et dégagent de l'électricité; ils produisent des fleurs et des fruits qui charment nos sens et satisfont notre appétit. Cultivés par la main de l'homme, ils acquièrent des qualités nouvelles et plus exquises, et le récompensent de son travail par une augmentation de ses moyens de jouissance. D'autres espèces lui donnent les bois, les matières textiles, les parfums, les couleurs, etc., nécessaires à ses usages et à ses besoins, et tous concourent à former le magnifique ornement de la terre.

Parmi les animaux, les uns nous nourrissent de leur chair succulente pour prix des soins que nous leur donnons ; ils nous défendent contre le froid au moyen de leurs toisons et de leurs riches fourrures ; viennent en aide à nos travaux et sont nos gardiens fidèles ; d'autres enfin font surgir du sein des mers des îles à bases de corail, comme pour établir à l'avance des assises à des habitations pour l'époque où la grande famille humaine aura pris une telle extension, que la terre ferme existant aujourd'hui ne lui suffira plus, et pour en rapprocher les membres les uns des autres.

Dans cette classification des fonctions et des missions à remplir assignées aux êtres divers dans un but général d'ordre et d'utilité, non-seulement la part de l'homme n'a pas été oubliée, mais elle a été étendue à l'universalité des choses de ce monde. Si, pour lui aussi, vivre c'est sentir et agir, c'est encore plus réfléchir et penser, et Dieu, en lui donnant la pensée qui féconde et le libre arbitre, lui a dit implicitement : reçois le magnifique domaine que j'ai créé pour toi ; que tes labeurs excitent sa fécondité et l'embellissent ; la satisfaction de tes besoins, de tes désirs naturels et légitimes de jouissance en sera le prix. Je ne t'ai doué d'intelligence et de liberté que dans cette intention ; mais, cette intelligence, cultive là, développe là dans

un sens de perfectibilité, afin de parvenir aux destinées heureuses que par ce moyen l'avenir te réserve.

L'homme est, en effet, éminemment perfectible, et
ce qui est vrai pour les organes des sens ne l'est pas
moins pour le cerveau, dont les sensations, la pensée, la
réflexion sont les excitants naturels. Il se développe,
se fortifie organiquement, accroît et perfectionne ses
facultés par un exercice bien approprié de ses fonctions ; mais il s'étiole et s'atrophie dans le vide et l'absence des idées.

L'expérience des faits ne nous a-t-elle pas appris,
en effet, que le cerveau des hommes qui cultivent les
sciences et les arts augmente de volume jusqu'à un
âge avancé, tandis qu'il subit un visible mouvement
de retrait chez ceux qui, depuis longtemps, ont vécu
en dehors de toute vie intellectuelle, et qui, constamment inclinés vers les choses de la matière, se
sont abandonnés aux seuls penchants de la vie
sensuelle. Chez eux, comme chez les races sauvages, les sutures du crâne s'ossifient très-vite, et le
développement et la proclivité de la face sont plus
considérables.

Ce résultat ne nous surprendra pas, si nous réflé-
chissons que l'électricité vitale se porte en plus grande
quantité relative, a plus de tension dans un organe
en activité de fonction, et qu'elle y attire une somme
plus considérable de sang, ce *pabulum vitæ* d'Hippocrate, ainsi qu'on l'observe dans une puissante contraction d'un muscle, qui devient alors plus sensible,
plus chaud et se colore davantage.

On peut donc poser à l'homme ce dilemme sans ré-
plique : vous possédez une âme intelligente qui vous
constitue l'être privilégié, le chef-d'œuvre de la créa-

tion terrestre ; en cultivant les facultés de cette âme, vous l'ennoblissez, vous rendez les formes de votre corps plus belles, plus parfaites et plus harmoniques, et vous augmentez vos chances de bonheur et de longévité naturelles. Mais, si, vous livrant à la paresse, vous ne travaillez pas et restez plongé dans les ténèbres de l'ignorance, votre nature se dégrade au physique et au moral. Inutile à vous même et à vos concitoyens, vous n'obtenez d'eux aucun sentiment de sympathie et de considération, et, quand même l'aveugle fortune vous aurait comblé de ses dons, vous ne sauriez en tirer que l'espèce de bonheur dont jouissent les animaux au milieu d'un riche et gras pâturage. Encore est-il que les habitudes sensuelles exclusivement en usage ayant pour effet de rompre l'équilibre fonctionnel entre l'organe sensorial et les organes de la vie végétative ou d'évolution, en donnant trop de prépondérance à ceux-ci, la durée normale de l'existence se trouve abrégée par ce fait, ainsi qu'on l'observe en général chez les hommes qu'on appelle des viveurs.

Or, la légende que nous devons à Moïse est aussi contraire aux faits d'observation qu'aux enseignements de la raison, si l'on s'en tient au seul texte de la Genèse. Puisque Dieu a fait de l'homme un être essentiellement actif et perfectible, il a voulu qu'il cultive et qu'il exerce sans cesse ses facultés vitales, sa perfectibilité ne pouvant s'accomplir que par ce moyen. N'est-ce pas faire de ce Dieu, la bonté, la sagesse et la justice en toute perfection, un être capricieux, bizare et inconséquent qui accorde à l'humanité un don magnifique et la punit sévèrement si elle en fait usage ? L'Eden tant vanté est donc une création imaginaire inventée pour les besoins du dogme Judaïque, et pour l'explication du mal physique et du mal moral ; ou bien l'événement qui s'y passa a été mal interprété. Pour nous, cette histoire de nos premiers parents est un de ces mythes sous le voile allégorique desquels l'imagination poétique de l'Orient se plaisait à cacher la vérité. Le Paradis, c'est la terre si féconde, produisant en abondance toutes les choses nécessaires aux besoins de l'existence. Le serpent c'est la vie matérielle rampant et pataugeant dans le bourbier des appétits sensuels, et la femme s'abandonne la première à ce funeste attrait parce qu'elle est plus *sensitive* que l'homme. L'arbre de la science est celui de la mauvaise science, de la science du sensualisme, et en définitive le péché commis est celui de gourmandise, une préférence donnée au culte des sens sur le culte de la noble intelligence. Ah ! pardonnons à nos deux premiers pères de nous avoir si sottement damnés pour une mauvaise pomme ! si nous disons *mauvaise*, c'est que tout fruit sauvage est de goût détestable, et Moïse ne dit pas que le pommier eût été greffé et cultivé. Pardonnons-leur, répétons-nous, car, si, comme cela doit-être, on juge du volume de leur tête et de leur cerveau par les crânes de leurs descendants plus immédiats que nous, par les crânes des hommes antédiluviens qu'on a récemment découverts, près d'Abbeville, dans un terrain appartenant au diluvium, on est forcé de reconnaître qu'ils étaient *prognathes*, c'est-à-dire qu'ils avaient les régions temporales aplaties, le front déprimé et projeté en arrière, le nez camu et très-petit, les mâchoires et les dents d'une grande proclivité ; mode d'organisation qui, avons-nous vu, a pour effet de développer les organes de l'alimentivité aux dépends de ceux de l'intelligence. Notre race actuelle n'est donc pas une race dégénérée, ainsi qu'on ose le prétendre dans un intérêt plus mondain que religieux. Les hommes d'à-présent , quelques imparfaits qu'ils soient encore, valent un million de fois mieux, à tous les points de vue, que les premiers nés du genre humain, et ceux-là sont nos plus cruels ennemis qui s'efforcent de mettre sous le boisseau la science qui nous a fait faire de si beaux progrès et ils ne sont en définitive que des blasphémateurs de la bonté divine.

Ne regrettons donc pas les jouissances matérielles que le séjour de l'Eden nous promettait ; car, ce mode d'existence aurait été aussi honteux que fatal pour nos destinées. La plupart des îles de la mer intertropicale ne sont-elles pas aussi des jardins délicieux où règnent un printemps et un été perpétuels et dans lesquels croissent sans culture des arbres et des plantes à fruits comestibles d'un goût savoureux : le bananier, le cocotier, l'artocarpe, le sagoutier, le choux palmiste, l'arbre à beurre, les gommiers, les fromagiers, le palmier à sucre, l'arbre à pain, le talipot, le papayer, le tamarin, le galmœsia esculenta, etc. Mais, malgré tant de richesses, les peuplades sauvages qui habitent ces îles en sont-elles moins imbéciles, misérables ; horriblement laides et vicieuses par le fait de leur paresse et de leur ignorance ?

Pour l'homme, l'activité est la manifestation de la vie physique et intellectuelle, et le travail est l'exercice de cette activité sur les objets du monde, afin de les connaître, de les perfectionner et de les approprier à ses besoins, tout en se perfectionnant lui-même. Le travail peut donc être ainsi défini : l'activité humaine s'exerçant sur les matériaux divers fournis par la nature pour en obtenir des résultats consommables.

A quoi serviraient d'ailleurs tous les produits de la terre, si l'homme n'était pas là pour les façonner et les appliquer à son usage ? Ils seraient des effets sans cause et sans but ; aucune corrélation n'existerait entre eux, et l'univers ne serait pas cette œuvre synthétique d'unité complexe qu'on admire à si juste titre comme type parfait d'ordre et d'harmonie, unification dont l'homme est le lien.

> Travaillez, prenez de la peine ;
> C'est le fond qui manque le moins

a dit le bon La Fontaine. Les matériaux du travail sont, en effet, répandus à profusion sur tous les points de la terre, et nos besoins nombreux nous invitent à les utiliser. Leur mise en œuvre ne dépasse certes pas la portée de nos forces physiques, ni celle de notre esprit ; ce qui confirme une fois de plus cette grande et universelle vérité que, dans tout ce qui a été réglé par la loi naturelle, la fin et les moyens se trouvent toujours en parfait état d'accord et d'harmonie.

La nature n'est jamais ingrate et elle paie largement les travaux intelligents qu'on lui consacre. Ne voyez-vous pas ces marais, autrefois infects, convertis aujourd'hui en prairies à la végétation luxuriante, et dans lesquelles s'engraissent de nombreux troupeaux ? Ces champs couverts de riches moissons, et dont l'aridité ne produisait naguère que des broussailles ? Ces fleuves aux cours torrentiels dont les débordements ravageaient les campagnes, et qui, renfermés dans leurs lits, conduisent paisiblement à la mer les vaisseaux qui vont échanger le superflu de nos produits avec celui des autres parties du monde ? Ce sont là de beaux et d'heureux résultats obtenus par l'industrie. Les peines et labeurs qu'ils coûtent sont rudes, à la vérité ; mais l'homme n'en est-il pas généreusement payé par l'augmentation de ses moyens de jouissance et le développement en perfectibilité de son intelligence ? Et, si le malheur vient trop souvent se placer sur sa route, n'est-ce pas à son inconduite, à ses passions déréglées qu'il faut en attribuer la cause ?

On n'en saurait douter en présence des enseignements tirés de l'histoire des temps passés et de celle de notre époque. Quand on observe, en effet, les choses de la nature universelle, cette œuvre admirable de Dieu, on reconnaît qu'un ordre parfait d'harmonie préétablie règne entre elles, tandis que les sociétés humaines ne présentent que des scènes cataclyptiques de désaccord. Mais d'où naît cette anomalie d'effets naturels ? C'est que là préside la sagesse divine, et ici l'égoïsme de l'instinct et les folies du libre arbitre.

Ainsi que nous l'avons observé précédemment, les êtres organisés ont été classés, suivant le plan de la création divine, par séries d'espèces graduellement ascendantes et se touchant les unes les autres; et, d'après cet ordre hiérarchique, chaque série a été moins bien qualifiée, moins riche en propriétés vitales que celle qui occupe le rang qui lui est immédiatement supérieur. Or, Dieu n'a pas créé ces êtres sans leur donner le droit de vivre sous certaines conditions qu'ils sont exactes à remplir, et sans leur en donner les moyens. Aussi voyons-nous que ces moyens ne leur font pas défaut.

Il a conféré le même droit d'existence à l'homme, et, de plus, « *il l'a laissé libre dès le commencement.* » *Ecclésiastique, XV.* Et d'après ce même livre, réputé

sacré, « *il a créé pour lui la science de l'esprit, il a rem-*
pli son cœur des sens, et ainsi lui a fait connaître le bien
et le mal. » *Eccl. XVIII,* 6. L'homme a donc été *à*
priori rendu apte à prendre connaissance des choses de
ce monde, à en apprécier la valeur, et, en vertu de
son libre arbitre, il a pu en disposer pour la satisfaction de ses besoins, qui furent d'abord de se nourrir,
de se vêtir, de se créer un abri et des armes défensives;
et c'est en cela que consistèrent ses premiers éléments,
ses ébauches de travail. Mais bientôt cet homme eût
des enfants, et alors il lui fallut redoubler d'efforts et
d'industrie, car le devoir naturel et sacré de les élever
incombait à sa charge.

La famille fut, sans nulle doute, la forme sociale
d'abord constituée ; forme la plus naturelle qui nous
présente un père et une mère portés par le vœu de la
nature à chérir leurs enfants. Ils les soignent, les ins-
truisent, les gouvernent avec amour, et ceux-ci les écou-
tent, leur obéissent avec respect ; et, quand l'âge en
est venu, ils les secondent dans leurs travaux. Ce père
devient un ancêtre entouré de ses fils qui, tous, recon-
naissent sa loi. Voilà le chef des familles, le patriarche.

Le patriarcat est donc la plus ancienne des formes
sociales. Mais cette forme comporte en elle-même
l'égalité des conditions, et ce ne serait pas sans cause
qu'on s'étonnerait de voir la domesticité établie dès
les premiers temps, si l'on ne réfléchissait que la hiérarchie est nécessaire dans l'intérêt même de l'ordre
et de la prospérité publics. D'ailleurs les différents
genres de travail se divisent et se subdivisent à l'infini,
et chacun d'eux se distingue par un mérite d'utilité
générale plus ou moins grande; il réclame plus d'efforts, plus d'habileté dans l'exécution, un plus long

apprentissage, et, par conséquent, sa récompense doit être relativement plus élevée.

Qu'à une époque si rapprochée de l'origine de la société, Abraham et Lot, aient eu de nombreux serviteurs, cela ne surprend donc pas. Le plus ou moins d'aptitude intellectuelle avait déjà pu se manifester parmi les membres de cette société, dont les plus capables et les plus énergiques, avaient naturellement pris la direction et avaient classé les autres, suivant leurs capacités ; mais toujours était-il que chacun était assuré du nécessaire, à moins d'une pénurie générale qui alors frappait sur la famille entière sans distinction de classe. Considérée à ce point de vue du mérite individuel et de l'importance des services rendus à la communauté, la hiérarchie sociale est légitime et de plein droit naturel ; mais ce qui ne l'est pas, c'est que le travailleur des rangs inférieurs n'obtienne pas toujours, ainsi qu'on l'observe dans notre état actuel de civilisation, une rémunération suffisante pour la satisfaction de ses besoins et de ceux de sa famille ; tandis que ceux qui sont assis aux premiers rangs, on ne sait pas toujours à quel titre sanctionné par la raison, possèdent le superflu du superflu.

Cet état de choses n'est pas conforme à l'équilibre que la main de Dieu a établi entre toutes les parties de la création. Il est donc une infraction à la loi, et si les révolutions, si fréquentes dans le passé, continuent de l'être dans le présent, c'est que les différentes cordes de l'instrument social n'ont jamais été au diapason, et ce sont les facultés déréglées de l'instinct humain, non réfrénées par la raison, qu'il faut en accuser.

La vie pastorale paraît être au premier aspect celle qui offre le plus de chances de calme et de bonheur ;

mais ses habitudes nomades s'opposent au développement de l'intelligence et de la raison ; et l'ignorance enfante, comme on sait, la sauvagerie et la brutalité des mœurs. La capricieuse volonté des chefs étant d'ailleurs la loi suprême, cette forme sociale passe fatalement du despotisme à la tyrannie, car l'homme ne sachant pas assez résister à l'entraînement de ses passions égoïstes, et aux suggestions de son orgueil, foule aux pieds sans pitié les droits les plus sacrés de l'humanité pour donner pleine satisfaction à ces passions mauvaises qui enfantent la misère et l'esclavage des faibles.

Le sens moral que Dieu a mis en nous pour tenir en laisse les facultés de l'instinct, était très-peu développé à ces premières époques de formation sociale, et le livre de Moïse nous apprend, en effet, quelles dissentions existaient entre les hommes au sujet d'intérêts mondains, quoique l'espace et la terre à cultiver ne leur manquassent pas. Abraham et Lot furent dans l'obligation de se séparer pour mettre fin aux querelles qui s'élevaient journellement entre leurs bergers à cause des pâturages ; déjà Caïn avait été, par jalousie, le meurtrier de son frère Abel, et les priviléges du droit d'aînesse établirent plus tard la discorde en permanence entre Jacob et Esaü, qui un jour lui céda ce droit pour un plat de lentilles ; et ce fut un nouveau sacrifice fait au culte de la sensualité.

Le travail rétribué fut institué dès ces premiers temps, puisque Jacob consentit à servir Laban pendant sept années, à la condition qu'il lui donnerait sa fille Rachel en mariage. Mais Laban trompa Jacob en substituant frauduleusement sa fille aînée Lia, *qui avait les yeux chassieux*, à Rachel dont la beauté avait séduit

Jacob ; et, pour l'obtenir, celui-ci fut obligé de contracter un nouvel engagement de service pendant sept ans.

Les mœurs à ces époques primitives laissaient beaucoup à désirer ; car on voit Jacob s'échapper de la maison d'Isaac pour se soustraire à la vengeance de son frère Esaü qui voulait le tuer pour les tromperies qu'il lui avait faites ; et si le même Jacob fut dupe de la mauvaise foi de Laban, ne lui vola-t-il pas une partie de ses troupeaux lorsqu'ils se séparèrent. Que dire de Rachel et de Lia donnant elles-mêmes pour concubines à leur mari leurs servantes Bala et Zelpha ; et de l'aventure de ce même-patriarche avec sa bru Thamar ? Du massacre des Sichemites traîtreusement exécuté, et de Joseph vendu comme esclave par ses propres frères ? De tous les crimes et de toutes les turpitudes, en un mot, dont les livres Juifs font le récit, ne résulte-t-il pas que ce peuple s'abandonnait plus souvent à ses mauvaises passions de l'instinct qu'il ne suivait les conseils de la morale et de la raison ? N'en soyons pas surpris, car ce sont là les résultats ordinaires de l'ignorance et de l'inculture des facultés animiques.

Quoique la vie pastorale, peu favorable à la civilisation, fût très-répandue en Orient, certaines familles cependant s'établirent à demeure dans quelques contrées dont elles fertilisèrent le sol par leur travail et l'approprièrent à leurs besoins et aux usages que cette forme d'état social, différente de celle du patriarcat nomade, leur fit contracter. A ce titre ils devinrent les légitimes propriétaires du pays qu'ils habitaient en permanence, et Abraham le reconnut lui-même lorsqu'il acheta d'Ephron, au prix de 400 sicles d'argent, un champ et une caverne pour y déposer les restes mortels de sa femme Sara.

Le commerce existait déjà et la propriété était fondée, puisque le signe représentatif de la valeur des marchandises était créé.

Ces modalités diverses d'existence sociale donnèrent nécessairement aux familles des goûts, des mœurs, des aptitudes et des caractères différents qui rendirent l'accord et l'harmonie difficiles à établir entre elles. Le travail de la vie sédentaire, plus favorable au développement de l'industrie que celui de la vie nomade, aventureuse et quelque peu pillarde et vagabonde, telle que nous la représentent les tribus arabes de nos jours, augmenta plus rapidement le bien être et la richesse. Les hommes devinrent par là plus intelligents et plus sociables ; mais ce bien être et cette richesse excitèrent la convoitise des pasteurs ; car on voit qu'ils envahirent l'Egypte florissante et la ravagèrent 2100 ans avant Jésus-Christ. Ce fut un grand malheur pour la civilisation qui, comme il arrive toujours en pareil cas, fut arrêtée dans sa marche par le joug que firent peser sur elle ces peuples fanatiques, ignorants et barbares qui osaient se dire les enfants chéris de Dieu.

Le règne inique de l'esclavage fut alors établi par la conquête, et Joseph, vendu par ses frères à des marchands Ismaélites issus comme lui du patriarche Abraham, devint l'esclave et plus tard le sage ministre du 4° roi de la dynastie des rois pasteurs de Memphis.

Le 6° et dernier roi de cette dynastie fut chassé de l'Egypte avec son peuple conquérant, et les Israélites furent compris dans l'expulsion. Si l'on considère que ceux-ci avaient pendant longtemps vécu de la vie pastorale ; que Manéthon et Flavien Joseph font des

pasteurs les ancêtres des Hébreux ; que tous habitaien
la terre de Gessen et les cantons voisins de l'isthme de
Suez, et qu'ils furent chassés ensemble, on ne doutera
pas que les uns et les autres furent le même peuple
spoliateur. Manéthon d'ailleurs attribue aux pasteurs
la fondation de Jérusalem après leur expulsion, et les
passages suivants de la Genèse sont favorables à cette
communauté d'origine.

*« Vous répondrez à Pharaon : vos serviteurs sont
pasteurs depuis leur enfance jusqu'à présent et nos pères
l'ont toujours été comme nous. Vous direz ceci pour
pouvoir demeurer dans la terre de Gessen, parce que
les Egyptiens ont en abomination tous les pasteurs de
brebis. »* Ch. 46, v. 34.

*« Le roi dit donc à Joseph.......faites demeurer vôtre
père et vos frères dans l'endroit du pays qui vous paraî-
tra le meilleur, et donnez leur la terre de Gessen. »*
Ch. 47, v. 5 et 6.

La conduite des pasteurs Hébreux fut celle des
hommes qui n'ont pour guide que les facultés perver-
ties de l'instinct. « Les ravages qu'ils commirent sur
les bords du Nil, dit M. Al. Bonneau, nous ont privés
d'un nombre infini de monuments dont les inscriptions
et les peintures nous aideraient à lever le voile qui
recouvre les premiers siècles historiques. Il faut pourtant le reconnaître, ce déluge de barbares eut son bon
côté ; il décida de nombreuses migrations Egyptiennes
dans la Grèce, et c'est ainsi que les tribus Hellènes
reçurent les premières étincelles de cette lumière dont
Rome et l'univers furent ensuite éclairés. La haine
des Egyptiens pour les pasteurs fut aussi grande que
les revers et les pertes que ces barbares leur avaient
fait éprouver. On retrouve un grand nombre de san-

dales qui avaient appartenu même à de simples particuliers , sous le talon desquelles on avait peint, en
signe de mépris, la figure d'un pasteur. On avait été
jusqu'à changer le nom d'Awaris, où tenaient garni-
son les pasteurs, en le remplaçant par le nom de
Typhonia, la *ville de Typhon*, le génie du mal, la Hé-
roopolis des Grecs, qu'il ne faut pas confondre avec
Bubaste, et c'était là, disait-on, que ce dieu, difforme
et méchant, qu'on représentait avec des cheveux roux
comme les pasteurs, avait été foudroyé. »

Quels enseignements devons-nous tirer de ces
faits ? Ils nous apprennent : 1° que l'ignorance qui
enfante la barbarie et la destruction est l'ennemie
mortelle de la science civilisatrice ; 2° que la tyrannie
qu'elle exerce au moyen de la force brutale n'a qu'un
certain temps de durée, et que la raison éclairée
finit toujours par en triompher ; et, enfin, que si la
Providence permet quelquefois que le progrès humanitaire subisse quelque part un temps d'arrêt, elle
lui fait faire de plus amples conquêtes d'un autre
côté.

Mais ces invasions spoliatrices n'en sont pas moins
un grand malheur et une révoltante injustice ; car
elles bouleversent et déclassent les sociétés. Aux vain-
queurs ignorants, le commandement, les richesses,
les honneurs et les jouissances du luxe et de la sensualité ; aux vaincus le travail ardu et la misère.

La plupart des sociétés antiques chez lesquelles le
travail avait développé l'intelligence et la richesse
industrielle subirent le même sort que l'Egypte ; elles
furent tour-à-tour asservies et ruinées par les invasions
des peuplades ignorantes et barbares, leurs voisines; et,
si l'on en cherche la cause, on la trouve le plus souvent,

sinon toujours, dans l'effémination des mœurs et les autres genres d'abaissement et de dépravation morale que font naître l'abus du luxe et le sensualisme, d'une part, et l'avidité pour ces jouissances matérielles de ceux qui en sont privés, d'autre part. Si l'histoire de Palmyre et de Balbek nous était mieux connue, leurs ruines fastueuses pourraient sans doute être invoquées à l'appui de cette opinion; mais, à défaut, nous pouvons citer en témoignage la décadence et la chute de l'empire romain. Qui perdit Rome, en effet, si ce n'est son mépris des droits de l'humanité, son matérialisme et le culte de latrie qu'elle accorda aux facultés de l'instinct presque à l'exclusion de celles de la morale et de la raison ? Ses cent mille statues, ses nombreux palais et ses immenses trésors excitèrent la convoitise des peuples aux mœurs turbulentes, grossières et sauvages, et ses citoyens abâtardis par la mollesse et les excès sensuels ne surent pas la défendre.

De tels effets se produiront tant qu'une sorte d'équilibre en puissance intellectuelle et en puissance matérielle ne s'établira pas entre les nations. Toujours celles qui seront restées en arrière de la civilisation selon les voies de la Providence jalouseront les autres, et elles useront de leur supériorité en force brutale pour les dépouiller et les asservir. La Russie ne fait pas autre chose depuis plus d'un siècle ; et la Prusse et l'Autriche ne rougissent pas en ce moment même de marcher sur ces traces honteuses qui préparent à l'Europe les champs de batailles les plus sanglants, et qui feraient tomber l'humanité dans un abîme sans fond, si la loi de Dieu n'y mettait ordre.

Or, qu'elle est cette loi ? Nous l'avons dit : elle est celle d'une perfectibilité progressive basée sur l'autocratie des nobles facultés de l'âme s'exerçant sur les facultés de l'instinct. A mesure que le domaine de l'intelligence et de la science s'étendra parmi les races humaines, la notion du juste et de l'injuste sera mieux appréciée, et un code international de morale et de droit respecté par tous, réglera équitablement et sous l'égide d'une liberté réciproque les rapports des peuples entre eux. Et, alors, dans la pratique de la vie, l'humanité agira suivant ce principe de philosophie naturelle : *chacun chez soi, chacun pour tous.*

Cette loi de Dieu est encore basée sur les affinités que les hommes, non-seulement ont entre eux, mais encore avec la contrée qu'ils habitent ; affinités que fait naître la même modalité d'existence et qui donne lieu à leur commune assimilation. Qu'une famille, par exemple, s'établisse sur une partie de la terre inoccupée et s'y multiplie : elle en féconde le sol et l'approprie à ses besoins, à ses plaisirs ; son génie industriel se développe progressivement et lui procure le confort de la vie intellectuelle et de la vie sensitive. Si cette famille, devenue une nation, est assez sage pour se maintenir dans les limites naturelles de la loi qui régit l'organisme humain ; c'est-à-dire que si elle subordonne la chair à l'esprit ; si ses réglements d'administration favorisent l'essor d'une juste et légitime liberté, du travail rénumérateur, de l'instruction et de la morale, elle marchera dans la voie de perfectibilité tracée par la main de Dieu, et ses membres, relativement égaux les uns aux autres, ne se jalouseront pas par l'effet de conditions sociales sans aucune liaison entre elles et aussi disproportionnées qu'on l'observe en général dans l'organisation politique des peuples modernes.

Les mêmes observations sont applicables relativement aux rapports que les nations doivent avoir les unes avec les autres. Jamais ces rapports ne seront réglés par l'accord et l'harmonie des intérêts qu'autant qu'elles seront au même diapason au point de vue de la liberté, de l'égalité et du développement moral et industriel. En dehors de ces conditions, le règne de la paix et du véritable progrès humanitaire n'est pas possible.

Saint Augustin qui, selon le rapport de Thomassin, avait des idées très-avancées sur l'égalité et sur l'ordre public basé sur les rapports de similitude entre les divers dégrès de la société, cite sur ce sujet un passage fort clair du juif Philon, qui vivait soixante ans avant Jésus-Christ. On y lit ces remarquables sentences : « *Quidquid enim apud nos peccat est inæqualitas ; quidquid non decedit ab officio æqualitatis opus est...... in civitatatibus optimam et maxime legitimam reipublicæ speciem democraticam, sive popularem administrationem ; in corporibus sanitatem, virtutem in animis. Nam a diverso inæqualitas morborum et vitiorum causa est.* »

En effet, l'ordre politique et social le plus parfait et le plus solidement établi, est celui où les principes et les règlements d'administration sont la conséquence et l'expansion des lois fondamentales du droit naturel et de la morale, et où la plus grande similitude règne entre les rapports des citoyens. Domination et richesse d'un côté, servitude et misère de l'autre, ne peuvent former alliance, et leur contact sera toujours une cause de réaction, de perturbation et de dissolution sociales.

Si l'ordre universel est basé sur les rapports de similitude que les éléments ont relativement entre eux, l'organisation humaine, au physique et au moral, est gouvernée par la même loi, et cette loi ne peut être enfreinte sans un dommage plus ou moins grave. L'homme, en effet, a, généralement parlant, une modalité propre de sentir et de penser, et si ce qui vient au contact de sa sensibilité et de sa pensée est de nature contraire, antipathique, il est une cause de lésion vitale qui produit un trouble réactionnaire quelconque; il en est de même pour les fonctions de la vie organique végétative. Ces fonctions, dans l'intérêt de conservation et de nutrition du corps, ne peuvent agir que sur des matériaux qui soient identiquement les mêmes que ceux qui entrent dans la composition plastique des organes. La chimie médicale, par exemple, ayant constaté que nos tissus sont presque en totalité composés de *carbone* et *d'azote*, et que, dans l'âge viril, nous perdons journellement par les mouvements vitaux environ 360 grammes du premier de ces principes d'organisation, et 126 grammes du second, il faut que nous réparions ces pertes par l'usage de substances *carburées* et *azotées* en quantités contingentes de chacun de ces agents de plasticité organique équivalant à ces pertes.

Mais les substances comestibles étant composées de doses inégales de carbone et d'azote, il est nécessaire que la nourriture soit variée et réglée, afin de ne pas introduire dans le corps un excès soit des deux matériaux de nutrition, soit d'un seul, car cette quantité surabondante non-seulement ne pourrait être assimilée aux organes, mais encore elle serait une cause de trouble de la santé. De là le besoin du régime alimentaire formulé en conséquence des considérations suivantes:

Le pain, par exemple, contenant $^7/_{00}$ de substance

azotées et $^{30}/_{00}$ de carbone, il en faudrait consommer près de 2 kilogrammes pour obtenir 126 grammes de substance azotée ; mais alors on aurait absorbé 540 grammes de carbone, ou 180 grammes en plus de la quantité perdue ; et, dans ce cas, il résulterait un dé-faut d'équilibre entre les éléments constitutifs du corps au grand détriment de la santé, avec le temps.

Si l'alimentation était composée de viande seule-ment, il suffirait de 630 grammes pour obtenir les 126 grammes d'azote nécessaires, attendu qu'elle contient $^{20}/_{00}$ de cette substance ; mais, d'autre part, la viande ne donnant que $^{15}/_{00}$ de carbone, il en faudrait con-sommer 2400 grammes, ou 2 kil. $^{1}/_{2}$ pour en extraire les 360 grammes à remplacer dans l'organisation. Or, avec cette énorme quantité de chair, on absorberait 480 grammes de substance azotée, c'est-à-dire 354 grammes au-delà du chiffre voulu.

On est donc naturellement conduit à reconnaître que c'est la nourriture mixte qui est seule régulière et ap-propriée aux véritables besoins de l'organisation hu-maine, et la voici formulée comme il convient :

1° 1050 grammes de pain donnant en substance azotée....................... 73 gr^{es}

Et en substance carburée... 315 gr^{es}

2° 300 grammes de viande don-nant azote........... 60 gr^{es}

Et en carbone........... 45 gr^{es}
____

360 gr^{es} 133 gr^{es}

Mais en outre de ces conditions d'alimentation con-venable, l'homme a essentiellement besoin, dans l'in-térêt de sa santé et de son bien être, de respirer un air pur, de se soustraire, au moyen de vêtements suffisamment chauds, à l'action énervante du froid et de l'humidité, de reposer ses membres fatigués sur un lit quelque peu doux, etc.; et, jouit-il de ces avantages de la vie matérielle, il aurait encore le droit de réclamer, pour prix de son travail, les moyens de perfectionner par l'instruction sa nature morale et intelligente. Or, dans l'état de constitution actuelle de la société, l'ouvrier prolétaire obtient-il cette équitable rémunération ? Les rangs sociaux présentent-ils entre eux ces rapports de connexité qu'on admire dans la classification naturelle établie par Dieu entre les corps organisés, classification qui les groupe harmoniquement et forme de leur ensemble une unité complexe ? Evidemment non. Le hideux paupérisme est un déclassement complet ; l'esclavage inhumain en est un autre, et de tels hiatus immenses existent entre les autres conditions, que leur engrenage s'opère très-imparfaitement, et que, par conséquent, le mécanisme social fonctionne mal et, à tout moment, se dérange. Dans une machine à rouages le détraquement d'une petite roue arrête le mouvement de même que celui d'une grande.

Le monogénisme est, généralement parlant, la doctrine acceptée par tous les naturalistes, et tout porte à croire qu'elle est la seule vraie. Or, en partant de ce principe, l'analyse nous donne les déductions suivantes : si les hommes sont nés du même sang, s'ils ont eu le même berceau pour origine, évidemment ils sont tous frères par filiation, évidemment ils sont tous égaux. Si le droit d'autorité a été naturellement octroyé aux premiers parents sur leurs enfants et à ceux-ci sur leur descendance, le devoir de les *élever*, leur a aussi été imposé, et ce terme complexe embrasse dans sa signification les soins que réclament la nourriture, les vêtements, le logement, la santé et l'éducation morale et intellectuelle.

Si les familles, en se réunissant pour former une nationalité, ont élu un chef auquel elles ont délégué le pouvoir de les gouverner, ce n'a dû être qu'à la condition explicitement formulée que ce chef userait sagement et loyalement de son autorité, de manière à ce que aucun citoyen ne fût lésé dans ses droits naturels à la liberté et à l'égalité, et à ce que chacun trouvât dans le mérite de son travail la valeur proportionnelle, mais suffisante toutefois, pour satisfaire aux besoins légitimes d'existence physique et morale de sa famille.

Ce chef contracta encore l'obligation de défendre la nation qui l'avait choisi, et de la diriger dans la voie du progrès et de la perfectibilité.

Mais pourquoi ce contrat synallagmatique fut-il sitôt altéré et faussé ? Qui fit naître cette inégalité choquante qu'on observe depuis des siècles entre les conditions humaines, inégalité qui les sépare par des abîmes et les divise en étapes de servitude bestiale, de mendicité abrutissante, de travail insuffisamment rémunérateur, d'opulence et d'aristocratie orgueilleuses sans pudeur et sans raison ? Qui donna lieu aux despotismes de tous genres qui n'ont cessé de peser sur les intelligences et d'en arrêter l'essor ? Qui brisa le lien des affinités morales et physiques entre les hommes, le seul qui puisse les unir harmoniquement dans l'état social ? Le sensualisme, ce grossier péché des premiers nés de l'espèce humaine.

Du Sensualisme.

Le sensualisme est cette doctrine philosophique qui est opposée à l'idéalisme, et qui donne pour but à notre existence les jouissances de nos facultés sensitives. Le matérialisme et l'athéisme en sont le plus souvent la conséquence. Mais ce n'est pas à ce point de vue philosophique que nous en parlerons ici ; nous traiterons seulement de l'attachement aux plaisirs des sens qu'il professe et dont il préconise le culte.

« L'être humain, a dit le judicieux Montaigne, ce n'est pas un corps, ce n'est pas une âme, c'est un homme ; il ne faut pas en faire deux. »

Nous avons déjà observé, en effet, que deux ordres de phénomènes distincts se produisent journellement dans notre organisme : ceux qui appartiennent aux facultés de l'instinct et du sentiment, et ceux qui sont du domaine de l'esprit et de la raison. L'action de ces facultés sensitives est de nature objective, c'est-à-dire qu'elle s'applique aux objets du monde extérieur dont elle transmet subjectivement l'image et la notion à l'âme.

Or, ce qui distingue éminemment l'homme et fait de lui l'être par excellence ici-bas, ce sont les facultés dont son âme est douée. Otez-les lui, et il sera l'un des êtres le moins privilégiés dans l'ordre des primates.

Noblesse oblige, a-t-on dit avec raison, et l'homme sous ce rapport a contracté l'impérieux devoir de cultiver le magnifique don que Dieu lui a fait ; sans quoi il se rend indigne de la royauté terrestre, et renonce aux destinées heureuses qui lui sont réservées ; car la loi de perfectibilité existe comme nous le voyons pour toutes les parties du globe et pour tout ce qui vit à sa surface.

La nature universelle n'est pas une substance éternelle se manifestant ici par la pensée et là par l'étendue, ainsi que le prétend le panthéisme ontologique de Spinosa : elle est une œuvre sublime, et, ne fût-elle même qu'un art, cet art aurait de toute nécessité un auteur ; et l'auteur d'un tel art ne saurait être qu'un Dieu qui a imposé à sa création la loi d'harmonie parfaite qui la dirige, et qu'il a modifiée conformément au rôle que chaque partie est appelée à remplir.

La matière étant inerte par elle-même, il a fallu pour lui donner le mouvement l'unir à une force vive ; et l'entité humaine qui est cette force, a eu besoin d'un corps pour pouvoir agir sur les autres corps de la nature. Ce corps lui a été donné. Composé d'organes sensitifs, il a pu voir les formes et les couleurs, sentir les odeurs, entendre les sons, goûter les saveurs, etc., des objets dont il est entouré, et communiquer à l'entité dynamique, à l'âme en un mot, les sensations qu'ils font éprouver, afin qu'elle en apprécie les qualités et les approprie aux besoins de l'organisation, si elles sont dans l'ordre de ses affinités électives.

Dans l'ordre naturel, ce principe actif qui a ses facultés et sa loi particulières, est indépendant des sens ;

ils sont même ses serviteurs et ses messagers, peut-on dire ; puisque, sous l'empire de sa volonté, ils vont lui chercher et lui apporter des sensations.

Cette mission des sens s'exerce sous l'impulsion de l'attrait du plaisir, et, par malheur, lorsque l'âme n'est pas suffisamment fortifiée par la raison, elle se laisse dominer et entraîner par cet attrait, et elle tombe dans le bourbier de la sensualité en compagnie des sept péchés capitaux.

Ce plaisir inhérent aux fonctions des sens était une nécessité de premier ordre ; car, s'il n'avait existé, l'homme n'aurait pas été sollicité à se nourrir et à mettre son âme en rapports incessants avec les objets du monde extérieur dont, par conséquent, il n'aurait pas joui ; et alors l'anneau principal de la chaîne ascendante des êtres aurait fait défaut. Frappée d'inertie par l'effet même de l'inertie de ses auxiliaires sensitifs, l'âme humaine n'aurait pas été le trait d'union entre le Créateur et la nature terrestre, et l'échafaudage du système de l'univers se serait disloqué, de même que se détraque une charpente par le manque de l'une de ses principales chevilles.

Si l'attrait du plaisir est le mobile de nos actions, les causes qui le font naître sont toujours celles qui, par leur essentialité, sont en état d'analogie avec la modalité d'être de notre organisme. Quand ce plaisir ne dépasse pas les sages limites naturelles, ses douces jouissances favorisent les nobles fonctions de l'âme et donnent au corps l'énergie de la santé ; mais ses excès, la sensualité abusive, produisent des résultats tout-à-fait opposés.

Par malheur pour l'humanité, elle s'est toujours plus ou moins complaisamment laissée glisser sur cette pente attrayante qui se termine par un abîme ; et à notre époque, pourtant si éclairée, le sensualisme règne plus despotiquement que jamais. Boire, manger, dormir le mieux possible ; fréquenter les bals et l'Opéra ; se singulariser par des manières et une mise soi-disant comme il faut, élégante, aristocratique ; s'énerver dans une luxueuse indolence ; mener, en un mot, ce qu'on appelle la bonne vie de Paris ; voilà le rêve d'une partie notable de la jeunesse actuelle. Ruinés, blâsés, décrépis avant l'âge, ces adeptes d'un dandysme extravagant finissent ordinairement leurs jours dans les douleurs et la misère, s'ils n'ont pas la chance de devenir les annexes de quelque vieille femme folle et opulente. Mais si, leur âme se réveillant enfin, la raison leur fait reconnaître ce triste gaspillage de leurs belles années, la parfaite inutilité de leur existence, ils rougissent de leur passé et s'avouent qu'ils n'ont conquis aucun droit à la considération publique.

L'état trompeur qui environne les coryphées de la vie sensuelle séduit les insensés qui ne voient le bonheur que dans le faste de la richesse. Que Mondor et M. Turcaret sont heureux, s'écrient-ils ! Le luxe a mis toute la magie de son art à décorer leurs hôtels et leurs châteaux magnifiques ; par la recherche de la délicatesse des mets, leurs repas feraient honte à ceux de Lucullus ; ils sont aimés des grands, ils sont chéris des belles ; le gibier abonde dans leurs forêts et leurs vignobles produisent les vins les plus exquis, etc. Mais pour obtenir cette fortune enviée, pendant combien de temps ne leur a-t-il pas fallu courir après par les voies les plus abruptes, et sans reprendre haleine ? Et, dans cette course échevelée, combien de rivalités victimes de la même cupidité n'ont-ils pas écrasé sous leurs pieds? Car dans le dédale de la spéculation ne trouve pas qui veut le fil conducteur :

> On sait quel est ce labyrinthe,
> Et que pour aller à Corinthe
> Le désir seul ne suffit pas.

J.-B. ROUSSEAU.

Heureux par exception, le succès a couronné les efforts, quelquefois regrettables au point de vue de l'honnêteté, de Mondor et de M. Turcaret ; mais à quoi bon leurs richesses dont ils ne sont plus aptes à jouir? Perclus par la goutte et les rhumatismes, la chasse ne peut être un plaisir pour eux ; leur estomac fonctionne mal, et, pendant qu'ils entassaient de l'or, les amours ont fui loin d'eux sans possibilité de retour. C'était bien la peine d'amasser tant de trésors ! Mais au moins trouvent-ils dans les acquisitions de leur intelligence une compensation aux pertes qu'ils ont faites du côté des facultés physiques ? Nullement : les choses de l'esprit ne se gravent guères sur les cerveaux métalliques.

Le travail, tel que la loi de la nature l'a établi et en a coordonné les conditions, est destiné à servir au développement des facultés physiques et morales de l'homme, et jamais il ne devrait les altérer. Un double but lui a été fixé, celui de contribuer au bien général de la société, en même temps qu'à celui du travailleur ; et la récompense doit être fixée conformément à la règle ainsi formulée par le comte de Saint-Simon : *à chacun selon ses œuvres et le mérite de ses œuvres.*

Mais qu'il est loin d'en être ainsi ! Grâce aux modes capricieuses inventées chaque jour par le sensualisme fantaisiste et insatiable, ceux-là seuls qui se livrent à son service, deviennent les favoris de Plutus : tailleurs, modistes, parfumeurs, pâtissiers, confiseurs, maquignons, tapissiers, modernes laïs, etc., deviennent presque tous des Mondors ; tandis que l'homme de science, de la science dont les bienfaisants labeurs tracent la voie du véritable progrès humanitaire, passe misérablement sa vie dans une froide mansarde d'où il ose à peine sortir faute d'être convenablement vêtu. La littérature de boudoir gagne facilement, il est vrai, ses éperons dorés, mais aussi n'est-ce pas seulement parce qu'elle brûle force encens sur les nombreux autels du sensualisme ?

Pour mener largement la vie sensuelle, il faut de l'or, beaucoup d'or, les habiles savent en acquérir ; l'un aux dépends de sa santé ; l'autre aux dépends de la délicatesse des sentiments. Celui-ci fait le sacrifice de sa liberté, et cet autre celui de ses goûts et de ses penchants les plus dignes et les plus naturels. Mais cette richesse n'est conquise qu'au préjudice des autres membres de la société, et il en résulte ces effets de vue disgracieuse de la chaumière au toît effondré accolée à la maison luxueuse ; des haillons de la misère frôlant dans la rue les brillants et frais habits de l'opulence. Or, l'équilibre social, qui procède de l'équilibre universel basé sur la loi de l'accord par voie de similitude, peut-il se maintenir toujours dans de telles conditions d'existence ? Si nous le pensions, ce serait oublier qu'une réaction s'opère toujours entre les corps dont la modalité d'être est opposée, et qu'en définitive la victoire reste aux plus nombreux bataillons. L'enclume fait rebondir le marteau qui la frappe ; les fers de l'esclavage sont brisés tôt ou tard, et les lois sociales de compression et de privilége, n'étant que transitoires et aléatoires, ne peuvent prévaloir sur la loi immuable et absolue qui régit l'organisme humain.

Le culte du veau d'or inventé par le grand-prêtre Aaron est parvenu jusqu'à nous, et nous lui sommes aussi fervents que lui ont jamais été les Juifs. Probité, savoir, talent, amour et dévouement à la patrie, qu'êtes vous, si vous n'êtes pas couverts d'une couche de dorure? Peu de chose ou à peu près en comparaison de Mondor et de M. Turcaret. Les portes de nos assemblées sont pour eux largement ouvertes, tandis qu'elles se ferment à votre approche et que vous y frapperiez en vain.

Et vous, jeunes filles, que l'aveugle fortune a déshéritées dès le berceau, quel sera votre lot dans le tirage de loterie sociale? Unissant la beauté aux séductions de la grâce, de l'esprit et de la bonté, avez-vous chance de vous unir à l'amant de votre choix? De partager avec lui les douces joies de la maternité dans une situation d'existence que Horace appelle *aurea mediocritas?* Hélas! vous n'avez qu'une faible dot à lui offrir, et lui ne possède qu'une chaumière et son cœur. Une chaumière, le travail et un cœur sincère et vaillant, peut-être cela suffirait-il pour le vrai bonheur; mais vous adorez les bijoux, les rubans, les dentelles, les spectacles et les bals, et, partant, l'union n'est pas possible à ces conditions entre vous. Vous gémissez de la grandeur du sacrifice; mais vous vous consolez par l'espoir qu'une main flétrie et tremblante viendra vous en offrir le prix, et, en effet, vous voilà devenue Mme Turcaret.

Vos diamants sont toujours beaux, Madame; votre toilette continue d'être marquée au coin du bon goût, de l'élégance et de la richesse, et vous n'avez pas cessé d'être depuis quatre ans la reine de toutes les fêtes.

Mais pourquoi l'éclat de vos regards s'est-il amorti ? Pourquoi cette couleur bistrée de vos paupières, cet air de distraction et de fatigue ? Le bal est en plein mouvement d'animation, et déjà vous voulez partir ! Ah ! je vous devine : vos sens sont fatigués, le sensualisme a fait son temps pour vous, et la loi de la nature a repris son empire ; mais il est trop tard pour votre bonheur.

Vous avez sacrifié l'amour et les sentiments doux et sacrés de la famille à l'attrait des plaisirs mondains et à la satisfaction de la vanité ; la satiété vous est venue et des enfants ne sont pas là pour charmer la vie de repos dont vous avez besoin; mais, un échange de pensées sympathiques et de soins affectueux a-t-il lieu du moins entre vous et celui que vous avez préféré pour époux ? Qui ne sait que le cœur de M. Turcaret est de même nature que sa cervelle.

Vous êtes cependant bien heureuse, Madame, comparativement aux jeunes filles qui, pour vivre ou posséder une robe, un fichu, sont obligées de trafiquer de leur honneur.

Chez le sensualisme les fibres les plus délicats de l'âme se brisent et perdent toute espèce de tonalité. Les sentiments les plus purs de l'humanité, ceux mêmes que la nature a créés les plus vivaces, l'amour paternel, sont étouffés par les besoins factices des appétits sensuels. Qui ne se souvient de cet ignoble couplet, et d'autres du même genre qui ont joui d'une certaine vogue populaire ?

> Si mes enfants n'ont pas d'pain,
> Ils font la grimace.
> Si j'ai soif et qu'ils aient faim
> Qu'voulez-vous qu'j'y fasse ?

Bois et enivre-toi chaque jour, vil pourceau d'Epicure ; mais ne va pas te plaindre au médecin de tes souffrances, et l'accuser de ne pouvoir te guérir. Est-ce que la médecine, en effet, ne doit pas, selon eux, être taxée d'ignorance, si elle ne sait pas faire vivre longuement des gens qui se suicident journellement, et qui ne tiennent pas compte de ses avis ?

C'est parce que le culte du sensualisme est l'allié nécessaire du culte de Plutus qu'on voit se former tant de mariages antipathiques dans lesquelles la laideur et la difformité sont unies à la beauté ; la douceur et la bonté à l'emportement et à la méchanceté ; la vertu, l'esprit et le savoir au vice, à la sottise et à l'ignorance. Que résulte-t-il la plus part du temps de ces unions dorées? la désaffection, la discorde et le malheur en ménage, et trop souvent des enfants atteints par les maux héréditaires les plus déplorables dont ils transmettront à leur tour le germe à leur propre descendance. L'abaissement du niveau de la beauté physique et de la santé ne tient pas à d'autres causes.

Si les excès du sensualisme sont la source d'où naissent les maladies chroniques qui dévorent les organisations humaines et les flétrissent de leurs hideux stigmates, cette source vient aussi de la misère qui pèse si lourdement sur le prolétariat en général et sur une partie de la classe ouvrière. Mais ce n'est pas seulement au point de vue sanitaire et de longévité individuelles que ces vices de l'état social sont funestes, ils le sont encore sous le rapport de l'économie politique, ainsi que nous allons le dire.

Tout ce qui existe en dehors du plan d'unification et d'harmonie universelles par voie de rapports similaires est frappé d'imperfection et marqué au coin du désaccord. Or, ce plan que nous montre-t-il? Dans notre système planétaire, un soleil dispersant sur les planètes son électricité en quantité afférente à chacune d'elles, rien en plus, rien en moins. Dans la nature organisée, des êtres classés de telle manière qu'ils forment une chaîne dont ceux des anneaux qui se touchent immédiatement se ressemblent, et que chacun de ces êtres trouve au rang que la nature lui a donné tout ce qui convient à sa modalité d'existence et de fonctions à remplir. Dans l'organisation humaine en particulier, un cerveau d'où part, en irradiant vers toutes les parties du corps, l'électricité vitale et y faisant retour, chacune de ces parties en reçoit exactement, dans l'état normal de santé, la somme adéquate à ses besoins.

Si l'équilibre entre les corps sydéraux était rompu, on comprend quelle perturbation cataclytique il en résulterait. Infailliblement l'univers serait anéanti. Si dans l'organisme humain un des viscères principaux est trop souvent mis en action, la surexcitation qu'il en éprouve appelle à lui une dose trop forte de fluide vital et de sucs nourriciers ; il se congestionne ; mais cette congestion s'opère aux dépends des autres organes ; leur action consensuelle est enrayée et la maladie se déclare.

Or, il en est de même pour le corps social. Quand les richesses s'accumulent avec exagération sur une partie de ses membres, l'autre partie est privée de la part légitime qui lui revient et qui lui est nécessaire. Dès-lors il se forme entre les citoyens deux classes trop distinctes, trop opposées de nature pour que l'accord et l'harmonie, seule base de stabilité et de progrès, puissent s'établir entr'elles, et tôt ou tard une révolution vient briser et corriger cette situation aussi fausse qu'elle est injuste.

Ces considérations s'appliquent également à l'agrandissement des villes au détriment des campagnes et des petites communes urbaines. C'est en effet dans ces grands centres de population que les passions se déchaînent, que les intérêts se heurtent avec le plus de violence, que l'accroissement incessant du luxe et des besoins matériels enfante cette cupidité qui met obstacle à l'établissement de l'ordre public et cause une foule d'usurpations iniques. Ces villes sont à l'organisme social ce que sont les grands viscères à l'égard du corps humain ; elles sont utiles et fonctionnent bien tant que l'équilibre se maintient entre ce qu'elles absorbent de la fortune publique et ce qu'elles lui rendent en produits de bonne qualité. Mais trop souvent ces produits passent et restent aux mains du capital égoïste, et les travailleurs en sont presque totalement déshérités.

Peut-on alors s'étonner du peu de sympathie que l'ouvrier éprouve pour son patron ? N'en voit-on pas la cause dans l'antagonisme trop tendu de leurs intérêts, et comment celui dont le travail ingrat ne pourvoit pas à ses besoins et à ceux de sa famille n'envierait-il pas le fabricant millionnaire qu'il enrichit et qui le paie si mal ? Comment aussi ne serait-il pas séduit et entraîné à la révolte, quand on vient le leurrer de l'espoir d'un partage de biens avec lui ?

Sans nul doute la nature, qui a classé les êtres des deux règnes animés par séries ascendantes et a pris pour règle de leurs rapports immédiats la similitude qui existe entre leurs organisations respectives, a voulu aussi que l'ordre social, qui est un des premiers et des plus grands besoins de l'humanité, fut soumis à une classification dont le mérite du travail individuel et les services rendus à la communauté seraient la base ; et cette base fondamentale de hiérarchie sociale est la plus équitable, car les divers genres de travail sont variés à l'infini ; chacun d'eux réclame une aptitude particulière et présente des difficultés d'exécution plus ou moins grandes, un apprentissage plus ou moins long. Aussi les aptitudes individuelles sont-elles spéciales et développées à différents dégrès. L'un, en effet, est impuissant à faire ce qu'un autre exécute avec adresse et facilité, et celui-ci accomplit avec plaisir et bonheur une tâche qui ferait le tourment et même le désespoir de celui-là. Ici, on invente, on ébauche, là on développe, on perfectionne ; d'où il résulte que si les facultés de chacun sont très-limitées, celles de l'homme collectif ne le sont presque pas et peuvent aisément subvenir largement à tous les besoins de l'humanité. La société a donc pour raison d'être l'utilité réciproque des uns et des autres, et sa perfectibilité prend sa source dans l'apport et le contingent de travail privé de chacun de ses membres à l'œuvre générale. Mais il est juste et de droit naturel que la récompense du travailleur soit toujours portée au prorata de sa peine et de son mérite , et qu'elle satisfasse à tous ses besoins légitimes d'existence. Or, qui pourrait dire qu'il en est ainsi ?

Si Dieu a imposé à l'homme la nécessité du travail comme étant l'unique et essentielle condition de son perfectionnement et du bonheur de ses destinées, il l'a doté du libre arbitre, c'est-à-dire du droit imprescriptible de penser et d'agir conformément aux conseils éclairés de sa raison et de ses véritables intérêts, ne donnant pour limites à cette liberté que ce qui peut entraver la liberté et léser les intérêts d'autrui.

La jouissance de la liberté est, en effet, un besoin tellement inhérent à l'organisme humain, qu'il est vrai que l'homme ne peut, sans elle, non-seulement donner l'essor à ses nobles facultés de l'esprit, mais encore que sa nature se détériore et se vicie, lorsqu'il en est privé.

Par malheur, les gouvernements se sont tous plus ou moins efforcés de mettre des entraves à cette liberté, les uns pour le seul avantage de leur égoïsme despotique, les autres par le besoin de refréner les passions surexcitées et déchaînées par les cupidités de la richesse et de l'ambition. De là tant de lois répressives, utiles sans doute pour arrêter les méchants, mais qui ont aussi le grave inconvénient de faire porter des chaînes aux hommes de bonne volonté. De là encore pour le dire en passant et ne citer qu'un exemple, ces rouages si compliqués d'administration qui ont fait du *fonctionnarisme* un instrument de gêne publique et de mutilation d'esprit pour ceux qui l'exercent dans les rangs inférieurs.

Le fonctionnaire ne soumet-il pas, en effet, sa volonté à la volonté absolue d'un chef? Sa pensée ne reste-t-elle pas circonscrite dans un cercle rétréci d'idées toujours les mêmes, et ne perd-il pas ainsi tout esprit d'initiative? S'il fait bien ce qu'il a l'habitude de faire, il devient, généralement parlant et sauf de rares exceptions, à la longue incapable de tout autre chose. Esclave de la routine, il n'est plus qu'un rouage passif d'un mécanisme quelconque ; aussi tombe-t-il fatalement avec le temps dans le rachitisme moral, intellectuel et dans l'étiolement des forces physiques.

Son âme amortie n'a ni aspirations ni élans généreux vers l'inconnu pour lui demander le progrès social , mais elle s'endort dans l'actualité, elle devient même hostile à toute vérité nouvelle et lui fait tendre facilement les mains aux chaînes du despotisme.

Il faut, dans l'intérêt de l'humanité, que la pensée puisse se développer et se manifester en toute liberté. Elle est l'excitant naturel du cerveau qu'elle vivifie et fortifie. Or, en le fortifiant, elle accroît sa prépondérance sur les autres organes de l'économie, et il devient le régulateur de leur *consensus* fonctionnel. De là naît entre eux cet équilibre normal qui constitue la santé ; de là cette puissance de réaction vitale qui résiste victorieusement aux causes de maladie , et cette fermeté de l'esprit et du cœur, avec laquelle nous défendons la liberté que Dieu nous a donnée contre les attaques de toute espèce de tyrannie.

Voyez au contraire les populations restées en arrière de la civilisation que crée le libre développement de l'intelligence et l'exercice de la liberté ! un joug quelconque d'avilissement et de misères pèse constamment sur elles ; les préjugés les plus absurdes obscurcissent leur raison, et des légendes stupides, des usages barbares leur servent de lois; étrangères aux nobles jouissances de l'esprit cultivé, les premières nécessités de la vie matérielle ne leur sont pas même toujours assurées ; mais rendez libres ces hommes dégradés par l'ignorance et la servitude ; favorisez l'évolution de leurs aptitudes naturelles, et vous verrez de quelle heureuse transformation morale et physique, ils ne tarderont pas à devenir l'objet.

Travail, liberté, égalité : ces trois mots expriment et résument tous les devoirs et les droits de l'humanité.

Le travail est un devoir parce qu'il est pour nous le seul moyen de perfectionner notre nature et d'obtenir tout le bonheur que comportent nos destinées. La liberté est un droit, car, si notre volonté était enchaînée, nous ne pourrions être ni vertueux ni méchants, et la punition, pas plus que la récompense, n'aurait nulle raison d'être. L'enchaînement de la pensée mis en regard de la loi de perfectibilité par le travail ne serait-il pas d'ailleurs le plus absurde contre-sens, une négation de la sagesse et de la bonté divines? L'égalité est encore un droit, attendu que Pierre est absolument organisé comme Paul, et qu'ils sont deux rejetons de la même souche, et parce que aussi elle est le plus solide lien d'ordre public et d'harmonie sociale.

Les diverses sociétés du vieux monde furent un odieux composé de maîtres énervés et abrutis par les excès de la vie sensuelle et d'esclaves avilis par la misère et par les fers, et elles périrent toutes par l'effet de ce dérèglement des mœurs. Les hommes éclairés en gémissaient, et leurs aspirations vers la liberté et l'égalité se faisaient jour quelquefois par de nobles et sages pensées. Nous avons dit quel était sur ce sujet l'opinion de saint Augustin et de Philon; opinion qui s'appuie sur les principes fondamentaux du droit naturel que professa l'admirable doctrine du martyr de Golgotha.

Chez le peuple le plus privilégié par la beauté et la douceur de son climat. doué de l'imagination la plus brillante et la plus poétique, et qu'aucune nation n'a pu égaler dans l'art architectural et de la statuaire, en Grèce, on ne compta que des maîtres et des ilotes. C'est que le culte du sensualisme y fut proclamé. L'Olympe peuplé de divinités représentant chacune un penchant, une passion, un besoin de la vie matérielle; et quand

un sage y prêcha l'existence d'un Dieu créateur de l'u-
nivers, quand il voulut relever l'homme de son abaissement et lui restituer sa dignité native par le dogme de
l'immortalité de l'âme, il trouva un Anitus pour l'accuser et des juges iniques et ignorants pour le condamner
à boire la ciguë.

Si le génie militaire et le triomphe par les armes, si
une domination s'étendant sur presque toutes les parties connues du globe constituaient la véritable gloire,
certes le peuple romain aurait été le plus glorieux des
peuples ; et c'est ainsi que l'histoire, méconnaissant les
droits de l'humanité et les destinées que Dieu lui a faites,
l'a présenté pendant vingt siècles consécutifs à notre
admiration. Rome brilla sans doute de tout l'éclat du
luxe, de la richesse et des beaux-arts ; mais ces trésors
où les prit-elle ? Chez les nations qu'elle vainquit,
qu'elle vola et réduisit au plus dur esclavage. Quel
usage en fit-elle, ainsi que de sa puissance sans limites ?
Elle les mit au service du sensualisme effréné et de la
débauche monstrueuse de ses familles patriciennes. Si
chacun de ses citoyens possédait en moyenne trois
esclaves, certains membres de son olygarchie en avaient
plus de vingt mille. Le nombre de ceux de Crassus était
si grand, que le chiffre seul de ses architectes et de ses
maçons dépassait cinq cents ; et Scaurus avait plus de
quatre mille esclaves *domestiques*. Que de misères accumulées sur des millions de créatures humaines pour
satisfaire les passions effrénées, les goûts féroces et les
vices honteux de quelques individus ! Aussi, le sort
déplorable de ces malheureux causa-t-il deux révoltes
en Sicile et celle dont Spartacus fut le chef.

Sous un tel régime de mollesse, de démoralisation
et de cruauté, quelle société aurait pu perpétuer sa

durée? L'empire romain ne pouvant être défendu par ses citoyens abâtardis et énervés, croula, comme le colosse aux pieds d'argile, sous les coups des Barbares qui vinrent bientôt l'attaquer de toutes parts. Mais déjà il s'était opéré dans les esprits une révolution immense qui, ouvrant à l'humanité une voie vers le progrès et la perfectibilité, sapait et démolissait jusque dans ses fondements l'édifice du vieux monde. C'est de l'avénement du christianisme que nous entendons parler, et nous allons dire l'influence qu'il exerça sur le mouvement social.

Rome avait pris tous les vices du monde en même temps que ses dépouilles. Dans un but politique et pour ne pas avoir à lutter contre le fanatisme religieux des nations vaincues, elle avait adopté et admis au nombre de ses dieux les dieux de ces nations. Aussi son polythéisme se composait-il de tout ce que l'ignorance et l'imagination les plus déréglées avaient pu enfanter de plus absurde. Dans cette ville de faste et de vice de tous les genres, la vie étant absolument sensuelle et matérialisée, le culte l'était aussi. En adorant Jupiter, le plus libertin des maris, Vénus, la déesse des amours lascifs, Bacchus et Comus, les dieux du vin et des festins, les Romains ne célébraient-ils pas le libertinage conjugal, l'impudicité, l'ivrognerie et la gourmandise? Aussi l'immoralité des femmes n'était-elle comparable qu'à celle de leurs maris, et les plus distinguées par la fortune et la naissance ne rougissaient-elles pas de se prostituer dans les lupanars et dans les temples. Or, les hommes sages et sensés, il y en a toujours partout quelques-uns, pouvaient-ils applaudir et s'associer à de telles mœurs?

D'autre part, les esclaves, ces malheureux enchaînés

par l'injustice et la violence, qui, dépouillés de leur dignité d'hommes, n'étaient plus qu'une *chose*, un *meuble*, une *propriété* que leurs tyrans avaient le droit de vendre, de torturer ou de tuer selon leur caprice; qu'on faisait dévorer par des bêtes féroces, ou qu'on forçait de s'égorger entre eux pour l'amusement du peuple-roi, ces esclaves, disons-nous, pouvaient-ils aimer et adorer des divinités sous les auspices desquelles existait un si détestable régime? « Ce sont les heureux, dit Aristote, qui rendent grâces aux dieux, pour en obtenir de nouvelles faveurs; les infortunés et les pauvres ne sont point dévots. » Ils doivent croire plus facilement, en effet, à la puissance du diable qu'à celle d'un Dieu omnipotent, juste et bienfaisant.

On ne sera donc pas surpris si la voix du Christ et de ses disciples fut écoutée lorsqu'elle prêcha une doctrine religieuse pleine de bonté, de douceur, de mansuétude et d'espérance.

« Venez à moi, vous tous qui avez de la peine et qui êtes chargés d'afflictions, et je vous soulagerai, disait-il. Mettez mon joug sur vous, il est doux et léger, car je suis doux et humble de cœur.

» Bienheureux ceux qui ont faim et soif de la justice, car ils seront rassasiés.

» Bienheureux les miséricordieux, car ils obtiendront aussi miséricorde.

» Bienheureux ceux qui ont le cœur pur, car ils verront Dieu.

» Bienheureux les pacifiques, car ils seront appelés enfants de Dieu.

» Bienheureux ceux qui souffrent persécution pour la justice, car le royaume des cieux leur sera donné.

» Vous ne tuerez point, et celui qui tuera méritera d'être condamné lui-même au tribunal de Dieu.

» Si faisant votre offrande à l'autel, vous vous y souvenez que votre frère a quelque chose contre vous, laissez là votre offrande, allez vous réconcilier avec lui, et ensuite vous reviendrez prier Dieu avec un cœur purifié.

» Ne jurez pas par votre tête, car vous n'en sauriez faire devenir blanc ou noir un seul cheveu ; mais exprimez-vous ainsi : oui, cela est ; non, cela n'est pas ; car ce qui se dit de plus part d'un mauvais principe.

» Ne cherchez pas à vous venger, et n'ayez pas de ressentiment des injures que vous avez reçues de vos concitoyens.

» Donnez à quiconque vous demande, et ne vous détournez pas de celui qui veut emprunter de vous.

» Pardonnez et l'on vous pardonnera.

» Donnez et l'on vous donnera.

» On est bien plus heureux de donner que de recevoir.

» Enfin, ce que vous voulez que les hommes fassent pour vous, faites-le pareillement pour eux.

» Vous avez appris qu'il a été dit : Vous aimerez votre prochain et haïrez vos ennemis.

» Et moi je vous dis : Aimez vos ennemis.

» Faites du bien à ceux qui vous haïssent.

» Bénissez ceux qui vous maudissent.

» Priez pour ceux qui vous persécutent et pour ceux qui vous calomnient, afin que vous soyez les enfants de votre père céleste qui fait lever son soleil sur les bons et sur les méchants, et qui fait tomber la pluie rafraîchissante sur les justes et sur les pécheurs.

» Car si vous n'aimez que ceux qui vous aiment, quelle récompense mériterez-vous ? les gens de mauvaise vie aiment aussi ceux qui les aiment.

» Et, si vous ne saluez que vos frères, que faites-vous d'extraordinaire ? les païens mêmes ne le font-ils pas ?

» Si vous faites du bien à ceux qui vous en font, quel mérite y avez-vous, puisque les pécheurs mêmes le font aussi.

» Mais, pour vous, aimez vos ennemis, faites du bien, prêtez sans en rien espérer, et votre récompense sera grande, et vous serez les enfants du Très-Haut, qui est lui-même plein de bonté envers les ingrats et les méchants.

» Soyez donc miséricordieux, comme votre père est miséricordieux, pour devenir parfait comme votre père céleste est parfait lui-même.

» Quand vous faites le bien, gardez-vous de le faire devant les hommes, *à dessein d'être vu d'eux*. Autrement, il n'y a point de récompense pour vous auprès de votre père qui est dans le ciel.

» Lorsque vous priez, vous n'imiterez point ces hypocrites qui aiment à prier debout dans les assemblées et sur les places, afin d'être admirés. Je vous le dis, en vérité, ceux-là ont reçu leur récompense.

» Lorsque vous priez, ne faites pas de longs discours, comme font les Gentils qui croient ainsi être mieux écoutés. Ne leur ressemblez pas.

» Votre père sait ce qu'il vous faut, avant que vous lui demandiez rien. Vous prierez de cette sorte :

» Notre père, qui êtes aux cieux, que votre nom soit sanctifié ;

» Que votre règne arrive ;

» Que votre volonté se fasse sur la terre comme dans le ciel ;

» Donnez-nous aujourd'hui notre pain de chaque jour ;

» Remettez-nous nos dettes, comme nous le faisons nous-mêmes à nos débiteurs ;

» Ne permettez pas que nous soyons tentés, mais délivrez nous de l'esprit du mal.

» Ne jugez point, dit-il, et vous ne serez pas jugés ; ne condamnez point et vous ne serez point condamnés; car selon que vous jugerez on vous jugera.

» Et d'où vient que vous voyez une paille dans l'œil de votre frère, et que vous ne voyez pas une poutre qui est dans votre œil ?

» Hypocrites, ôtez premièrement la poutre de votre œil, après vous songerez à ôter la paille de l'œil de votre frère. »

« Maître, lui dit-on un jour, nous venons de surprendre cette femme en flagrant délit d'adultère, faut-il la lapider, selon que le prescrit la loi de Moïse ? — Que celui d'entre vous qui est pur de tout péché, répondit-il, lui jette la première pierre. Tous baissèrent la tête, et cette malheureuse femme fut sauvée. »

Jamais, certes, l'antiquité n'avait rien produit d'aussi pur, d'aussi noble que cette doctrine; et si nous en avons rapporté les principaux traits, c'est que nous avons été entraîné par notre respect et notre admiration. Cette doctrine, c'est l'amour des hommes, l'égalité, la fraternité entre eux, et, par conséquent, l'abolition de l'esclavage inique et honteux et de cette suprématie de castes établie par la fraude ou la violence.

Le dogme de l'immortalité de l'âme, celui d'une

récompense ou d'un châtiment après la mort y est aussi nettement établi. Si l'on reconnaît en effet l'existence du vice et de la vertu, on doit admettre nécessairement aussi, comme conséquence, une rémunération et une punition. N'oublions pas d'ailleurs que nous ne sommes ici-bas qu'un des anneaux de la chaîne vitale universelle, et que le cycle de vie ne commence ni ne s'arrête à notre planète.

Mais cette âme immortelle dont parle le Christ et à laquelle il promet le royaume des cieux, quelle est-elle? D'où vient-elle ? S'il n'a pas donné d'explications sur ce sujet, les pères de l'Eglise ne s'en sont pas fait faute. Origène a développé avec passion le système des idées innées de Platon. Tertulien a dit que l'âme se transmettait de père en fils par le sang, et saint Thomas a traité d'hérésie cette opinion. Saint Ambroise, en s'exprimant ainsi qu'il suit « la manière dont l'âme a été dans le premier homme est commune à tous les hommes, » est loin d'avoir résolu la question ; pas plus que ne l'a fait la théologie en déclarant depuis le treizième siècle « *que Dieu crée les âmes quotidiennement et les infuse dans les corps, au sein des mères, lorsque les corps sont prêts à l'animation.* »

Aucune de ces affirmations n'est fondée, et, en présence de l'ignorance confessée par l'Eglise, ignorance constatée par ces divergences d'opinion, il est permis à l'esprit humain de chercher la vérité dans les enseignements fournis par l'étude des sciences naturelles. Mais réfutons d'abord l'opinion émise par les théologiens du treizième siècle et conservée par ceux de notre époque, généralement parlant.

Quand on considère l'immensité de l'œuvre de Dieu, l'ordre parfait qu'il a établi entre toutes ses parties, la source intarissable de bienfaits qui en découle, on ne peut voir en lui qu'un être parfait en puissance, en sagesse et en bonté, et l'idée qu'on se fait de lui ne peut se concilier avec l'idée du mal. Mais, si les âmes *sont créées quotidiennement par Dieu et infusées dans les corps, au sein des mères, lorsque les corps sont prêts à l'animation,* « que dire de tant d'âmes dont le mauvais naturel se fait jour dès le berceau ? Les unes sont hébétées, les autres grossières et brutales : avant même qu'aucun acte d'intelligence se soit produit, les traits du visage attestent déjà que les plus méchants instincts sont présents et n'attendent que le réveil pour se donner carrière. Ces âmes ont à peine commencé de prendre possession de la vie, et les voilà déjà corrompues. M'obligerez-vous à penser qu'elles sont sorties, dans un état si vicieux, des mains de Dieu, dont toute œuvre, avant de s'être elle-même gâtée, ne peut être que parfaitement bonne ? » (1).

Saint Augustin se faisait les mêmes objections. « Que dirai-je, demandait-il à saint Jérôme, de la diversité, bien plus de l'absurdité des naturels ? Cette diversité est voilée dans les petits enfants ; mais issue de leurs commencements naturels, elle se manifeste chez les adultes, dont les uns sont si paresseux et si oublieux, qu'ils ne sont pas même capables d'apprendre les premiers éléments des lettres ; dont les autres sont d'une telle imbécillité qu'ils ne diffèrent pas beaucoup des animaux, ce qui fait qu'on les nomme communément idiots. On répondra peut-être que les corps en sont cause ; mais est-ce que, d'après l'opinion dont je souhaiterais que la défense fût possible, l'âme se serait

(1) Jean Reynaud : *Terre et Ciel,* p. 156.

choisi elle-même son corps et aurait erré en faisant un mauvais choix? Ou bien, est-ce qu'étant forcée d'entrer dans un corps par la nécessité de naître, et le tourbillon des âmes s'étant déjà emparé des autres corps, elle n'en aurait plus trouvé d'autre que celui-là, et de même que pour les places de spectacles, aurait pris, non pas la chair qu'elle voulait, mais celle qu'elle aurait rencontré? Pouvons-nous dire ou penser de telles choses? Dites moi donc alors ce que je puis penser et dire afin de donner raison de l'opinion qui fait les âmes nouvelles et créées particulièrement en vue de chaque corps. »

On ne peut combattre avec plus de force et de logique le système de la multiplicité des âmes et de leur création au fur et à mesure de la création des corps, et la haute raison de l'évêque d'Hippone a disculpé à l'avance le Créateur de la mauvaise action que la théologie du moyen-âge lui a prêtée. Quoi! Dieu qui est toute bonté, toute harmonie, aurait créé des âmes méchantes et perverses qu'il aurait capricieusement envoyées dans certains corps pour en faire fatalement le malheur et le tourment! Quoi! ces enfants, qui n'ont pas encore pu commettre de faute, seraient condamnés dès le sein de leur mère à la souffrance, à la misère, à l'infamie du bagne et de l'échafaud, parce que Dieu a mis en eux une âme corrompue! S'il en était ainsi, les athées ne seraient-ils pas autorisés à nous dire que le jeu de l'univers n'est qu'un mouvement fortuit; ou, les Manichéens, que le mauvais principe a pris la plus forte part d'action dans la manière dont il a été constitué.

« Sur cette question, dit *Jean Reynaud. op. cit.* 171, *Optatus* n'a rien découvert; saint Jérôme n'a rien répondu ; saint Augustin est mort sans avoir rien obtenu ; depuis lui aucune discussion sérieuse sur le fond ne s'est renouvelée. Le concile de Constantinople, sans résoudre le litige, s'est contenté de condamner Origène ; le moyen-âge, en arrêtant l'agitation par l'adoption de la thèse sur laquelle les pères n'avaient pas osé se prononcer, n'a fait que sacrifier les sublimités obscures de l'univers à la commodité de la dialectique, et n'ajoutant rien à la preuve, n'a rien diminué de l'incertitude. Ainsi, depuis le mémorable débat que je viens de rappeler et qui se rattache aux noms importants d'Origène, de Tertulien, de saint Jérôme, de saint Augustin, le débat n'a pas fait un pas. Le même procès est toujours pendant, le programme tracé par l'illustre théologien du cinquième siècle n'a reçu satisfaction de personne, et il est certain qu'aucun des deux testaments n'y peut répondre. » Si les âmes sont nouvelles, vous dirait aujourd'hui saint Augustin, cherche en quel lieu, de quelle manière, en quel temps elles ont pu contracter la culpabilité.

Si, en effet, une *âme nouvelle* est envoyée à chaque créature embryonnaire au moment de son animation dans le sein de la mère, cette âme ne provenant point de celle d'Adam, n'est pas solidaire de la faute originelle ; et, ses facultés n'étant encore qu'à l'état latent et de repos, on se demande avec raison comment elle aurait pu pécher au point d'avoir besoin d'être lavée de sa souillure par les eaux du baptème. Mais la science naturelle vient ici au secours du dogme en rejetant le système des théologiens du treizième siècle, et en proclamant la filiation continue de la vie depuis l'origine des temps jusqu'à nos jours dans les mondes divers dont l'univers est le composé.

Si nous disons la vie, c'est que, relativement à l'hu—
manité, elle est pour le naturaliste un terme concret
qui exprime l'existence en elle de facultés se rappor—
tant à l'accomplissement de fonctions physiques et de
fonctions d'intelligence et de moralité. Etre abstrait,
elle agit spécifiquement et d'une manière adéquate
selon l'organe du corps qu'elle met en jeu. Avec le cœur
et les artères elle fait circuler le sang ; avec le foie elle
opère la sécrétion de la bile ; avec les nerfs du grand
sympathique elle donne l'animation à différentes vis—
cères, etc., et, au moyen du cerveau proprement dit,
elle engendre tous les actes relatifs aux abstractions
de l'idéalité.

Les erreurs de la philosophie spiritualiste viennent
de ce qu'elle a scindé la question qui nous occupe en
attribuant à l'organisme humain deux éléments de
vitalité dont la nature n'est pas la même, et appelés à
produire chacun un ordre de phénomènes spéciaux.
L'existence de l'entité vitale qui préside aux fonctions
de l'organisation est, à la vérité, parfaitement constatée,
mais l'existence *individuelle* de l'entité qu'on appelle
âme ne l'est pas du tout. Dieu, d'ailleurs, dans la créa—
tion de son œuvre sublime, a toujours mis en usage les
moyens les plus simples ; et alors pourquoi deux prin—
cipes de vie si un seul suffit ? Si deux, pourquoi pas
trois, pourquoi pas quatre et pourquoi pas les archées
organiques de Van Helmont ?

Si, d'ailleurs encore, il existait, indépendamment de
l'entité vitale, une autre entité affectée spécialement
aux fonctions psychiques, il faudrait que ces âmes fus—
sent qualifiées à différents dégrés ; car l'intelligence
varie du plus au moins dans les races multiples de
l'espèce humaine ; on ne peut même en refuser cer—

taine dose aux animaux, et alors on serait forcément amené à reconnaître l'existence d'âmes complètes, de demi-âmes, de tiers d'âmes, etc.

Ces corollaires nous sont fournis par les enseignements de la physiologie et de l'anatomie comparées, et par ceux aussi qui nous sont venus des autres branches de l'histoire naturelle. Grâce à ces enseignements, nous pouvons non-seulement éviter les erreurs de la philosophie scolastique du moyen-âge, mais encore porter la lumière sur des questions que cette philosophie n'a traitées qu'à l'aide du mysticisme et de traditions non appuyées sur des preuves, et qui lui ont valu des critiques du genre de celle qu'on va lire.

« Non, assurément, je ne crois pas à l'Eden féérique du moyen-âge ; je ne me représente pas le premier homme comme un être surnaturel, revêtu de toutes les perfections du corps et de l'esprit, comblé de toutes les béatitudes, conversant avec Dieu face à face, émule des anges : il ne manquait plus, pour compléter le charme, que de mettre à ses pieds, comme le fait Mahomet, les chœurs séraphiques appliqués à le servir et à célébrer ses louanges, ou même de l'identifier, comme dans le mysticisme alexandrin, avec la divine personne du Verbe. Je vois dans ces exagérations des vanités que l'orgueil de race a pu faire imaginer aux Juifs, mais que nulle autorité, ni du texte primitif, ni des conciles, ne vous oblige de suivre. C'est un fol argument de la scolastique de conclure l'excellence d'Adam de ce qu'Adam sortait directement des mains de Dieu ; car le même argument envelopperait avec la même force les animaux ; tandis qu'il suffit évidemment pour la dignité du Créateur que toute créature, à l'instant de sa création, soit simplement sans vice.

C'est à quoi j'estime qu'il faut se borner à l'égard d'Adam. Comme les animaux, Adam était sans vice ; mais, supérieur aux animaux, il portait en lui l'aptitude à toutes les perfections ; virtuellement semblable à l'homme actuel, mais moins avancé dans son développement, il n'avait sur nous d'autre avantage que celui de l'enfant qui vient de naître sur l'enfant qui a déjà vécu, l'avantage de l'innocence : *infans robustus*. Telle est, en substance, l'idée que je me forme du premier homme en vertu du principe de l'ordre progressif de la vie ; et quelque différend que cette idée puisse instituer entre nous, je vous mets au défi de me montrer quelle soit moins conforme à l'ensemble du récit de la Bible que celle où vous prenez appui. » (1)

L'idée du mal est, en effet, incompatible avec celle qu'on doit avoir de la bonté de Dieu, et nécessairement il faut croire que l'homme est sorti de ses mains dans un état de parfaite innocence. S'il est devenu vicieux dès les premiers pas qu'il a fait dans la vie, c'est qu'il n'a pas usé de son libre arbitre pour conserver à son intelligence l'empire sur les jouissances des facultés de l'instinct. En vain la raison lui montra la lumière qui venait d'en haut, ses appétits charnels lui firent préférer les plaisirs matériels d'en bas, et après être entré par la gourmandise dans la voie fangeuse du sensualisme, il finit par s'y égarer tout-à-fait.

Il n'est donc pas nécessaire de faire intervenir la colère de Dieu pour se rendre compte de la cause du mal physique et du mal moral. D'abord cette colère serait une imperfection, et sa nature n'en comporte aucune. D'ailleurs les misères qui pèsent sur l'huma-

(1) *Terre et Ciel*, p. 190.

nité ne s'expliquent-elles pas très-bien et très-naturellement par les infractions sans cesse renouvelées aux lois absolues qui régissent les organisations? Qui ne sait, en effet, que les facultés organiques s'usent et se vicient promptement par la fréquente répétition des excès sensuels, et que du désaccord de leur rhythme résulte le propre désaccord du cerveau et du système ganglionnaire névritique, organes fonctionnels de l'intelligence et des sentiments instinctifs.

Prétendre que Dieu se venge sur nous de la désobéissance de nos premiers parents, c'est l'insulter dans sa sagesse et dans sa bonté ineffables, et il serait moins insensé de dire qu'un homme poursuit de sa haine et de sa vengeance un atome aérien quelconque. Nous n'avons pas d'autre ennemi que le déchaînement de nos passions, et c'est en cela même que le Créateur a mis notre punition. L'orgueilleux ne la trouve-t-il pas en effet, dans les déceptions de son ambition; l'avare dans la ruine de ses spéculations; l'ivrogne, le débauché dans les tortures de la maladie et le mépris public, etc.

Mais, objecterez-vous, le succès des méchants n'est pas rare ici-bas, et, puisque vous croyez à l'immortalité de l'âme, apprenez-nous quel sera selon vous leur sort et celui des hommes au cœur droit et loyal, dans l'existence d'outre-tombe. Je consens volontiers à vous dire quelle est ma croyance à ce sujet ; mais, n'étant pas très-rassuré sur son orthodoxie, je vous en demande le secret.

Ne vous souvient-il pas que j'ai posé en principes dans le cours de ce petit ouvrage: 1° que l'entité vitale qui donne la sensibilité et le mouvement physique et moral à notre corps est de *nature électrique*, et que la

loi qui la gouverne est celle de l'attrait par voie de similitude ; 2° que, pour l'organisme en général, le
cerveau est le réservoir de cette électricité, et que de
là elle rayonne de tous les côtés, ayant pour conducteurs des filets nerveux au moyen desquels elle reçoit
et rapporte la sensation ; 3° que la sensation objective
s'opère par la soustraction que le rayon électrique fait
éprouver à l'objet d'une partie des molécules constituantes qui en forment l'image, image que ce rayon
revient imprimer sur la pulpe cérébrale, afin que le
souvenir s'en conserve. Les phénomènes produits par
l'activité des autres sens ont lieu par l'effet du même
procédé, et la photographie nous donne journellement
de ce fait des exemples palpables.

Mais si ces exemples d'électricité de transport ne
vous suffisent pas, en voici d'autres analogues dont la
matérialité plus accentuée vous satisfera sans doute
d'avantage. « Une dame travaillant près de sa fenêtre
reçoit une décharge de la foudre qui ne la tue pas,
mais qui, en lui faisant éprouver une forte commotion,
transporte et fixe sur sa jambe, pour le reste de ses
jours, l'image d'une fleur placée auprès d'elle. »

« Un matelot fut frappé au pied du mât de misaine
et ses reins reçurent l'impression d'un fer à cheval
suspendu à ce mât. »

« Un autre matelot fut tué par la foudre dans une
embarcation, et sur sa poitrine on trouva transportée
et fixée en vraie grandeur l'image du n° 44 en métal,
qui se trouvait attaché à l'un des agrès du bâtiment. »

Or, en présence de ces phénomènes électriques de
combinaisons et de transports matériels formés instantanément, serait-il donc si contraire à la raison et à la
vérité de penser qu'au moment où l'entité vitale élec-

trique déserte le corps, elle emporte avec elle l'empreinte imagée de ce corps, empreinte formée de molécules organiques à l'état gazeux invisibles et impondérables enlevées à tous les tissus, sans exception ?

Ce système, diront les sceptiques, n'est pas suffisamment justifié et il est du pur domaine de l'abstraction.

Ce qui nous paraît le mieux établi, c'est que l'organisme humain est une création due à un ordre particulier des propriétés de la matière. Quand cet organisme a parcouru toutes ses phases d'évolution et
d'action vitale, il est usé et cesse de fonctionner ; et,
tombant sous l'empire des lois chimiques, il se décom-
pose. Tout alors est fini pour lui. Quand même,
ajoutez-vous, l'âme serait cette entité vitale que vous
avez dépeinte, privée par la désorganisation du corps
de ses instruments d'exercice, de ses facultés, elle
deviendrait une force frappée d'inertie, etc.

« Mais, répondrons-nous avec M. Love, la simple
supposition qu'une telle chose puisse arriver, révolte
la raison et la justice humaines; car chaque pas fait
dans la science nous démontre qu'il ne doit rien exis-
ter qui ne soit *utile* et même *nécessaire*. Or, si l'âme devait perdre le fruit de ses conquêtes en quittant son
existence terrestre, cette évolution de sa vie, sans
doute éternelle, serait sans objet. Cela est d'autant plus
difficile à admettre, que dans le cas particulier qui
nous occupe, le but est assez transparent. Il nous
semble, en effet, que l'organisme est un appareil par
lequel l'âme se met en rapport avec le monde extérieur, en prend les empreintes multipliées et de toute
espèce, et les garde pour servir de base à la comparaison, au jugement; c'est un moyen à l'aide duquel elle
grandit tous les jours et s'élève de plus en plus par la

connaissance dans la chaîne infinie des êtres visibles et invisibles. »

Si l'on examine, d'ailleurs, à un autre point de vue plus élevé ou plus scientifique, l'hypothèse soutenue par le matérialisme de l'école, on reconnaît bientôt qu'elle ne peut supporter aucun examen sérieux. Pour l'admettre, il faut attribuer à l'Etre-Suprême, à la toute sagesse et à la toute puissance l'intention de créer des êtres organisés pour les détruire; de faire des choses sans but et sans portée, espèce d'intention que nous ne pouvons prêter au plus chétif de nos semblables sans l'offenser. Mais, outre cette raison d'un ordre supérieur, il est facile de concevoir par analogie que l'âme quitte la vie terrestre en conservant son butin. N'en voyons-nous pas la preuve dans le fait que le fluide électrique emporte avec lui des parcelles des matières les plus denses à un état tellement dilaté qu'elles sont invisibles, pour ne les déposer que dans des circonstances déterminées? Or, quelle est la quantité de matière qui entre dans une épreuve daguerrienne de la dimension de celles qui se dessinent dans l'œil? Quelle est celle qui forme l'image produite sur la rétine et que le courant de la circulation va fixer dans la masse cérébrale? Quelque chose d'imperceptible, d'insaisissable. Et si l'électricité, agglomération d'agents inférieurs, emporte et conserve des parcelles de métal, des figures de fleurs, de fer à cheval, de pièces de monnaie, etc., n'est-il pas clair comme le jour que l'âme, agent supérieur, peut emporter avec elle tout son monde de souvenirs, se résumant peut-être, si on pouvait le condenser en bloc, en une accumulation de matière à peine visible au moyen des microscopes les plus puissants? Donc les données scientifiques connues nous démontrent que l'âme peut emporter ce qu'elle a conquis ; la justice et la raison de Dieu veulent qu'elle le fasse et qu'elle le conserve. » (1)

Les analogies se présentent en foule à l'appui de cette opinion, et elles prouvent l'extrême ténuité atomistique des éléments que renferme tout germe d'organisation. Qui croirait, si la réflexion appuyée sur l'induction des faits fournis par la science d'observation ne nous venait en aide, que *l'aura seminalis*, ce souffle vital auquel la matière séminale ne fait que servir d'enveloppe, possède non-seulement toutes les parties nécessaires à l'évolution complète d'un organisme animal, mais encore, en puissance latente, les qualités propres à ses générateurs ? L'amélioration et le perfectionnement des races le confirme chaque jour, et elle ne repose pas sur d'autre base que celle-là. N'observe-t-on pas, en effet, que, généralement parlant, les enfants, nés de parents remarquables par un grand développement des facultés de l'esprit, sont doués d'une intelligence plus précoce et de plus d'aptitude pour l'instruction ?

Mais c'est surtout chez les êtres du règne végétal qu'on trouve les exemples les plus nombreux et les plus frappants du fait que nous signalons. La plante, avant de mourir, ne concentre-t-elle pas dans sa graine toutes les qualités qu'elle possède, et ces qualités, augmentées par les soins d'une bonne culture, ne se reproduisent-elles pas progressivement à chaque germination nouvelle ? Or, pourquoi, la loi qui préside à la reproduction et à l'évolution des organisations des deux règnes étant la même, l'entité vitale humaine n'emporterait-

(1) Love : loc. cit. p. 275 et 282.

elle pas, quand s'exhale le dernier soupir, toutes les acquisitions faites pendant la durée de l'existence corporelle en science, en intelligence et en moralité? La plante jouirait donc du privilége de suivre une marche rédivive dans la voie de la perfection, tandis que l'homme en serait privé? La raison ne peut admettre un tel état d'infériorité relative de notre espèce.

Et ces aptitudes individuelles et natives, si remarquablement développées chez les uns et nulles chez les autres, ne sont-elles pas l'indice d'un premier butin acquis pendant le cours d'une vie antérieure à celle-ci? Si, d'ailleurs, la chaîne universelle des mondes est formée, ainsi que nous l'avons dit, d'anneaux inégaux dont chacun est représenté par un des globes qui circulent dans l'espace infini et qui sont en rapports d'action harmonique les uns avec les autres, pourquoi ne serait-il pas permis à l'induction d'en tirer la conséquence, qu'il existe aussi une chaîne universelle des êtres hiérarchiquement établis comme celle que nous observons ici-bas; chaîne qui s'élève progressivement depuis l'animalcule infusoire jusqu'à l'homme, et qui de l'homme se continue sans doute par étapes de planète en planète, jusqu'à celle où règne la vie dans son plus haut dégré de perfection? Si, comme nous l'espérons, cette croyance est fondée, la conservation de l'individualité morale et intellectuelle est une nécessité d'outre-tombe; car si, dans ces pérégrinations de la vie, l'âme perdait dans chaque étape le fruit de ses acquisitions précédentes, son progrès en perfectibilité ne serait pas possible.

Si maintenant nous abordons le problème qui pour les habitants de la terre a le plus d'intérêt d'actualité prochaine, comment répondrons-nous à cette question:

que deviendront nos âmes après avoir été séparées de nos corps ? Nous avons fait connaître la loi générale et providentielle de *l'attrait par voie de similitude*, et alors nous sommes autorisés à croire qu'en vertu de cette loi, les âmes honnêtes et éclairées par le flambeau de la science seront entraînées vers des milieux en rapport d'affinité avec leur modalité d'être, pour y revivre dans des conditions plus heureuses qu'ici-bas et poursuivre leur route vers la perfectibilité ; tandis que les âmes des ignorants et des viveurs continueront de patauger dans l'ornière du sensualisme grossier, jusqu'à ce qu'elles se soient épurées. *Trahit sua quemque voluptas.* Dieu a doué l'homme du libre arbitre ; il est malheureux s'il en use mal ; mais il ne peut en adresser le reproche qu'à lui-même.

Nous ne savons le *tout* de rien, a dit Montaigne. Si, en effet, nous savions le tout de la moindre chose, nous posséderions le critérium de la vérité absolue. Dieu s'en est réservé le secret; mais pour exciter l'homme à développer son intelligence, but final et providentiel de sa création, il a mis en lui le vif désir de l'inconnu; et, pour alimenter cette utile curiosité, il a graduellement soulevé un coin du rideau qui couvre les merveilleux mystères de la création. Le nombre est déjà grand de ceux que notre esprit a pénétré, mais combien ne nous en reste-t-il pas encore à connaître ?

Sans nul doute, nos organes des sens n'étant pas assez perfectionnés, ni les instruments qui viennent en aide à leur faiblesse, une foule de phénomènes naturels échappe à leur appréciation ; mais qu'importe, puisque notre intelligence sait les saisir et les attacher à son domaine, et que dans cet ordre de faits les yeux de l'esprit peuvent suppléer les yeux du corps?

Combien de faits astronomiques, depuis la gravitation sydérale et la loi de Bode jusqu'à la planète de M. Leverrier, n'ont-ils pas, en effet, acquis le droit de cité dans la science positive à titre de vérité, quoique ces faits échappent au contact de nos sens. Nos yeux nous disent-ils ce qui se passe dans les diverses combinaisons chimiques? Nous le savons cependant, puisque nous pouvons toujours en prédire les résultats. Pourquoi alors, par la réflexion et le raisonnement basés sur l'observation, ne demanderions-nous pas à l'abstraction de nous faire connaître les destinées que l'avenir nous réserve, de même qu'elle nous a donné déjà la notion assez exacte de l'histoire de notre globe dans le passé, et des générations sans nombre englouties depuis des mil!ions d'années dans les profondeurs de sa croûte. L'électricité, cette puissance unique qui tient toutes les parties du cosmos sous sa loi, nous étant connue dans sa modalité d'action, nous pouvons aussi bien par la pensée suivre sa marche dans les temps futurs que nous l'avons fait pour les temps antérieurs à notre époque, et, de cette manière, prévoir le sort qui nous attend au sortir de ce monde. *Transitoriis quœre futura.*

Mais revenons à Jésus-Christ et à la doctrine qu'il enseigna.

Les onze disciples de Jésus, qu'on nomme ses apôtres et qui étaient tous des hommes illettrés, obscurs, indigents, méprisés, comme c'est l'usage, se séparèrent pour conquérir le monde à une morale qui les avait séduits par sa beauté, par les sentiments d'équité dont elle était empreinte, et, sans doute aussi, parce qu'elle leur faisait reprendre, et à leurs pareils, le rang auquel ils avaient un droit naturel dans l'ordre social. Car cette révolution légitime fut une réaction des classes malheureuses et opprimées injustement contre le despotisme de la richesse et de la puissance.

Le zèle et le dévouement des douze apôtres, car ils s'adjoignirent un compagnon nommé Mathias, fut au niveau de leur noble mission que presque tous terminèrent par le martyre. Mais leur parole avait porté ses fruits; ils avaient formé des disciples ardents dont la prédication donna pour prosélytes au christianisme tous ceux qui souffraient de l'oppression, et le nombre en était grand. Quel esclave aurait pu refuser de se rallier à la voix amie de celui qui venait briser ses chaînes ?

Comme il est dans la destinée de toute vérité utile d'arriver au jour de son triomphe quels que soient les obstacles que lui opposent le vil intérêt privé et les mauvaises passions, l'établissement du christianisme marcha donc en dépit des bourreaux; et l'ère nouvelle, c'est-à-dire l'homme affranchi par le sentiment de sa dignité et de ses droits reconquis, se substitua au passé, cet asservissement du faible par le plus fort.

Le passé, c'est la femme outragée et flétrie dans sa beauté et ses sentiments de pudique tendresse et d'amour, et devenue l'esclave de la débauche.

L'avenir, c'est la femme réhabilitée et reconquérant ses nobles fonctions de mère et d'épouse tendre et dévouée, régnant sur le foyer domestique et formant le lien le plus doux et le plus attrayant de la famille.

Le passé, c'est l'isolement des peuples, leurs défiances et leurs hostilités mutuelles ; ce sont leurs guerres d'extermination excitées par des chefs cruels et ambi-

lieux ; c'est leur dégradation, leur misère et leur servitude par l'effet de l'ignorance profonde dans laquelle
ils étaient systématiquement maintenus.

Mais l'avenir, c'est la morale et l'intelligence se développant sous l'égide de la liberté ; c'est la science
dirigeant à grands pas l'humanité dans la voie de bonheur et de perfectibilité que Dieu lui a créée.

L'avenir enfin, c'est l'union, la concorde, la confra-
ternité entre tous les peuples pour former un jour la
grande famille humaine. « C'est le respect de l'homme;
c'est la paix féconde des enfants de Dieu, multipliant
l'échange des fraternelles communications de peuple à
peuple, et abaissant les remparts politiques devant l'in-
vasion de tous les arts qui sèment la joie sur la vie,
devant toutes les idées qui ajoutent un rayon au soleil
de l'intelligence. C'est l'aspiration des masses vers la
source du progrès, aspiration parfois égarée dans son
essor, mais toujours irrésistible et victorieuse du temps,
parce qu'elle a pour levier la solidarité humaine, cette
force mystérieuse que les aveugles nient sans cesser de
la subir et que les esprits rétrogrades n'arrêtent qu'en
périssant (1). »

La morale évangélique était si bien en harmonie
avec les sentiments naturels de tous les hommes que
l'infâme et féroce civilisation romaine n'avait pas déna-
turés, que ses progrès furent très-rapides. Aussi
Tertulien, cent soixante ans après le drame inique dont
la montagne des Oliviers fut le théâtre, pouvait-il dire
avec vérité en s'adressant à Rome : « Nous ne sommes
que d'hier et vous datez de huit siècles ; eh bien ! ouvrez les yeux. Nous remplissons ce qui est à vous, vos

(1) Dom Marie Bernard.

villes, vos bourgades, vos forteresses, vos colonies, les municipes, les assemblées du peuple, les camps, les corporations, la cour impériale et même le sénat et le forum ; nous ne vous laissons que vos temples ! Nous pouvons compter vos armées ; les chrétiens d'une seule province de l'Empire sont déjà plus nombreux que toutes vos légions réunies. Ceux d'entre nous que vous avez pu saisir ont péri par vos mains et périssent encore chaque jour dans des tortures sans nom. Si nous voulions nous venger, quelle guerre de représailles ne pourrions-nous pas soutenir, nous qui ne sommes énervés ni par la débauche du corps, ni par l'esclavage de l'esprit ? Si nous voulions seulement nous séparer de vous, nous retirer dans quelque pays lointain, car il en est encore où n'a point pénétré le monstre errant de votre tyrannie, la perte de tant de citoyens déconcerterait votre puissance. Vous frémiriez sur la désolation, sur le vide d'un monde où vous resteriez seuls ; vous chercheriez des hommes à commander, car il n'y aurait plus dans votre sein que des eunuques, dignes gardiens de votre décrépitude, et autour de vous que des barbares pour fouler aux pieds votre agonie. »

Il est parfaitement constaté, par ce passage de Tertulien que, dès le milieu du second siècle de l'ère nouvelle, les chrétiens étaient assez nombreux et assez puissants pour pouvoir défendre avec succès leur vie et leur liberté contre leurs persécuteurs. Si donc ils continuèrent de se laisser égorger comme de faibles agneaux, c'est que leur religion leur faisait un devoir de la douceur et de la résignation, et que d'ailleurs ils étaient convaincus qu'en acceptant la palme du martyre, ils obtenaient en récompense de jouir éternellement dans le ciel d'un bonheur ineffable.

Quoique la démocratie fût implicitement indiquée comme devant être, au point de vue de la nouvelle religion, la seule base gouvernementale possible, cependant les chrétiens restèrent soumis au gouvernement établi, quelque tyrannique et contraire à leurs droits légitimes qu'il fût, Jésus leur ayant prescrit de ne pas tirer l'épée, de rendre à César ce qui appartenait à César, et sa doctrine n'ayant manifesté rien qui eût rapport à un changement politique. C'est que le sage législateur savait bien qu'en semant des germes d'égalité et de fraternité parmi les hommes, ces germes se développeraient et feraient naître tôt ou tard le règne universel du principe démocratique vers lequel l'humanité progresse rapidement aujourd'hui, but de perfectibilité sociale posé par la main de Dieu et dont le christianisme nous a tracé la voie.

On doit rendre cette justice aux premiers chrétiens qu'ils furent les fidèles et zélés observateurs de la morale sublime que Jésus avait enseignée. Soumis aux lois politiques, à l'autorité des représentants du pouvoir et à toutes les obligations sociales qui n'engageaient point la conscience religieuse, ils ne se distinguaient des autres citoyens de l'empire que par la simplicité du costume, la tempérance des mœurs et la gravité de la vie. La robe blanche, sans aucun mélange de couleurs, était leur vêtement préféré ; c'était pour eux comme un symbole de l'innocence conservée ou reconquise. Leurs aliments se mesuraient sur la nécessité, non sur les caprices du goût ; le vin, défendu aux jeunes gens et aux femmes, n'était permis à l'homme fait qu'en petite quantité. Peu de meubles, parce que le chrétien n'est qu'un voyageur sur la terre ; point de parfums, ni d'ornements, parce que ces signes de la joie mondaine ne conviennent pas aux disciples d'un maître crucifié ; point de spectacles, parce que les théâtres sont des écoles de barbarie ou d'impureté ; point de jeux de hasard, parce qu'ils excitent l'avarice ; point de procès, parce qu'ils tuent le sentiment fraternel ; point de richesses, parce que l'homme, sorti nu de la terre, n'y rentre qu'avec un linceul. » (1)

Ces règles étaient sans doute d'une sage application au point de vue de la civilisation romaine entachée de tant de vices ; mais quelques-unes seraient d'un rigorisme exagéré et ridicule à l'époque infiniment plus moralisée à laquelle nous vivons.

On sait que Néron, ce monstre à face humaine, s'étant donné le farouche plaisir d'incendier Rome, rejeta ce crime sur les chrétiens déjà nombreux. « Il substitua, dit Tacite, en sa place, d'innombrables victimes à l'indignation publique qui l'accusait. Ces malheureux étaient des sectaires qui se nommaient eux-mêmes *chrétiens*, et que l'opinion commune détestait comme une engeance capable de tous les crimes. Ils faisaient profession d'adorer un certain *Christ*, supplicié par Pontius-Pilatus, intendant de Judée sous Tibère. Leur superstition, réprimée pour un temps, avait fait de nouveaux progrès ; elle comptait des prosélytes, non-seulement dans tout l'empire, mais dans Rome même où trouvaient asile toutes les folies et toutes les corruptions de l'univers. Les premiers que l'on arrêta se déclarèrent chrétiens, mais nièrent énergiquement le forfait dont l'empereur les chargeait. On les condamna, sans preuves, pour crime d'incendie,

____

(1) Dom Marie Bernard. *Les héros du Christ*, t. 2, p. 91.

parce qu'il étaient réputés ennemis du genre humain. Alors tous les initiés de la même secte se révélèrent les uns les autres, demandant à partager le sort de leurs frères, non comme coupables, mais comme confesseurs de la même croyance. On apporta dans leurs supplices les raffinements d'une barbarie jusqu'alors inconnue. Les uns, revêtus de peaux de bêtes, furent livrés à des meutes affamées. D'autres, enduits de cire, de résine et de soufre, furent empalés sur des tiges de fer et on les fit brûler vivants pour servir de flambeaux dans les fêtes nocturnes des jardins de Néron. Le plus grand nombre fut mis en croix. L'atrocité des tortures qu'on leur faisait subir inspira à tous les honnêtes gens une profonde compassion pour des misérables que la cruauté lâche d'un seul homme feignait de sacrifier au salut public, tandis qu'il les immolait à ses propres remords. »

Quel contraste frappant entre les effets de ces deux civilisations! L'une, basée sur le matérialisme et le culte absolu du sensualisme, ne voyant rien au-delà de la vie actuelle et de ses jouissances corporelles, donnait naissance à un Néron, le plus lâche, le plus débauché et le plus cruel des hommes, et à des satellites aussi méchants et corrompus que lui. L'autre, appuyée sur la morale évangélique, subordonnait les facultés physiques de l'homme à celles de son âme intelligente et formait une société dont les membres, unis par les liens de l'égalité, de la fraternité et de la charité, faisaient vœu de s'aimer, de se secourir mutuellement et de se livrer à la pratique de toutes les vertus.

Dans le temps de la primitive Eglise, un très-grand nombre de chrétiens furent contraints, pour échapper aux supplices qui les menaçaient, de se réfugier dans les catacombes de Rome. Là ils seraient sans nul doute morts de faim et de misères, si la bienfaisance de leurs frères en religion n'était venue à leur secours. On voit dans les actes des apôtres que les chrétiens, à cette occasion, instituèrent sept *diacres* qui furént chargés de recueillir et de distribuer les aumônes et de préparer les *agapes*, ces repas du soir que faisaient alors les fidèles en mémoire du dernier repas de Jésus-Christ avec ses disciples, et qui furent remplacés par l'institution de l'Eucharistie, après que les Pères de l'Église les eurent sévèrement proscrits et le concile de Carthage condamné en 397, en raison des désordres auxquels ils donnèrent lieu quand le christianisme cessa d'être persécuté. Car, une triste remarque à faire, c'est la disposition naturelle de l'homme à retomber et à se courber sous le joug de ses sens, même en dépit des conseils et des renseignements de sa raison éclairée.

Lorsque plus tard le gouvernement des églises, ou *assemblées*, se fut constitué par la création des évêques, successeurs des apôtres, et des prêtres leur servant d'aides et de conseillers subordonnés, le nombre des sept diacres, dont il vient d'être parlé, fut augmenté à proportion des besoins qu'on éprouva de leurs services. Ces ministres, placés au troisième rang de la hiérarchie cléricale, étaient, d'après les propres termes des constitutions apostoliques, l'œil et l'oreille, la bouche et la main, le cœur et l'âme de l'évêque; mais, au milieu de tous les devoirs qu'ils avaient à remplir, ils conservaient surtout leur destination primitive et essentielle, celle de distribuer les aumônes.

Le clergé, en se faisant intermédiaire entre la charité publique et les pauvres, assumait sur lui une charge lourde et difficile et qui n'était pas exempt de dangers. En effet des richesses et des biens immenses, produits de dons de bienfaisance, s'accumulèrent avec le temps entre ses mains, sans qu'il s'en servît pour détruire la misère et l'esclavage et améliorer l'état social par la propagation des lumières. En commettant cette faute, le clergé oublia de justifier cet oracle : *Celui qui instruira le plus petit d'entre ses frères sera grand devant Dieu,* et il fut infidèle à sa mission de propager dans toute sa pureté la morale évangélique.

Lorsque, après sa brillante victoire remportée sur Maxence, près des rives du Tibre, Constantin proclama le christianisme religion de l'empire, il fit, d'après Eusèbe de Cesarée, cette déclaration authentique : « Je sais que les adorateurs du Dieu suprême qui m'a donné la victoire n'aspirent qu'aux biens impérissables de la cité céleste promise à leurs vertus ; mais il serait injuste qu'après avoir tant souffert sous les princes qui m'ont précédé, ils n'obtinssent pas de ma piété tous les avantages temporels dont je ne suis que le dépositaire. » Ces sentiments, aussi généreux qu'équitables, ne furent pas les seuls qu'exprima ce grand homme. Inspiré par l'esprit de l'Evangile, si conforme aux droits sacrés de la justice et de l'humanité, il rendit en 325 la loi suivante : « Si quelqu'un, de quelque rang ou condition qu'il soit, se croit en mesure de prouver, par témoignages ou par faits notoires, qu'une injustice a été commise par une des personnes qui exercent l'autorité en mon nom, tels que juges, ministres de l'empire, officiers civils ou militaires, ou même par des personnes qui jouissent publiquement de mon affection, qu'il se présente devant moi avec confiance, avec sécurité. Nulle puissance intermédiaire ne l'empêchera de m'approcher. J'écouterai moi-même sa plainte : j'en vérifierai moi-même tous les détails, et si les faits sont prouvés, je frapperai avec une rigueur inflexible le coupable qui m'aura trompé par de faux dehors d'intégrité. Je récompenserai en même temps et j'élèverai selon sa capacité le citoyen probe et courageux qui m'aura révélé un abus de pouvoir. Puisse, en retour de mon amour du bien, la suprême divinité m'être toujours propice et continuer de me protéger comme l'instrument de la justice en maintenant la république heureuse et florissante. »

Voilà donc enfin la société du vieux monde anéantie avec ses plaies hideuses, ses superstitions, ses violences, ses turpitudes. Une ère nouvelle, basée sur les principes vivifiants du christianisme, la remplace, et le règne de la démocratie est arrivé. L'esclavage à la vérité subsiste encore, mais ses formes sont adoucies, et, dans les partages, il n'est plus permis de séparer le père, la mère et leurs enfants.

« Que les officiers destinés à servir les tribunaux, ordonne encore Constantin, cessent d'exercer leurs rapines ; qu'ils cessent immédiatement ou la mort sera leur salaire.

» Qu'ils se gardent de rien exiger des plaideurs qui se présentent au tribunal du juge ou qui sollicitent ses conseils dans des audiences particulières.

» L'accès de la justice doit être sans cesse ouvert au pauvre comme au riche.

» Que l'avidité de ceux qui délivrent des actes judiciaires se renferme dans les bornes d'un modique salaire.

» S'il se commet quelques malversations en ces différents genres, les individus qui les auront subies doivent se présenter en premier lieu devant le chef du tribunal. S'il ose refuser justice, nous permettons à tout citoyen de porter ses plaintes au gouverneur de la province ou au préfet du prétoire, afin que, averti par l'un ou par l'autre de ces représentants de notre pouvoir, nous ordonnions le supplice du prévaricateur. »

Un délai de rigueur était fixé pour l'instruction de chaque procédure, passé lequel il n'y était plus admis d'éléments nouveaux et le jugement se rendait par forclusion. Si les retards provenaient du fait des plaideurs, la partie lésée était sans recours contre les résultats provenant de sa propre faute. Mais, si le juge avait manqué d'exactitude, la loi prenait sur ses biens la somme nécessaire pour réparer le dommage causé à la partie mal jugée.

Les délateurs convaincus d'avoir porté une fausse accusation, les calomniateurs étaient sévèrement punis, et les magistrats avaient ordre de rechercher et de poursuivre les auteurs de libelles anonymes.

La peine du feu menaçait les concussionnaires depuis le dernier employé jusqu'au plus haut placé des intendants. « Ceux qui agissent en notre nom, disait ce prince, sont plus obligés que tous les autres citoyens à observer nos ordonnances ; ils sont plus coupables quand ils y désobéissent. »

« La prison, disait-il encore, n'est faite que pour les criminels, » et l'incarcération pour dettes n'était plus permise.

Il voulait aussi qu'on poursuivît sans délais les procès des accusés, parce que la prison fait souffrir injustement celui dont l'innocence peut être reconnue. Aussi était-il prescrit de traiter les prévenus avec douceur.

On sait que les lois romaines accordaient aux pères le droit de vie et de mort sur leurs enfants que leur pauvreté les empêchait de pouvoir nourrir ; mais Constantin voulut que ce pouvoir inhumain fût aboli, et il ordonna au préfet du prétoire, dès qu'on lui aurait présenté un de ces enfants, de fournir sur-le-champ aux frais du trésor public et du domaine particulier de l'empereur tous les secours nécessaires à la famille indigente.

Répudiant sagement le despotisme monstrueux de ses prédécesseurs à l'empire, il déclara dans une constitution spéciale « qu'aucun décret des empereurs ne pouvait suspendre l'action des lois. Aucun citoyen, de quelque rang qu'il fût, ne pouvait faire prévaloir devant les tribunaux une volonté, même écrite et signée du prince, si cette volonté était contraire au texte des lois nationales. Le prince n'avait pas le droit d'infirmer un jugement régulièrement prononcé, et si quelqu'un se présentait en son nom, pour s'opposer aux conséquences de la chose jugée, fût-il muni pour cet acte de la signature impériale, il restait sans pouvoir. »

Beaucoup d'autres travaux d'une législation conforme à l'esprit chrétien furent accomplis sous la direction des évêques de Cologne, d'Arles, d'Autun et de Cordoue, dont Constantin avait fait ses conseillers. Sous leur dictée, il proclama la liberté des consciences, en même temps qu'il attirait à la foi nouvelle par des faveurs généreusement prodiguées tout ce que le paganisme avait d'illustre dans ses rangs. *« Que ceux qui élèvent des temples à des dieux mensongers, disait-il, soient libres dans leur erreur ; nul ne pourra les contraindre à y renoncer. Mais chacun doit s'abstenir d'offenser un culte dont l'innocence et la pureté se manifestent par l'irréprochable conduite de ceux qui l'enseignent où le professent. Jouissons tous en commun des bienfaits de la liberté religieuse ; que personne ne s'attribue le droit d'inquiéter ceux qui ne partagent point ses*

sentiments. Il est permis d'éclairer les hommes ; il est cri-
minel de leur imposer sa croyance (1). »

Cette législation est admirablement belle et surpre-
nante pour une époque si rapprochée du long règne de
la tyrannie et de l'immoralité ; mais ne semble-t-il pas
que la société, une fois entrée dans cette voie heureuse,
n'en devait plus sortir et n'avait plus qu'à marcher
vers la perfectibilité. Par malheur, il n'en fut pas ainsi.
Un contemporain célèbre, Eusèbe, évêque de Cesarée,
va nous en dire la cause qui, comme toujours, appartient à la passion et à la folie humaines. « L'état de
l'Eglise était donc si florissant et le repos des fidèles
paraissait si bien affermi que nul orage extérieur n'en
pouvait plus troubler la sérénité. Mais la Providence,
qui conduit l'humanité au progrès par des épreuves
incessantes, quoique diverses, permit que le christianisme, affranchi des persécutions politiques auxquelles
il avait prodigué le plus pur de son sang, fût exposé à
des luttes d'un autre genre, suscitées dans son propre
sein par l'esprit d'orgueil qui perdit l'innocence du
premier homme. Les assemblées des évêques déposi-
taires de la foi devinrent en quelques lieux des foyers
de querelles sous prétexte de doctrine. Ces divisions
déplorables formèrent des camps de controverse d'où
le scandale jaillit jusqu'au milieu des païens et provo-
qua des railleries qui traînèrent sur le théâtre nos
dogmes les plus saints travestis en bouffonneries
sacriléges. »

C'est de l'hérésie d'Arius qu'Eusèbe entend parler
ici. Elle consistait en ce que, selon ce novateur, Jésus-
Christ, fils de Dieu, était essentiellement distinct de

(1) *Les héros du christianisme,* t. 3, p. 39.

son père ; qu'il était *le premier et le plus parfait des êtres* que Dieu avait tirés du néant, *l'instrument subordonné* dont il s'était servi pour créer l'univers, et que, par conséquent, sa nature était immédiatement inférieure à la nature divine, tandis que l'Eglise admettait comme article de foi le dogme de la Trinité ainsi défini par Tertulien : « Le Christ, c'est-à-dire l'image manifestée de l'infinie perfection, est *Dieu* de Dieu, *Deus de Deo*, comme une lumière allumée d'une autre lumière, *lumen de lumine*. Fils de Dieu, il est sorti de son principe sans le quitter ; en se revêtant de chair dans le sein de la vierge Marie, il s'est fait homme uni à Dieu..... et de même que le Père et le Fils ne peuvent être séparés, de même le Saint-Esprit, amour de l'un et de l'autre et leur éternelle union, est inséparable de leur essence. »

Un grand nombre d'évêques s'étant déclarés partisans de l'arianisme, la discorde se mit au sein du clergé. Constantin fit de vains efforts pour rétablir la paix en adressant aux dissidents une lettre dans laquelle on remarque les passages suivants : « Ce qui donne lieu aux disputes actuelles, c'est que vous, évêque d'Alexandrie, avez interrogé vos prêtres sur quelques paroles de l'Ecriture qui, au fond, n'ont servi qu'à exercer une vaine curiosité. Et vous, prêtre Arius, sans prévoir les suites de votre imprudence, vous avez proposé un doute auquel il ne fallait pas songer et qu'il eût mieux valu passer sous silence. De là vient que les esprits se sont échauffés ; un synode a pris feu et les peuples, témoins de votre querelle, ont été précipités dans un trouble regrettable.

» Faites voir aujourd'hui que vous oubliez de part et d'autre cette scène d'antagonisme. Servant avec vous le même Dieu, je vous y exhorte avec justice.

» ..... Qui de nous peut se flatter de comprendre des mystères aussi profonds ou de les expliquer avec dignité? et, quand il serait permis d'y réussir, à combien peu de personnes pourrait-on les faire entendre? D'ailleurs, comment s'élever à l'examen de choses si élevées sans risquer des chutes dangereuses?

» Il me semble que l'indiscrétion de l'évêque et l'imprudence du prêtre se compensent et les engagent à faire chacun un pas vers la réconciliation.

» Votre dispute ne roule sur aucun article fondamental; vous n'êtes pas tombés dans des erreurs qui attaquent la religion; vous n'avez au fond qu'une même foi et vous combattez sous le même drapeau. Tandis que vous vous arrêtez à des minuties, il n'est pas juste qu'un grand peuple, qui doit être l'objet de vos instructions, soit gouverné par des opinions fantastiques et opposées les unes aux autres. Ces querelles sont plutôt des puérilités de petits esprits que des occupations de prêtres et d'hommes sensés.

» Notre grand Dieu, sauveur de tous, a créé la lumière pour tous les hommes; souffrez donc qu'à la faveur de cette lumière, qui est un don de sa Providence, je vous exhorte à l'union. Je ne dis pas cela pour vous obliger à tomber d'accord sur la diversité des opinions, quelles qu'elles puissent être. Le synode aura toute son autorité, et l'on peut conserver en tout le reste la communion, quoique vous ne soyez pas d'accord sur des bagatelles, car, comme nous n'avons pas tous les mêmes inclinations, nous n'avons pas non plus la même manière de penser. Ayez la même foi sur la Providence éternelle, les mêmes maximes, la même union avec Dieu. Quant aux mêmes questions sur lesquelles vous contestez, quoique vos pensées soient différentes, gardez-les pour vous et les tenez cachées dans vos cœurs. Que l'amitié sincère qui vous a unis, l'attachement à la vérité, la révérence envers Dieu et le zèle pour la religion ne subissent aucune altération parmi vous. »

Ces conseils d'une sage tolérance ne furent point écoutés et, la dispute s'envenimant, le premier des conciles généraux s'ouvrit à Nicée le 19 juin 325, en présence de l'empereur qui, dans une allocution aux ecclésiastiques assemblés, prononça ces paroles : « Il faut pourvoir par des mesures décisives à la stabilité de vos doctrines ; c'est pour cet objet que vous êtes réunis. Je vois avec plaisir que vous vous êtes empressés de répondre à mes vœux, mais ma joie ne sera entière que lorsque la paix que vous prêchez aux autres sera établie entre vous. Faites donc en sorte, pour la gloire de Dieu et le bien des hommes, que vos décisions mûrement délibérées deviennent absolues, et ne doutez point de mon appui pour assurer leur exécution. »

Constantin, comme on le voit, abandonnait au clergé toute autorité concernant l'établissement du dogme chrétien et son interprétation, en même temps qu'il se constituait le pouvoir exécutif de ses volontés en matière de religion. Ce fut une énorme faute que cet abandon absolu d'autorité en matière de religion. L'empereur aurait dû prévoir que le mysticisme entraînerait les hommes dans tous les écarts possibles d'imagination, les uns par orgueil et par ambition, les autres par faiblesse et tous par le charme ou la terreur des illusions qu'il fait naître, et que lui-même et ses successeurs deviendraient impuissants à réprimer ces dangereux écarts et les tendances déjà si manifestes des usurpations cléricales. La suite le fit bien voir ; mais toujours est-il que le pouvoir temporel fut entièrement réservé par la couronne.

Arius fut condamné sur le *plaidoyer* de saint Athanase et exilé en Illyrie. Mais ses nombreux partisans, parmi lesquels on compte les deux Eusèbe, celui de Cesarée et celui de Nicomédie, intriguèrent si bien qu'ils le firent rappeler. Ils persécutèrent odieusement saint Athanase, auquel ils ne pardonnaient pas le triomphe qu'il avait obtenu au concile de Nicée, suscitèrent de nouveaux troubles dans l'Etat et dans l'Eglise, et Constantin mourut en 337 sans avoir pu rétablir la paix et la concorde.

Sous le règne de Constance, successeur de Constantin, les disputes entre les ariens et les chrétiens orthodoxes continuèrent de troubler l'empire avec d'autant plus de violence, que les sectateurs de l'arianisme étant favorisés et soutenus par l'empereur, purent donner un libre cours à leurs passions haineuses contre leurs adversaires. Oh ! déplorable travers de l'orgueil humain ! A peine ces disciples d'un maître rempli de mansuétude et de bonté, dont plusieurs avaient supporté les tortures avec un courage héroïque, sont-ils en paisible jouissance de leur liberté de conscience et de culte, qu'ils se divisent sur des problêmes insolubles , des énigmes dont le mot est impossible à trouver et se font persécuteurs de leurs frères! La doctrine de Jésus-Christ est certainement assez parfaite en tous points pour n'avoir pas besoin que son mérite soit rehaussé ou soutenu par un mirage de mystères incompréhensibles et par conséquent inexplicables ; mais ces mystères ayant été établis comme partie intégrante du dogme chrétien, il vaut encore mieux quand on se dit chrétien, les accepter quand même que d'en faire l'objet des discussions d'une mystique et dangereuse métaphysique. « Cette métaphysique n'a-t-elle pas déchaîné assez d'infortunes sur le genre humain ? N'a-t-elle pas assez produit d'erreurs, de visions, de fanatismes ? N'a-t-elle pas assez enivré notre espèce d'une terrible et sauvage ébriété ? Avec le sang et les larmes de ses victimes, on remplirait le bassin de la mer Adriatique ; on formerait avec leurs ossements un tumulus qui égalerait en hauteur les cimes des Alpes. » (*Alfred Michiels.*)

Pour en finir avec l'arianisme, disons que ses sectateurs, victorieux au concile de Tyr où ils avaient condamné saint Athanase, succombèrent au concile de Sardique, tenu en 347. Le symbole de Nicée y fut confirmé ; mais la haine entre les schismatiques et les orthodoxes ne fut pas éteinte ; aussi, Ammien Marcellin dit-il, dans la vie de Julien l'apostat, « que les bêtes féroces sont moins acharnées entre elles que ne l'étaient la plupart des chrétiens contre ceux de leurs coreligionnaires qui ne pensaient pas comme eux. » On sait, en effet, que l'empereur Constance protégea les ariens et persécuta les catholiques. Le païen Julien, au contraire, couvrit les uns et les autres d'une égale et juste tolérance.

Après la mort de Julien, qui succomba dans une bataille contre les Perses, son armée força Jovien, commandant de la garde augustale, d'accepter le titre d'empereur. Jovien était chrétien et catholique, la croix brilla de nouveau sur le palais des Césars.

Mais, enivrés de leur triomphe, les chrétiens se firent

persécuteurs à leur tour ; puis, oublieux des sages maximes du christianisme, ils tombèrent dans les abus du luxe et du sensualisme. « Il y a , dit saint Jérôme, des chrétiens en foule qui briguent le sacerdoce ou l'office de diacre afin d'approcher des femmes avec plus de liberté. Ils parfument leur chevelure , chargent leurs doigts d'anneaux précieux, marchent du bout du pied ; on les prendrait pour des coureurs de noces plutôt que pour des ministres sacrés. Il en est dont toute l'occupation est de noter les noms et les demeures des femmes de qualité, et de s'enquérir de leurs goûts pour mieux exploiter leurs faiblesses. J'en pourrais citer un qui est maître en ce métier. Debout avec le soleil, ce vieillard indiscret se glisse comme un loup ravisseur auprès de ses brebis. La chambre où elles reposent ne l'arrête même pas.... S'il trouve sur son passage un petit meuble à son gré, il l'admire, le palpe avec ravissement, se plaint de n'en avoir point de semblable et s'en empare plutôt qu'il ne l'obtient. »

« Saint Grégoire de Nazianze, l'austère patriarche de Constantinople, se plaint des chars dorés qui traînent les évêques de son temps, et de la foule de valets qui les escorte. Il accuse la somptuosité de leurs festins, dont le luxe surpasse celui des empereurs. » (1)

De pareilles mœurs s'alliaient-elles donc avec la morale que Jésus-Christ avait enseignée ? Son sang et celui des martyrs avait-il coulé afin que le sensualisme clérical se substituât à celui des Romains ? Etait-ce donc par de pareils exemples que l'humanité pouvait être moralisée et guidée vers un avenir plus heureux ?

(1) Dom Marie Bernard : *Les héros du christianisme*, t. 3, p. 207.

Nous n'hésitons pas à le dire : si les ariens qui niaient
la divinité de Jésus-Christ, les appollinaristes qui
niaient le mystère de l'incarnation, et les macédo-
niens qui niaient l'existence du Saint-Esprit étaient de
grands coupables en portant ainsi le scandale et le
trouble dans l'Eglise, les prêtres et les évêques qui,
contrairement à l'esprit évangélique, servaient leur
cupidité, leur ambition et leurs appétits mondains sous
l'égide sacré de la religion, ne l'étaient pas moins.
Tous ces faux et mauvais chrétiens, en se persécutant
tour à tour et sans pitié les uns les autres, abjuraient
les principes de mansuétude et de fraternité du christianisme, et absolvaient implicitement les juges et les
bourreaux païens des premiers martyrs.

Mais quelle était la source des biens acquis par les
évêques ? Le païen Libanius nous l'apprend dans une
supplique qu'il présenta à l'empereur Théodose au sujet des exactions dont ses coreligionnaires avaient à
souffrir : « Or les chrétiens, dit-il, prétendent qu'ils
ne font la guerre qu'aux temples. Mais il éclate à tous
les regards que cette guerre est le profit des oppresseurs que vous tolérez. Les chrétiens n'attaquent pas
seulement les édifices publics ; ils envahissent avec la
même audace les propriétés particulières lorsqu'elles
contiennent des lieux réservés en l'honneur des dieux.
Sous ce prétexte, un grand nombre de propriétaires,
sujets fidèles de l'empereur, sont privés des biens qu'ils
tenaient de leurs ancêtres, tandis que leurs spoliateurs
qui, à les entendre, honorent la divinité par leurs jeûnes, s'engraissent aux dépens des victimes. Va-t-on
se plaindre au *pasteur,* nom qu'on affecte de donner
à un homme qui n'a certainement pas la douceur en
partage, ce pasteur chasse les réclamants de sa pré—

sence, comme s'ils devaient s'estimer heureux de n'avoir pas souffert davantage.

» Nos persécuteurs se figurent que, par cette violence, ils nous amèneront à la pratique de leur religion. Ils se trompent ; ceux d'entre nous qui paraissent avoir varié dans leur culte sont restés au fond ce qu'ils étaient. Ils vont avec les chrétiens aux assemblées, mais lorsqu'ils font semblant de prier, ils ne prient point, ou ce sont leurs anciens dieux qu'ils adjurent.

» En matière de religion, laissez tout à la persuasion, rien à la force, etc. »

Les chrétiens s'étaient donc corrompus à leur tour, ainsi qu'on vient de le voir et que l'attestent les Pères de l'Église contemporains. Mais si l'on veut avoir connaissance des mœurs du temps et de leur dégradation, qu'on lise le tableau qu'en font deux historiens de l'époque. « Les Romains de ce siècle, dit Ammien Marcellin, se distinguent en citoyens notables et en populace.

» Les premiers traînent leur vieille illustration sur des chars dont la hauteur démesurée n'atteint pas celle de leur stupide orgueil..... Ils secouent à chaque instant du côté gauche leurs manteaux pour en étaler les franges et découvrir leur tunique toute chamarrée de figures d'animaux. Ils parcourent les rues précédés, suivis d'esclaves et de bouffons ; les plus riches font courir devant eux leurs cuisiniers, leurs parasites ; le cortége est fermé par des eunuques jeunes ou vieux, mais tous pâles, livides, affreux...... Le peuple ne vaut pas mieux que l'élite du sénat. Il n'a point de sandales aux pieds et il usurpe bravement des noms célèbres ramassés au hasard dans une histoire qu'il déshonore. La jeunesse s'énivre et se prostitue; la vieillesse jure, par ses rides et ses cheveux gris, que la république est perdue, si tel cocher du cirque manque au spectacle, ou brise sa roue contre la borne. Cette friperie des anciens maîtres du monde ferait le tour de l'univers en suivant la fumée d'un rôti. »

La corruption des provinces égalait celle de Rome, selon le chrétien Salvien. « La gourmandise et l'impudicité de Rome, écrit-il, ont envahi toutes les contrées où règne sa décadence. La femme légitime, découronnée de tout respect, est confondue parmi les concubines. Les maîtres se croiraient sans autorité si un seul esclave pouvait se refuser à leurs débauches. L'abomination trône au sein des familles, où les filles n'ont plus la liberté d'être chastes.

» Les cités sont remplies de lieux infâmes et les femmes du premier rang y vont abdiquer toute pudeur dans la fange où croupissent les plus viles créatures. Les plus illustres matrones regardent l'impunité du libertinage comme un des priviléges de leur naissance; elles mettent leur vanité à surpasser en luxure autant qu'en noblesse les femmes les plus éhontées de la lie du peuple.

» Les citoyens se proscrivent les uns les autres, les pauvres sont dépouillés et vendus et les orphelins opprimés. Des Romains, réduits au désespoir par les exactions de leurs compatriotes, vont chercher chez les barbares une humanité et un asile qu'ils ne trouvent plus dans leur patrie. D'autres se soulèvent et demandent au brigandage les moyens de soutenir leur chétive existence. On leur fait un crime de leur misère; mais ne sont-ce pas les proscriptions, les rapines, les concussions effrénées des magistrats qui ont plongé ces infortunés dans un pareil désordre ? Les petits propriétaires qui n'ont pas fui se jettent entre les bras des riches pour en être secourus et leur livrent leurs héritages. Heureux ceux qui peuvent reprendre à terme les biens qu'ils ont donnés ! Mais ils n'y tiennent pas longtemps ; de malheur en malheur, de l'état de colons, où ils se sont réduits volontairement, ils deviennent bientôt esclaves. »

Quelle société et quelles mœurs ! et cependant l'élément chrétien existait depuis bientôt quatre siècles, et ses doctrines, si admirablement propres à moraliser et à civiliser les hommes, étaient au pouvoir depuis Constantin ! Ah ! ce ne sont pas elles qu'il faut accuser, mais la faiblesse et la fragilité de l'esprit humain qui ne sait pas assez se défendre contre les incitations attrayantes du sensualisme ; car, ne l'oublions pas, quoiqu'il soit vrai que l'homme ne possède qu'un seul principe de vie, il n'est pas moins certain qu'il jouit de deux sortes bien distinctes de propriétés vitales : celles de la vie morale et intellectuelle et celles de la vie physique, organique, végétative et sensitive, c'est tout un. Par la première, il est un des anneaux de la chaîne spirituelle des êtres émanant de l'essence divine, *lumen de lumine*, et c'est là ce qui établit son immense supériorité de nature sur les animaux. Mais ce feu vital spiritualisé est d'abord à l'état latent, et il ne s'avive et ne se développe en vaste foyer qu'autant qu'on lui donne l'instruction et la science pour aliment excitant et nutritif. Encore faut-il que cette instruction soit conforme aux principes de morale que Jésus-Christ a enseignés et si bien pratiqués ; autrement l'intelligence, viciée par une mauvaise culture, ne produit que des fruits amers et gâtés ; ou bien, restant plongée dans le sommeil de la torpeur par défaut de stimulation , les seules fonctions de la vie matérielle sont en jeu , et l'homme, courbé sous le joug de ses appétits charnels et de ses facultés instinctives , n'a plus que la forme qui lui est propre pour le distinguer de l'espèce des brutes.

Les peuples ignorants et cruels , qui, dans le quatrième siècle et les suivants, assaillirent, ravagèrent et se partagèrent les débris de l'empire romain, sont un exemple frappant de ce que nous venons d'avancer. La perversité, l'ignorance, la brutalité des goûts et la férocité pouvaient-elles être portées plus loin que chez Attila et ses Tartares de l'Ukraine, autrement dits ses Huns ? Et la plupart des empereurs de ces diverses époques eurent-ils leurs pareils en lâcheté, en débauche, en tyrannie et en incapacité ? Ah ! sans la mémoire des Athanase, des Basile, des Origène, des Grégoire, des Chrysostôme, des Ambroise, des Augustin, des Jérôme, des Léon, ces bienfaisantes lumières de la raison et de la vertu, qui voudrait lire les annales de ces temps de honte, de crime et de misère ?

L'empire romain fut anéanti de fond en comble, et ce cataclysme social fut un bienfait pour l'avenir de l'humanité ; car sa civilisation était entachée de trop de vices monstrueux pour qu'un progrès véritable pût jamais naître d'elle. Lambeau du corps social profondément gangrené, il devait être extirpé et il le fut sans pitié ni miséricorde.

Quel usage le clergé faisait-il donc des richesses qu'il avait obtenues de la charité publique au nom des pauvres et de celles dont il avait dépouillé les payens? S'en servait-il pour secourir l'indigent, le débiteur impuissant à se libérer envers son créancier impitoyable ?

Moralisait-il la société par l'exemple de ses vertus, par un enseignement basé sur les principes du christianisme civilisateur ? Saint Jérôme et saint Grégoire nous l'ont dit, prêtres et évêques, à quelques nobles exceptions près, ne cultivaient la vigne du Seigneur qu'au profit de leur avarice, de leur domination et de leur sensualisme.

Si Grégoire de Tours et le moine de Saint Gall nous témoignent que les mœurs du clergé et de la noblesse étaient détestables à l'époque où chacun d'eux vivait, Jacques de Vitry nous raconte que ces mœurs ne s'étaient pas améliorés en 1219. Voici la peinture qu'il en fait : « Tandis que le Seigneur a dit qu'il y a plus de bonheur à donner qu'à recevoir, les hommes de ce temps, et particulièrement ceux qui avaient reçu le pouvoir de gouverner les autres, non-seulement remplissaient leurs mains avides de présents illicites, ou par des levées et des exactions injustes extorquaient l'argent de leurs sujets pour leur propre damnation, mais en outre, ravissant et enlevant de vive force de tous côtés, tantôt secrètement, tantôt ouvertement, ils opprimaient d'une manière cruelle les hommes qui ne se tenaient pas sur leurs gardes ou ne pouvaient pas leur résister...... et non-seulement ils exerçaient eux-mêmes le pillage, mais, dévastant les contrées par l'incendie, ils n'épargnaient ni les biens de la terre ni les possessions des monastères et des églises, enfonçant les sanctuaires d'une main sacrilége et enlevant de vive force les choses consacrées au ministère spirituel. En outre et tandis qu'ils se querellaient entre eux sur les plus légers prétextes, ils livraient les biens des pauvres à leurs plus impies satellites. Tout couverts de fer, ils assiégeaient les voies publiques et ne ménageaient ni les pèlerins, ni les religieux. Dans les bourgs et dans les villes, des sicaires et des scélérats, affluant de tous côtés, remplissaient les rues, les places publiques, ou se cachaient en embuscade dans les endroits les plus retirés qu'ils inondaient du sang des innocents. Même sur la mer, se faisant corsaires et pirates, non-seulement ils dépouillaient les marchands et les pèlerins, mais le plus souvent ils brûlaient leurs navires et les précipitaient au fond des abîmes. Les princes et les puissants, devenus apostats et associés de voleurs, eux qui étaient tenus d'assurer la paix, de défendre leurs sujets, d'éloigner d'eux, par la crainte du châtiment, les hommes empestés, comme on éloigne les loups des moutons, recevaient des présents des hommes impies et profanes, dans leur avidité d'un gain temporel , et leur prêtaient assistance et faveur. S'ils trouvaient un voleur, ils couraient se joindre à lui, comme pour lui dire : partage avec nous, faisons bourse commune entre nous tous. Ainsi les voleurs, les ravisseurs, les usuriers, les sacriléges, les Juifs, les sicaires, les homicides, les séditieux qu'ils eussent dû punir sévèrement, extirper et faire disparaître du milieu d'eux, ils les soutenaient, leur permettaient de commettre impunément leurs mauvaises actions. Chiens immondes, ne sachant jamais être rassasiés, ils opprimaient les pauvres par leurs préposés et leurs satellites, dépouillaient les veuves et les orphelins, leur dressaient des embûches; répandaient des calomnies et leur imputaient de faux crimes pour leur extorquer de l'argent. Ainsi presque sans cesse les innocents étaient chargés de fers. Ceux qui n'avaient point commis de fautes étaient livrés aux supplices, sans autre motif, si ce n'est qu'on supposait qu'ils avaient quelque chose; et cela arrivait d'autant plus souvent que les seigneurs, livrés à la prodigalité et au luxe, faisaient beaucoup de dépenses inutiles pour leurs tournois et leurs pompeuses vanités mondaines, et contractaient des dettes envers les usuriers, tandis que les comédiens, les bouffons, les parasites vagabonds et les histrions dévoraient leurs patrimoines. Enfin pour mettre le comble à leur damnation, les princes eux-mêmes laissaient multiplier de tous côtés les maisons de débauche, les jeux de hasard, les cabarets, les tavernes profanes. Ils souffraient les mesures et les balances injustes et trompeuses et toutes sortes de fléaux du même genre qui envahissaient toutes les villes et les contrées, et qu'ils eussent dû extirper, détruire, disperser et anéantir. »

« Quant à ceux qui, ayant pris l'habit régulier, avaient renoncé au siècle et s'étaient liés par leurs vœux à la religion, plus leur rang était éminent et plus ils tombaient rudement d'une chute déplorable. Désobéissant, murmurant toujours et se déchirant les uns les autres, portant la croix du Christ comme par corvée, impurs et incontinents, marchant selon la chair, et non selon l'esprit, la plus part d'entr'eux estimaient la piété pour un plus grand gain. »

« Or, la cause de tous ces maux était dans la dépravation, la faiblesse et l'ignorance des prélats.............. Tandis que les soins criminels des bergers devenaient semblables à la fureur des loups, la douce simplicité des troupeaux devint la puanteur des chèvres.......... Tandis que la cupidité insatiable des clercs couvait sous le feu, eux-mêmes ne voyaient point le soleil de justice ; et se trouvant placés entre deux et au-dessus, ils ne laissaient pas même ses rayons parvenir jusqu'à leurs sujets, à travers les hauteurs du pouvoir qu'ils occupaient. Dissipateurs, mais nullement bergers, nouveaux Pilates et nullement prélats, non-seulement ils fuyaient en voyant venir le loup, mais le plus souvent ils vivaient en paix avec les loups au détriment des troupeaux.... Crucifiant de nouveau le fils de Dieu, et l'exposant à l'ignominie, non-seulement ils mettaient ses membres à nu par leur rapacité, mais encore ils les dépouillaient de leur vertu par l'exemple de leur scélératesse. La nuit dans les lieux de débauche, le matin à l'autel ; la nuit ils touchaient à la fille de l'amour ; le matin au fils de la vierge Marie...... Ainsi donc aux conducteurs aveugles d'autres aveugles, ils tombaient tous ensemble dans l'abîme ; mais les prêtres s'y enfonçaient d'autant plus profondément qu'ils étaient tenus de surpasser leurs sujets par leurs œuvres de sainteté et par l'exellence de leur vie. Le monde presque tout entier allait donc s'avançant misérablement vers son déclin et descendait d'une marche continue dans l'abîme. L'orgueil lui enlevait son Dieu, la jalousie son prochain, la colère l'enlevait à lui-même, car l'orgueil le rendait tout rempli de vent, la jalousie livide, la colère turbulent, l'abattement du cœur paresseux, la cupidité aveugle, l'ambition inquiet, la voracité de l'estomac semblable à un chien, l'impudicité des désirs semblable à un porc. »

On lit à la page 290 de la même chronique : (1)

« La simple fornication n'était nullement réputée un péché ; les femmes publiques, répandues de tous côtés dans les rues et sur les places, entraînaient presque de vive force dans leurs maisons de débauche les clercs qui passaient devant elles. Si, par hasard, ceux-

(1) Jacques de Vitry, *Histoire des Croisades*, liv. 11, p. 274 et suiv.

ci refusaient d'y entrer, aussitôt elles criaient après eux et les appelaient sod...... Ce vice honteux et abominable avait tellement envahi la ville, semblable à une lèpre incurable, que les hommes tenaient à honneur d'entretenir publiquement une ou plusieurs concubines. Dans une seule et même maison, les écoles étaient au-dessus, et les lieux de prostitution au-dessous. Dans l'étage supérieur, les maîtres donnaient leurs leçons ; dans l'étage inférieur, les femmes de mauvaise vie exerçaient leur infâme trafic. D'un côté les courtisanes se querellaient entre elles, ou avec leurs galants ; de l'autre les clercs disputaient et criaient à toute voix dans leurs contestations animées. Plus on se montrait léger et honteusement prodigue dans les dépenses, plus on était vivement loué et proclamé par tout le monde homme honnête et généreux. »

Telles furent en France les mœurs publiques à l'époque de l'établissement de la monarchie et pendant tout le cours du moyen-âge ; de ce moyen-âge qu'on ne rougit pas d'appeler le bon vieux temps, et sous la honte et les misères duquel des insensés ne demanderaient pas mieux de replacer la Société. Sont-ils les sectateurs sincères du Christ qui prêcha la suprématie de l'esprit sur la chair, la subordination des facultés physiques aux nobles facultés de l'âme, et, par conséquent, le développement moral des intelligences, ceux-là qui s'efforcent de replacer sous le boisseau la divine lumière qui vient d'en haut, et d'emprisonner la raison dans les langes souillés de l'ignorance et de l'imbécillité ? Ces hommes méconnaissent à la fois l'esprit de la doctrine évangélique et la loi divine de perfectibilité par laquelle l'univers est gouverné. Mais c'est en vain, leurs passions égoïstes ne prévaudront pas contre la volonté de Dieu, et, en dépit de leurs efforts ennemis, l'humanité ne tardera pas à marcher toute entière dans la splendide voie de bonheur que cette volonté lui a tracée.

« Que les hommes n'ont-ils pas fait des dogmes, des doctrines, des exemples de cette religion de raison, de simplicité, d'amour et d'humanité que le Fils de l'Homme leur avait enseignée au prix de son sang ? Quand Dieu permet qu'une vérité tombe sur la terre, les hommes commencent par maudire et par lapider celui qui l'apporte, puis ils s'emparent de cette vérité qu'ils n'ont pu tuer avec lui parce qu'elle est immortelle ; c'est sa dépouille, c'est leur héritage ; mais comme la pierre précieuse que les malfaiteurs enlèvent au pélerin céleste, ils l'enchâssent dans tant d'erreurs qu'elle devient méconnaissable, jusqu'à ce que le jour brille de nouveau sur elle, et que, séparant, après des siècles, le diamant de son entourage, la sagesse dise : voilà le vrai, voilà le faux ; ceci est vérité, ceci est l'erreur ! Voilà pourquoi toutes les religions ont deux natures dont l'association étonne les esprits ; une nature populaire : miracles, légendes, superstitions honteuses ; alliages impurs dont les siècles d'ignorance et de ténèbres mêlent et ternissent la pensée du ciel ; une nature rationnelle et philosophique que l'on découvre éclatante et immuable en effaçant de la main la rouille humaine, et qui, présentée au jour éternel et incorruptible, qui est la raison, la réfléchit pure et entière, et éclaire toute chose et toute intelligence de cette lumière de vérité et d'amour au fond de laquelle on voit et l'on aime L'ETRE ÉVIDENT, DIEU ! (1)

(1) Lamarine, *Voyage en Orient*, t. 2, p. 24.

Mais pourquoi *ces miracles, ces légendes, ees supers-*
titions honteuses, alliages impurs dont les siècles d'igno-
rance et de ténèbres mêlent et ternissent la pensée du ciel ?
En abaissant par ce moyen la religion au niveau des
intelligences débiles, vous en altérez la vérité et la
déshonorez ; et pourquoi au contraire ne pas élever par
l'instruction ces intelligences au niveau de sa splendeur
divine ? Au lieu de les contrarier, vous favoriseriez
les vues de Dieu qui a créé la science pour le perfectionnement et le bonheur de l'humanité. Mais vous
avez beau faire, *le jour éternel, incorruptible, qui est la*
raison, a dépassé déjà les limites de notre horizon et il
monte à grands pas vers notre zenith. Quand il aura
acquis son plus merveilleux éclat, il éclairera tous les
esprits et les initiera aux secrets de l'univers accessibles
à la capacité humaine, et toutes les misères engendrées
par l'ignorance déserteront la terre.

Le clergé, qui de nos jours unit à une haute moralité une instruction solide, reconnaîtra, nous n'en doutons pas, qu'une religion, qui comprend dans ses enseignements tous les devoirs dont l'homme est tenu
envers Dieu, envers lui-même et envers ses semblables,
n'a pas besoin pour se faire aimer de ce mirage menteur
dont le mysticisme du moyen-âge se plut à l'entourer,
et alors il bornera sa respectable mission à prêcher la
morale évangélique dans toute sa pureté et sa simplicité
natives. Les préceptes de cette morale sont en parfait
accord avec nos sentiments naturels lorsque la raison
les guide, et nous serons toujours disposés à les suivre
sans l'intervention des miracles ; de ces actes impos-
sibles, puisqu'ils seraient une infraction à la loi
immuable établie par Dieu pour le gouvernement de
l'univers. Prétendre que le Créateur modifie quelque-

fois cette loi équivaut à dire qu'elle est imparfaite et ne répond pas à toutes les éventualités.

A mesure que les esprits s'éclaireront d'avantage, la pensée philosophique pénétrera de plus en plus dans le domaine du culte religieux, et une foule d'accessoires qui ternissent sa pureté et qui offensent la raison seront rejetés de sa pratique. Jésus-Christ, en effet, le sublime législateur n'a rien prescrit de ces choses, et il a divorcé avec le Judaïsme quand il a dit : « la loi et les prophètes *ont duré jusqu'à Jean* ; depuis ce temps là le royaume de Dieu est annoncé *aux hommes,* et chacun fait effort pour y entrer. » *Saint-Luc, ch.* 16, *v.* 16.

« Je ne connais pas, dit Dulaure, de tyrannie plus maladroite, plus révoltante, plus funeste à ceux qui l'exercent, plus insupportable à ceux qui l'éprouvent, que celle qui contrarie les croyances religieuses, opprime la pensée et bourrèle la conscience. » (1). Dieu en me dotant du libre arbitre m'a donné le droit d'agir suivant ma volonté, ayant pour guide ma raison. Si cette raison m'égare dans les sentiers de l'erreur, je trouve là dès à présent ma punition le plus souvent, et je perds la récompense qui m'attendait dans une autre vie, si, en perfectionnant ma nature, je m'étais rendu digne de prendre un rang plus élevé dans la hiérarchie des êtres. Je suis comme ces soldats traînards qui restent en arrière de l'armée, et ne prennent point part à la victoire. L'ennemi les capture, les enchaîne ou les fusille, et personne ne déplore le sort qu'à mérité leur lâcheté.

Tam crudeles optaverunt sumere pœnas.

(1) *Histoire de Paris,* t. **2**, p. 190.

Oui, le mal qui nous frappe prend toujours sa source plus ou moins éloignée dans les fautes que nous avons commises, dans les infractions à la loi immuable et primordiale par laquelle la nature universelle est gouvernée. Car le châtiment est inhérent au crime et à l'erreur, et non-seulement Dieu infiniment puissant, infiniment bon, infiniment généreux, ne punit pas lui-même, mais encore il n'a chargé qui que ce soit d'exercer pour lui une vengeance dont le sentiment lui est inconnu.

Dans le mode d'organisation sociale qui fait partie de nos prévisions de l'avenir, le prêtre restera chargé de la mission très-respectable d'enseigner et de propager la morale évangélique si conforme aux préceptes de la loi naturelle, et, pour vivre, il ne sera plus dans la nécessité de trafiquer de ses fonctions ; mais, rétribué par l'Etat, ses moyens d'existence seront mis au niveau de la position honorable à laquelle il a droit. *A chacun selon ses œuvres et le mérite de ses œuvres.*

Multipliez ces ministres du culte autant que le besoin s'en fera sentir, et de tous côtés la raison publique applaudira. Mais supprimez la plupart de ces corporations religieuses qui pullulent de toutes parts. Elles sont non-seulement une perte de forces pour la Société, mais encore une cause de désaccord et d'absorption de ses richesses qui, frappées de mainmorte, sont à jamais perdues pour elle, à moins que, lorsque leur accumulation est devenue trop considérable, elle en reprenne possession, ainsi que l'a fait la révolution de 1789, et ce que, dans l'avenir, fera toujours une révolution en pareil cas. Les vœux de continence absolue, l'isolement et l'inertie physique de la vie claustrale sont en opposition avec les lois naturelles établies par

Dieu, qui a voulu que chaque membre de la famille humaine lui paie un tribut d'action harmonique et de travail ; et d'ailleurs indépendamment d'une foule d'autres considérations de premier ordre qu'il serait trop long d'énumérer, ces communautés, en présence d'un clergé séculier constitué sur de larges bases, ne sont-elles pas des superfétations cléricales qui n'ont pas la moindre raison d'être ?

L'histoire du moyen-âge nous a si bien appris les troubles que les ambitions terrestres de la cour de Rome ont fomentés en Europe, et les dangers qu'elles lui ont fait courir, que nous sommes de ceux qui désirent, dans le véritable intérêt de la religion et des peuples, la suppression du pouvoir temporel des papes. La voix du Christ ne l'a-t-elle pas elle-même condamné, lorsqu'il a dit que son royaume n'était pas de ce monde et qu'il fallait rendre à César ce qui appartient à César, et à Dieu ce qui appartient à Dieu ? Que le Saint-Père reste donc chargé ici-bas du gouvernement des âmes ; sa part est assez belle ; mais qu'il laisse à qui revient de droit le soin de sauvegarder les autres intérêts humains.

Ses prétentions à la royauté sur les Etats Romains reposent sur une donation faite successivement par Pepin-le-Bref et par Charlemagne : mais l'acte de cette donation n'a jamais été produit, et voici, d'ailleurs, ce que raconte Eginhard : « Pépin, après avoir assiégé quelques jours la ville de Pavie, força le roi Astolphe à donner des ôtages, *à restituer les places et châteaux enlevés aux Romains*, et à s'obliger par serment à ne rien reprendre de ce qu'il avait rendu. » (1).

____

(1) Eginhard, *Vie de Charlemagne*, p. 128.

Quant à Charlemagne, le même annaliste s'exprime ainsi : « Mais Charles tint Didier assiégé longtemps ; et, la guerre une fois commencée, ne s'en désista qu'après avoir contraint ce roi de se rendre à discrétion. Chassé du royaume de son père et de l'Italie même, son fils Adalgise, vers qui les Lombards paraissaient avoir placé toutes leurs espérances, *remis les Romains en possession de tout ce qu'on leur avait pris*, etc. » (1).

Le moine de Saint Gall, *dans sa relation des faits et gestes de Charles le Grand*, parle de son expédition et de celle de Pépin en Lombardie, mais il ne dit pas un mot relatif à une donation faite au pape Adrien. L'histoire nous apprend d'ailleurs que ce pouvoir a été constamment fatal aux peuples, sans servir les véritables intérêts de la religion, qu'il a au contraire fait dévier de sa voie divine et naturelle en la faisant servir à des spéculations mondaines ; et c'est pour cela que nous le répudions. Car, bien loin de blâmer les pratiques religieuses, nous y applaudissons fort, au contraire ; car, plus l'homme se recueille en présence de Dieu et de sa conscience, plus il a de chances de devenir meilleur. Nous vous respectons donc autant que nous vous admirons, femmes d'une véritable piété, qui alliez un esprit cultivé à un cœur bon et compatissant ; qui priez avec ferveur et sincérité pour tous les affligés, et couvrez du voile de l'indulgence les fautes de votre prochain. A vous, comme l'a dit Jésus-Christ, les actions seront comptées. Mais vous, ignorantes bigotes qui, prenant à la lettre les préceptes religieux sans en comprendre l'esprit, marmottez vos patenôtres sans pensée ni souci des sentiments qu'elles expriment, et

(1) *L. C.* p. 128.

qui êtes tellement incorrigibles, que vous fatiguez tous les huit jours votre confesseur du récit des mêmes péchés, c'est-à-dire de vos médisances, de vos mensonges et autres méchancetés contre des personnes que vous haïssez parce qu'elles valent mieux que vous ; qui ne voyez jamais les actions les plus simples et les plus innocentes qu'à travers le prisme de vos passions, et qui croyez d'autant plus facilement au mal que vous vous sentez toujours disposées à le commettre, quel bon compte voulez-vous donc que Dieu et la Société vous tiennent de vos hypocrites prières et de vos contritions simulées, vraie camelote de dévotion ? Aucun; car c'est la peur du diable et de ses cornes qui vous arrache vos *meà culpâ*. Ah ! s'il était possible de vous faire vivre toutes ensemble, sans autre société, qu'il serait curieux de vous voir darder les unes contre les autres vos langues de vipères !

La classe des ignorants et des sots croit qu'on peut impunément commettre les actions les plus répréhensibles, pourvu qu'on se livre à des pratiques extérieures de dévotion ; mais les esprits éclairés savent bien qu'on ne satisfait ni Dieu ni les hommes en ne se couvrant que de ce masque de vertu qui ne trompe plus personne aujourd'hui.

Nous avons dit ce qu'a été le vieux monde, et nous croyons avoir constaté que tous ses vices, toutes ses misères ont pris naissance dans le culte du sensualisme auquel les hommes, depuis l'origine des temps, n'ont pas cessé de sacrifier ; c'est-à-dire que, négligeant la culture de leurs facultés morales et intellectuelles, ils ont laissé prendre un développement et une prédominance excessifs à leurs instincts matériels. C'est ainsi que l'homme physique s'est substitué à l'homme psychique, et que les goûts et les appétits grossiers ont envahi l'organisme humain aux dépens des nobles qualités de l'âme dont ils ont empêché l'essor.

Quand on observe l'univers et les myriades de globes, soleils et planètes qui le composent, on se fait facilement une idée de la puissance infinie de l'Etre suprême qui les a créés. L'ordre invariablement parfait qui règne dans leurs mouvements respectifs manifeste également sa sagesse et le but d'harmonie et de durée dans lequel son œuvre a été conçue. Mais comment ne pas croire à sa bonté, quand on voit toutes les richesses, tous les moyens de bonheur qu'il a accumulés sur notre terre et placés à portée de notre main? Or, si Dieu est essentiellement puissant, intelligent et bienfaisant, comment n'aurait-il pas fait l'homme bon par nature et prédestiné à être heureux sur la terre? Evidemment, si nous sommes devenus méchants et misérables, c'est que nous avons agi à contre destin, en abusant du libre arbitre qui nous a été donné.

L'admirable doctrine du Christ était venue relever l'homme de son abaissement moral et le rendre à sa dignité native en établissant le dogme de la suprématie de l'esprit sur le corps. Une seule marche était tracée par cette doctrine pour ceux qui avaient mission de l'enseigner et qui se disaient les pasteurs ou les maîtres du troupeau : c'était, en ouvrant une large voie à l'instruction, de favoriser le développement des intelligences. Mais, loin de là, les chefs, clercs et laïcs, s'efforcèrent à l'envi de les abrutir, assurés qu'ils étaient que leur despotisme serait d'autant plus solidement fondé que l'humanité serait plus empêtrée dans l'ornière fangeuse de l'ignorance, de la sottise et du préjugé.

Mais, comme il est d'une nécessité absolue que les

desseins de Dieu et les destinées qu'il a faites à l'homme s'accomplissent, quelques savants suscités par lui d'âge en âge, éclairèrent peu à peu les esprits, en dépit des obstacles et des persécutions dont ils furent l'objet de la part de ceux à qui l'ignorance et la misère humaine profitaient. Gutenberg, en 1436, fonda une imprimerie à Strasbourg, et, par cette belle invention, donna aux découvertes utiles les moyens de se répandre. Vers le milieu du XVIe siècle, Galilée prouva le mouvement de la terre autour du soleil, contrairement à l'erreur consacrée par les livres saints. Dans le même temps, Descartes fonda la philosophie pratique basée sur l'expérience et le raisonnement, et, bientôt après Newton, le créateur de la philosophie de la nature, établit la théorie de la pesanteur universelle et de la décomposition de la lumière. D'autres savants en tous genres, les chimistes, les physiciens, les naturalistes, les mécaniciens, les agronomes accomplirent une foule de travaux dont le mérite incontestable a tellement amélioré la condition humaine, qu'on peut dire avec vérité que celui qui possède aujourd'hui une fortune moyenne jouit mieux du véritable comfort que le haut baron du moyen-âge avec ses serfs nombreux et misérables et ses vastes domaines en friches.

Pendant ce moyen-âge on nous vendait; à Rome on pouvait nous martyriser et nous tuer; un maître nous enchaînait dans une loge comme des chiens de garde, il nous crevait les yeux et nous attelait à une meule; il nous jetait dans ses viviers en pâture aux poissons destinés à sa table; il nous faisait descendre dans le cirque pour nous mesurer sous ses yeux contre les bêtes féroces amenées à grands frais d'Asie et d'Afrique. Dans l'Inde, infortunés parias, nous étions une chose dont le contact souillait. Ah! nos pères répandaient plus de sang en un jour que nous ne versons de larmes dans tout le cours de notre existence.

Et, pour exploiter et perpétuer ce servage de nos aïeux, on leur disait que Dieu si bon, si miséricordieux, les avait maudits dès le sein de leurs mères; que la terre n'est qu'une vallée de larmes, un lieu d'exil dont il fallait se détacher pendant la vie, n'y étant appelés que pour y travailler au profit d'hommes privilégiés; mais que leur pauvreté, leurs rudes labeurs et leur infirmité d'esprit auraient dans le ciel une récompense. Mais le règne glorieux de la science vint enfin répandre sur la terre sa vive et bienfaisante lumière et faire table rase de ces mensonges impies, et de ces blasphèmes contre le Créateur. Elle prouva que depuis que le monde existe il n'a pas cessé de changer, et que chaque changement a été un pas en avant, et chaque pas un progrès, et chaque progrès a été comme un des dégrés d'une échelle qui repose sur la terre et s'appuie dans les cieux: en bas la misère, l'oppression, le mensonge; en haut le bien-être, la liberté et la vérité. Depuis qu'elle est, l'humanité progresse; elle embellit, se moralise, s'instruit, elle apprend à se connaître, elle s'enrichit, elle étend sa domination sur le monde. C'est un mouvement non interrompu de conquêtes. Et ce n'est pas seulement un mouvement continu: à mesure que l'humanité se rapproche de sa destinée, elle précipite ses pas. Or, ce mouvement accéléré va-t-il se ralentir? Tout est-il dit? Hommes et choses témoignent du contraire. Ouvrez les livres, interrogez les savants: tous, sans exception, vous diront qu'au temps où nous sommes, il se fait autant de progrès en un an qu'il s'en opérait autrefois en un siècle. Mais ne lisez pas, ne vous en rapportez pas aux autres ; fiez-vous-en à vous-mêmes. Ouvrez les yeux, regardez : ce siècle n'a que cinquante et quelques années ; qu'a-t-il fait ? N'est-ce pas lui qui a fait les chemins de fer, les bateaux à vapeur, le télégraphe électrique, la galvanoplastie, le daguerréotype, mille, dix mille, cent mille autres découvertes auxquelles le passé n'a rien de comparable ? Où donc tout cela doit-il aboutir ?... A l'âge d'or, qu'une aveugle tradition, prenant une aspiration pour un souvenir, a mis dans le passé, et qui est devant nous.

« Il nous reste relativement bien peu à faire pour traverser les passes difficiles et voguer à toute vapeur sur l'océan pacifique des destinées. Les affaires litigieuses de ce temps-ci ne sont que de petits reliquats de compte. Regardez en arrière, que voyez-vous ? Les salariés d'aujourd'hui étaient serfs au moyen-âge, esclaves chez les Grecs et les Romains ; dans l'Inde, ils étaient parias. Concluez. Cette évolution n'est-elle pas une promesse ? Où sont les serfs, où sont les esclaves ? Le bourgeois a-t-il été toujours ce qu'il est aujourd'hui? Qu'était-il au moyen-âge ? Dans les assemblées politiques, où on ne l'admettait que pour souscrire les impôts, le tiers-état présentait ses requêtes à genoux ; et comme une fois il osa comparer les trois corps de l'Etat à des *frères*, le clergé et la noblesse se révoltèrent contre cette *injure*. Que montre l'histoire ? Dès l'origine, les hommes furent partagés en deux camps ; un petit nombre, possesseur de tous les biens, disposait arbitrairement du travail et de la vie même des multitudes. Et depuis l'origine jusqu'à nos jours, qu'a-t-on vu ? Les patriciats s'amoindrir, en quelques lieux disparaître, tandis que les classes inférieures, gravissant

autant d'échelons que les privilégiés en descendaient,
s'enrichissaient de chacune des pertes que la loi du développement imposait à leurs oppresseurs. Que sont
devenus les monarques propriétaires de tous les biens
et maîtres absolus de la vie de leurs sujets ? Qu'est devenue la féodalité ? La noblesse même, sa débile héri-
tière, qu'est-elle devenue ? Où sont le droit divin des
rois et l'infaillibilité des pontifes ? (1). »

Tout cela est à jamais plongé dans le néant où l'esprit
public, éclairé par la science, l'a fait rentrer. L'homme
a retrouvé le sentiment de sa dignité et de sa liberté ;
il sait que la terre est un magnifique domaine que Dieu
lui a donné pour l'embellir, y vivre heureux, et, en se
perfectionnant par l'étude, se rendre digne de ses
hautes destinées futures. Il sait encore que cette sainte
parole du Christ : Il n'y a plus ni Grecs, ni Juifs, ni
Gentils, ni esclaves, ni maîtres, n'est pas une parole
vaine ; que tous les hommes sont frères ; que les bar-
rières établies par le despotisme entre les peuples
chancèlent ; qu'ils ne tarderont pas à se donner tous la
main dans un commun accord ; qu'ils sont solidaires
des mêmes intérêts, et que permettre que l'un soit
enchaîné, c'est consentir à ce que des fers soient forgés
pour les autres. Au point où la science de l'humanité
est aujourd'hui parvenue, qui pourrait méconnaître
que si la France et Napoléon III, après avoir délivré
l'Italie du joug inique et odieux de l'Autriche, lui ai-
dent à constituer son unité en lui donnant Rome pour
capitale, s'ils séparent à tout jamais le pouvoir temporel du pouvoir spirituel, selon le vœu du législateur

(1) Victor Meunier, *Essais scientifiques*, page 14.

chrétien, cette page de leur histoire sera la plus belle et la plus glorieuse.

Si donc l'homme doit toute sa valeur à la science, efforçons-nous de répandre sur tous ses bienfaits ; et, s'il le faut, rendons l'instruction obligatoire. C'est dans ce sens, n'en doutez pas, que Jésus-Christ a dit :

Compelle illos intrare.

Saint-Lo, imp. Jean Delamare.